U0858377

# 现代性视域下宗教对西北民族关系的影响

XIANDAIXING SHIYUXIA ZONGJIAO
DUI XIBEI MINZUGUANXI DE YINGXIANG

◎李晟赟 著

**图书在版编目（CIP）数据**

现代性视域下宗教对西北民族关系的影响/李晟赟著.
—北京：中央民族大学出版社，2017.3

ISBN 978-7-5660-1183-1

Ⅰ. ①现… Ⅱ. ①李… Ⅲ. ①宗教—影响—民族关系—研究—西北地区—现代 Ⅳ. ①D633

中国版本图书馆 CIP 数据核字（2016）第 106264 号

**现代性视域下宗教对西北民族关系的影响**

著　　者　李晟赟
责任编辑　满福玺
责任校对　赵　静
封面设计　黄苏娜
出 版 者　中央民族大学出版社
　　　　　北京市海淀区中关村南大街 27 号　邮编:100081
　　　　　电话:68472815(发行部)　传真:68933757(发行部)
　　　　　　　68932218(总编室)　　　68932447(办公室)
发 行 者　全国各地新华书店
印 刷 厂　北京宏伟双华印刷有限公司
开　　本　880×1230（毫米）　1/32　印张：8
字　　数　200 千字
版　　次　2017 年 3 月第 1 版　2017 年 3 月第 1 次印刷
书　　号　ISBN 978-7-5660-1183-1
定　　价　38.00 元

# 目　录

# 第一章　绪　论

## 一、研究意义和价值

经过改革开放，尤其是在10年西部大开发的强力推动下，中国西北地区正在急速向着开放、多元的现代社会结构转变，宗教状况也在这股现代化浪潮冲击下迅速发生改变。价值错位、信仰危机、从众趋同、心理求助、执着传统、国际渗透等影响宗教发展的因素纷纷涌现，信仰多元化、复合化，民族间冲突日益增多。这并非仅仅是传统宗教信仰的回归，而是西北社会快速现代性转型引发了人们思想观念的急速变迁，在价值取向上日益多元化。它不仅意味着相对于传统文化的一次多层面断裂，更意味着不断自我否定、不断自我分化，一个充满了冲突、碰撞的星团式分化的动态过程日益形成。值得注意的是，西北地区宗教现代性转型进程并非单线进化发展，而是被多种因素裹挟同时具有世俗化、反世俗化以及后世俗化特点，是一个多维度现代化过程。现代性转型进程中的西北社会，如何与市场经济迅速发展相适应，推动宗教文化顺利实现健康转型，探索出一种兼顾民族、宗教问题的多元化社会治理的中国本土模式，进一步规范宗教组织的运作、维护宗教声誉、促进民族团结，为构建西北后发型社会全面现代化提供理论支撑点，这是一个富有时代使命的命题。

在学术界对于上述命题尚未进行全面反思与总结之际，中国西北地区又迅速被纳入“一带一路”战略，致力于打造政治互信、经济融合、文化包容的“三体”，即利益共同体、命运共同体和责任共同体。这样一来，沟通中西方的古老通途在全球化背景下进一步把西北地区推向更广阔的国际舞台。毋庸置疑，这一跨国经济合作战略框架开启以后，西北区域的民族、宗教状况在国际民族、宗教情形的冲击下，将会面临着更加复杂的境地，其明显的多重化、星团化、不确定化使得未来中国西北地区的民族关系走向将会是一幅更加复杂、更加扑朔迷离的图景。尽管探讨中国宗教与民族关系两个概念之间关系的著作已经汗牛充栋，但是在当前西北地区经济、社会、民族、宗教状况都已经发生深刻的现代性转型，以及今后还将继续加速面向国际的现代性转型大背景之下，再一次探讨宗教对西北民族关系的影响，在国内发展和谐的民族关系，促进各民族间团结合作；在国际范围内探讨开启区域协作治理模式，都具有更为深远的意义。

### （一）宗教在中国西北地区的特殊地位

中国西北地区在历史上一直就是少数民族人口众多的地区，也是一个多元宗教文化广布的地区。各民族都不同程度有宗教信仰，宗教历史源远流长，地域分布广泛，信徒数量众多。

截至 2005 年，甘肃省有信教群众 311 万人，占全省总人口的 11.88%。其中，信仰伊斯兰教者 176.32 万人，信仰佛教者 98.3 万人，信仰道教者 23.83 万人，信仰基督教者 10 余万人，信仰天主教者 3 万余人。[①] 宁夏穆斯林近 200 多万人，全区共有阿訇 5300 多人，满拉 7000 多人；清真寺 3500 多座，拱北、道

① 范鹏、刘敏：《2006—2007 甘肃省经济社会形势分析与预测》，甘肃人民出版社 2006 年版，第 250 页。

堂50余处。[①] 青海全省共有寺观教堂2130座，其中，藏传佛教佛寺694座，伊斯兰教堂1382座，汉传佛教佛寺24座，道教道观17座，基督教堂9座，天主教堂4座。信仰藏传佛教者132.46万人，信仰伊斯兰教者71.13万人，信仰汉传佛教者10万人，信仰道教者7.22万人，信仰基督教者1.31万人，信仰天主教者0.18万人。[②] 新疆有伊斯兰教、佛教（包括藏传佛教、汉传佛教）、基督教、天主教、东正教、道教6种。维吾尔、哈萨克、回、柯尔克孜、塔吉克、乌孜别克、塔塔尔、东乡、撒拉、保安等少数民族群众信仰伊斯兰教者共有1100多万人；佛教信徒共约20万人，少数汉族群众中的基督教徒约5万人，天主教徒约5000人，道教信徒约400人。共有宗教活动场所24000多座，其中清真寺23900多座，佛教佛寺51座（汉传佛教佛寺10座、藏传佛教佛寺41座），基督教堂91座，天主教堂15座，东正教堂2座，道教道观1座。新疆现有宗教教职人员约27690人。[③]

西北民族地区多种宗教并存，宗教的影响面广泛而深远，民族性、群众性、国际性特点十分突出。宗教问题常常同政治、经济、文化、民族等方面的历史和现实的矛盾相交错，具有特殊的复杂性。宗教问题关系到经济发展、社会稳定、民族关系和谐，也关系到边疆巩固和国家安全。

### （二）宗教是西北地区民族关系和谐的重要影响因素之一

宗教与民族虽然分属不同领域，具有各自的内涵，但两者关系密切。世界上有相当多的民族在其形成过程中，宗教起着重要

---

① 宁夏伊斯兰教协会工作情况介绍，2005年10月。

② 景晖、王昱、崔永红：《2005—2006青海经济社会形势分析与预测》，青海人民出版社2005年版，第295页。

③ 新疆维吾尔自治区民委（宗教局）提供。

作用。民族成员把宗教生活和民族生活结合在一起形成了民族文化，成为早期民族文化的主要来源和核心组成部分。长期的代际民族文化传承往往主要是宗教文化传承，从中形成浓厚的宗教感情和牢固的宗教心理，进而成为划分民族心理边界的主要标志。宗教问题往往与民族问题紧密结合在一起，民族是宗教发展的物质载体，宗教是民族的精神支柱。比如："由于伊斯兰教对回族的形成与发展起了重要作用，这就使回族人民产生了一种把民族与宗教等同起来的潜在思想。凡对民族宗教的任何伤害，穆斯林人民都非常敏感。"[①] 正因为如此，1993 年江泽民在全国统战会议上提出"民族宗教无小事"的论断。[②] 2006 年 7 月 10 日，胡锦涛在全国统战工作会议上关于《不断巩固和壮大统一战线，共同建设中国特色社会主义》的重要讲话中，将宗教关系作为中国社会"五大政治社会关系"之一。广大信教群众是执政兴国的重要群众基础，团结信教群众和爱国宗教人士，有利于巩固和扩大党的群众基础，增强党对广大信教群众的凝聚力和吸引力，更好地发展社会主义政治。

西北地区人口居住格局是大杂居、小聚居和多民族混居，因宗教信仰、民族习俗不同产生的矛盾和纠纷在所难免，绝大多数原本属于正常的普通人际关系摩擦，但是一些宗教极端分裂分子恶意利用宗教实施破坏，试图将摩擦引导成为群体事件和民族间冲突的导火线。宗教分裂分子利用信教群众的宗教感情，煽动不明真相的群众冲击党政机关，进行打、砸、抢活动，蓄意制造动乱和暴乱，对西北民族关系造成了消极的影响。

---

① 龚学增：《宗教问题概论》，四川人民出版社 2011 年版，第 89 页。

② 龚学增：《宗教问题概论》，四川人民出版社 2011 年版，第 211 页。

### （三）西北地区宗教现代性转型中的张力

“现代性”一词是西方的舶来品。一般认为，西方社会现代性转型的渊源最早始于启蒙运动。其原初思想动力，是在围绕着对基督教文化进行猛烈质疑的模式中生发出来的，它以唯物主义、自然主义和简化论解释彻底改变了中世纪普及于世的关于世俗世界和关于生前不可能到达永恒世界的观念，追求人的精神解放，从理论层面开始批判教会权威。三次科技革命则又进一步以新技术理性层层瓦解了神权，因为其无法解释三次科技革命带来的生产力飞速提升、物质生活极大丰富，更无法应对高速运转的大机器带来的组织方式、管理制度乃至社会结构的全新变革。理性主义、科学主义作为全面挑战传统和标示现代性的两面旗帜一直被高举以反对神权主义，一轮又一轮演绎现代性的新思潮纷纷涌现。现代性与宗教之间自此形成了反复较量的对峙张力关系。

现代性在推动西方传统宗教转型的过程中，出现了截然对立的两条道路。

其一，是激进主义。激进主义以高度推崇理性主义、猛烈批判教会权威为显著特征，谴责宗教是阻碍社会进步的障碍，使人们永远陷入愚昧、黑暗与狭隘中，永远奴颜婢膝，丧失创新精神。法国百科全书派宣扬人们应完全摒弃一般宗教信仰，只有这样才能使人摆脱奴役和偏见，只有这样才是开辟通往真正幸福道路的唯一手段。哲学家罗素写道：“世间拥有创造普遍幸福的知识，而宗教学说则是利用这一知识谋求幸福道路上的主要障碍。宗教——正是它阻碍我们的孩子获得理性的教育；宗教——正是它妨碍我们消除战争的根源；宗教——正是它阻止我们用科学的、合作的伦理取代自古以来仇视人类的罪孽和惩罚的学说可能，人类已经处在黄金时代的门槛上，首先必须打死把守大门的飞龙，而这条飞龙就是宗教。”①

其二，是温和主义。温和主义主张宗教与科学并非天然对立绝对不可调和。上帝先创造了世界，然后让世界按照自然法则运转起来。譬如，牛顿虽然发现了万有引力定律，用更科学的语言解释了天体运动的动力。但是，星体运动是怎样以及由谁最初发动起来的呢？作为一个虔诚的基督徒，牛顿宣布上帝是“第一推动力”，一旦上帝做完这件事，并颁布了万有引力法则之后，太阳系和整个世界体系就开始运转起来，从此上帝不再插手其间。这里，激进派所猛烈抨击的那位专制、独裁、为所欲为、随意操纵自然事物的万能上帝，变成了温和派眼里的尊重科学、讲究理性、按照自然规律办事、默默奉献的立宪君主。在上帝与科学、知识与信仰之间，温和派试图走出一条“中间路线”。

中国西北地区的宗教现代性转型，也具有上述两派所存在的内在结构性矛盾的特点。然而，与西方的情形稍有区别的是：激进派又分为完全否定宗教和极力复兴宗教两大派系。

一边是完全否定宗教的部分人口，接受了现代高科技文化洗礼，坚持理性主义、实用工具主义的世界观。相当一部分少数民族青年人热衷于追随时尚科技生活，互联网、3D 打印、克隆人、宇航员太空漫步、远程信息技术等一轮又一轮迅猛发展的现代科技，让他们坚信“信教与不信教都一样，神不可能因为他是一个西班牙人或者是一个果天托特人而去惩罚他，只要一次看见儿童因脑炎而死亡，就足以推翻上帝的存在”②。所以，他们对宗教漠不关心，部分类似于西方宗教社会学家所称的“世俗化”，但还不能完全与国外的情形类同。

---

① 罗素：《宗教对文明带来有益的贡献吗?》，载《科学与宗教》1959 年第 1 期。

② ［俄］B. C. 谢苗诺夫：《科学与宗教：相互关系、对抗与前景》，郑镇译，载《世界哲学》2009 年第 1 期。

另一边是主张极力复兴传统宗教的部分少数民族人口。他们在现代化的猛烈冲击下，面对现代社会日益出现的所谓文明病诸如道德沦丧、人情冷漠、私欲膨胀、环境污染、残酷竞争等极为愤慨，认为现代社会过度拜物主义、拜金主义正在使得人类走向堕落。他们怀念传统社会，极力从传统宗教文化中寻找精神动力。他们对宗教的激励功能尝试做扩大解释，宗教民族主义情绪有不同程度的高涨，试图利用宗教来掌控、建构符合他们需要的社会转型模式。其本质是追求精神理想主义。这些表现部分类似于西方宗教社会学家所称的“反世俗化”。当然，只是部分情形有些相似，中国的国情还有其本土特殊性。

温和派则在理想主义与现实主义之间犹疑，在此岸世界与彼岸世界之间小心翼翼探索，在古老的民族宗教传统文化与现代文化之间犹豫徘徊。“既不追究宗教的主观情感价值，也不追究其客观的真实价值，而从此岸的各种关系和旨趣中寻找到某些宗教契机……宗教即一种社会形式，意味着它是实在性的，反过来说，社会作为人的互动关系，本身就带有宗教因素。”① 因此，他们尽可能保持着传统的宗教信仰，往往在人生重要的仪式上显现出来。现代文化的猛烈冲击又使得他们大大弱化了信仰。他们又常常内疚自责，下决心以后要重视本民族的传统宗教，要认真学习了解宗教。温和派在传统与现代之间犹豫徘徊也是可以理解的。毕竟，现代文化是从传统文化基础上发展而来，现代性其实就是传统性的新生长，与传统不可能完全割裂。另外，西北地区的社会转型不像西方社会那样经历了几百年的准备和逐渐演变的过程，而是大力移植外部现代化模式、经由外部强力冲击推动急速发展而来的强制型变迁。社会格局一直在不断动态的摸索变迁

---

① ［德］西美尔：《现代主义与社会学》，刘小枫编，魏育青译，牛津大学出版社 1998 年版，第 48 页。

中，还没有真正形成较为成熟的真正意义上的“现代社会”，宗教自然也会显示出传统与现代并存以及对峙博弈的格局。

### （四）西北宗教信仰出现新的变化对民族关系的影响

改革开放、10年西部大开发使得西北地区社会发生了一些新情况、新变化，宗教也发生了现代性转型，对于民族关系产生了新的影响。

1. 宗教世俗化、反世俗化与时俱进特征突出，客观上有利于民族交往增多

宗教对民族社会的约束度下降，西北宗教信仰出现了约束度深浅不一的不均衡状况。大中城市与边远乡村的开放度形成两极状态，在城市，宗教对人的约束力较弱，而在农牧区，宗教对人的约束较强。[①] 面对古老的宗教文化，青年改革愿望强烈，期望能与现代文化接轨。甘肃被调查的青年僧人75%的主张：“应关注社会，加强同社会的各种联系，倡导‘人间佛教’。”[②] 在伊斯兰教中，宗教人士学习科技、法律，做出符合时代要求的教义解释，将爱国、发展、环保、戒毒、团结等加入《新编卧尔兹演讲集》中。这表明古老的宗教文化在现代性转型背景下正在注入现代文化内容，焕发出新的生机与勃勃活力，使得西北各民族能够在人类具有共性的伦理道德范围内沟通，在更大的文化平台和更广阔的领域展开全面互动，有助于淡化民族心理边界，打破民族间疏离的藩篱，促进民族关系向着和谐互动方向发展。

---

① 巴特尔：《新疆现代化进程中人的现代化与宗教世俗化》，载《新疆社会科学》2009年第6期。

② 才让、马强、牛宏：《甘肃省少数民族青年宗教信仰现状调查》，载《西北民族研究》2002年第1期。

2. 宗教文化复兴浪潮高涨，对民族关系产生一些疏离影响

西部大开发极大地提升了西北群众的生活水平，但也使群众在现代化浪潮的冲击下产生一些迷茫心理，进而希望从宗教文化里寻找精神力量，宗教文化复兴势头较为迅猛。随着经济状况的改善，以前无力修建清真寺的地方，出现花费巨资建造寺院的情况。市场上出现了刻意强调民族间宗教文化差异的产品销售宣传。宗教信众活动方式发生重大变化。一些宗教人士凭借传统宗教威望，干预行政、司法、公共教育、婚姻、计划生育、文化娱乐，干预民事纠纷、经济活动等。在一些公共工程项目中，宗教人士参与组织民族群众增加谈判力量，致使西部边远地区一些重大项目不能及时开工。这些新出现的情况表明，宗教对民族边界的固化作用某种程度上在增强，其他不信教或者不属于统一教派的群众与信徒之间的交往难度一定程度上在一些地区增大，客观上对民族交往造成一定程度的负面影响，不利于民族间相互了解信任，使得各民族间的社会距离疏远。

3. 非法活动增多，对民族关系产生破坏作用

目前，西北民族地区的非法宗教活动有不同程度的存在。非法宗教活动在西北各省区的情况有所不同，对民族关系的影响程度也不同。非法宗教类宣传品呈蔓延之势。宗教干预和教育群众的正常社会生活，收取“吾守尔”“扎卡提”等宗教课税。①

非法宗教活动往往披着宗教的外衣行非法之事，以达到不可告人的目的，极大地扭曲了宗教的基本教义，违背了基本的伦理道德。少数不法分子的行为严重败坏了信徒的社会声誉，使得不信教群众对宗教和信教群众整体上产生反感，有的避而远之，有的强烈指责，各种负面消极情绪滋长，对民族关系造成很大破

① 阿不都热扎克·铁木尔等：《2007—2008 年新疆经济社会形势分析与预测》，新疆人民出版社 2009 年版，第 257—258 页。

坏，威胁西北社会政治稳定和经济健康有序发展。

## 二、概念界定与研究状况述评

### （一）“现代性”的概念界定

什么是现代性？文学、历史学、政治学、法学、社会学、经济学、艺术等诸子百家众说纷纭，都给出了令人眼花缭乱的若干种定义，已经成为当下学术界公认的最难以界定的基本概念之一。本课题只借鉴社会学关于“现代性”的定义，大体可以分为三类。其一，就社会层面而言，是指现代社会的组织模式或者方案，意味着制度化、合理化、规范化。英国社会学家吉登斯着眼于理性，从制度层面出发，把整个工业社会文明视为现代性，涵盖了社会、文化、个体等多个层面。其二，就时间方面而言，是指与传统而言的当前性。法兰克福学派第二代学者哈贝马斯强调现代与古代甚至中世纪的联系，认为这种联系是一种更新联系，是一项动态的、开放的事业，非常强调现代性与古代性的连续性。“现代是依赖未来而存在的，并向未来的新的时代敞开。”① 其三，就文化方面而言，是指一种批判的精神意识。法国社会学家福柯则把现代性解释为一种批判的精神气质，一种对传统的反思、颠覆、超越的态度。他指出，现代性是启蒙运动带来的一种态度或精神，将其解读为一种对时代进行批判性质疑的品格，“它可以被描述为对我们的历史时代的永恒的批判”②，催

---

① ［德］哈贝马斯：《现代性的地平线——哈贝马斯访谈录》，李安东、段怀清译，上海人民出版社1997年版，第12页。

② ［法］福柯：《文化与公共性》，汪晖译，北京三联书店出版社2004年版，第433—434页。

生了主体意识，催生了自由、平等、博爱等价值观念。

从时间上来看，针对现代性诞生的年代存在两种看法：一种认为其发端于16世纪文艺复兴、宗教改革以及地理大发现时代；另一种看法则认为起源于18世纪启蒙运动，其中三次科技革命更是催生现代性的直接推手。本书采纳第二种解释。此外，现代性的蜕变消解，抑或被后现代性颠覆，一般认为始于20世纪60年代，源于科学精神的异化，工具理性至上使得社会发展陷入危机与困境，后现代性作为现代性的直接批评者、解构者应运而生。

从结构上看，现代性最显著的结构特征，便是从诞生伊始就存在着内在的矛盾与悖论。它一方面高举理性和反神权大旗，追求个体与精神的自主自立，此种现代性伴随着启蒙运动中高速运转的工业机器，充满乐观与自信登上了历史舞台。然而，另一方面它又促使人类将一切建立在科学特别是数字的基础之上，理性成了用来制造一切其他工具的一般的工具。因此，以理性主义为核心的现代性发展模式使西方社会飞速发展，同时也带来了工具理性的诸多弊端。物质生产飞速发展、丰富之后，人们对工具理性的反思与批判随即而至，热衷于关注非理性，与启蒙现代性形成了一种背道而驰的张力，一股反思现代性的潮流风起云涌。

概而言之，从社会学的角度看，现代性既是一种时间意识，包含对以往历史事实的描述、吸收和牵连，也是一种理念，一种精神指向，一种与传统决裂的新时代批判意识，包含着对新的时代的价值诉求和规范意识。它发生在一切社会、文化、个体层面，具有高度的开放性、动态性、非完成性的规律和性质。

### （二）简要的研究述评

本研究是在西北社会现代性变迁大背景下，探讨宗教对西北民族关系的影响，其核心是围绕着探讨宗教与民族二者之间的关系为基本思路展开的。初步的资料收集发现，民族宗教问题虽然是传统研究主题，这方面的文献也很多，然而在社会现代性转型背景下探讨宗教对民族关系的影响，论著虽有但不是很多。本研究在收集资料时暂时搁置社会背景，将这一主题扩大到一般宗教与民族关系探讨，期望能得到更多有益启发。文献中与本课题相关的研究，主要集中在以下两个方面：其一是探讨宗教的现代性转型；其二是关于宗教与民族之间关系的理论研究。

1. 宗教的现代性转型

宗教的现代性转型研究发轫于韦伯对于现代性的经典论述，古典宗教社会学者涂尔干、齐美尔等人都有过深入研究。20 世纪 60 年代的新古典经济学又以经典现代化理论的视角对其宗教与现代性之间的关系进行了进一步的阐释，产生了著名的“宗教世俗化、反世俗化理论”“宗教市场理论”“多元宗教现代化理论”。

（1）宗教世俗化、反世俗化理论。韦伯最早提出了现代社会的“脱魅”说，认为宗教的发展过程是一个从非理性到理性的进化过程，建构了直线式变迁的路径模式，打下了宗教现代性变迁理论的伏笔。美国宗教社会学家彼特·贝格尔继续了韦伯式的研究，在 20 世纪 60 年代末提出完整的世俗化理论，改变了以往围绕教会开展研究的特点，构建了世俗化—多元化—私人化的社会学理论模式，引发了全球宗教世俗化研究的热潮。但是，世俗化理论一直遭到诸多学者的质疑，以英国学者季利、葛瑞勒、马丁为代表的欧洲学者普遍认为，世俗化理论只适用于欧洲，而不适用于全球情形。经过多年论证反思，贝格尔在晚年修正了其世俗化理论，提出了多元化更适用于解释现代社会全球宗教变迁的事实，多元化导致了世俗化的某些现象，也同时引起了反世俗化的现象，这被认为是宗教反世俗化理论或新世俗化理论。

国内学者也对世俗化理论进行了一定程度的论述。高师宁对世俗化的定义、表现、特点等问题进行了较为深入的介绍和探讨。冯丹、宫哲兵对当代中国宗教的世俗化特征进行了描述和分析。李向平从传统语境、佛教经典中有关“世俗”的词汇，以及相关的文化、宗教表达模式的分析入手，认为中国社会与中国宗教、佛教的关系，并非神圣与世俗的二元对立结构，而是一种特殊的相互嵌入关系。

（2）宗教市场化理论。在批判宗教世俗化理论的过程中，宗教市场论迅速崛起。美国社会学家斯达克和本博瑞兹、芬克、艾纳孔等人从功能主义的观点出发，试图以交换补偿心理来寻求解释宗教行为，将新古典主义经济学的一些理论和方法引入宗教研究，逐步建立了理解宗教现象的经济学模式。该理论以“理性人”的假设为逻辑起点，认为宗教的兴衰主要取决于宗教市场内部供求关系的变化和市场自由竞争的程度，而与现代化的进程无关。然而，史铎慈、巴奇等人批评这种宗教经济模式只不过是一种美国式的理想类型，在欧洲并不适用。它把与宗教现象有关的社会关系化约为市场、供求的关系，试图用经济还原论掩盖宗教现象的复杂性。

尽管受到诸多批评，该理论仍然被认为是一种易于操作富有解释力的理论，很快被华人学者杨凤岗教授介绍到中国来，催生了一批中国著作。杨凤岗教授提出了中国宗教的“三色市场理论”，认为中国宗教存在着红市、灰市与黑市三大市场，正是这三大市场之间的关系，决定和影响了中国宗教的变迁与发展。卢云峰在区分排他性与非排他性宗教的基础上，从微观、中观、宏观三个层面上探讨了“宗教市场论”在华人社会的适用性问题。中国人民大学 2006 年还举办了以宗教市场论为主题的宗教社会科学研讨会。

（3）多元宗教现代性理论。很多学者批评宗教世俗化、新世俗化理论是为欧洲量身定做的，宗教市场化理论是给美国量身定做的，都各有偏颇。欧洲宗教学者受到社会学家艾森斯塔德提出的多元现代性理论启发，提出了多元宗教现代性理论。马丁、达薇等人提出在不同的现代性中宗教的形式及其演变也各不相同。爱尔维优·雷杰直接使用多元宗教现代性的概念，认为在现代社会，不同国家的宗教与政治发生关联的具体模式相差甚远，宗教的符号结构在文化中发挥影响的程度和方式也很不相同。

中国学者以现代民族国家为基本框架，重新认识了宗教的现代性、可能性及其限度。刘小枫分析了中国宗教、政治与伦理秩序的复杂关系及其现代性困境。王斯福、王铭铭、郭于华等学者以不同的视角考察了民间宗教的权威、组织和仪式在社会权力格局的现代变迁中的角色，其中最富有成果的主题是宗教变迁与民族国家建构之间的关系，甚至已经发展出了多种范式。

2. 宗教的社会管理

世界上没有哪个政府允许宗教享受无限制的自由，社会学家一直关注宗教管制的类型。芬克根据管制的性质把它分为扶持和压制；杨凤岗则依据管制的程度区分了四种宗教市场：完全取缔（没有宗教）、垄断（只允许一种宗教）、寡头统治（只有几种宗教被允许存在）和自由的宗教经济（多种宗教并存）。卢云峰在此基础上提出了旧约时代的以色列神权统治模式、阿拉伯国家的国教模式、明清时期的中国以国家为中心的选择性管制模式，以及美国以社会为中心的多元治理模式四种宗教治理类型，认为第四种模式值得中国学习借鉴。雷明贵认为，在价值多元的现代社会，在依法管理下进行政府主导型的多元治理将是中国宗教管理的新路径。此外，还有中国学者呼吁了多年的以法治手段作为具体的治理路径。

3. 宗教与民族之间的关系

改革开放前10年，国内学者对于民族宗教现象的关注很少，理论上也没有多少创新，主要还是以马列主义原著中的古典民族宗教理论研究为主。1992 年以后，随着改革开放向着纵深发展，国内对于宗教现象与社会主义的关系探讨引起广泛关注，宗教与民族问题二者之间关系的探讨也就随之展开。经过近 20 年的研究，对于宗教与民族的关系，国内研究一般达成了共识，认为二者是既有本质区别又有共同联系两种不同的社会现象。宗教对于民族关系的发展具有重要作用。

1994 年，时光认为两者的不同之处表现在社会范畴不同、历史轨迹不同、历史作用不同三个方面。其交叉点在于，宗教和民族都可以体现为一种文化现象，都包含了世界观、人生观、伦理道德、习俗律法、文学艺术等极其丰富的内容。宗教可以以民族文化的形式出现，民族文化可以通过宗教现象表现出来，民族能够作为宗教文化依附的实体，宗教能够成为构成民族文化的基本要素。历史上的宗教与民族总是相互作用、相互影响，两者成为在一定历史阶段共生共荣的社会现象。宗教对民族的影响主要体现在宗教是民族文化的重要组成部分，是民族日常生活的重要方式，是民族政治的重要力量，是民族心理素质的重要内容。鉴于宗教与民族特征之间的关系，不仅要看到宗教对民族特征所产生的重要影响，同时也应该注意区分民族文化中的宗教成分和世俗成分，区分与宗教有联系和没有联系的民族特征，以及与宗教始终联系在一起和过去有联系而现在已世俗化的民族特征，以免把宗教行为同传统民俗混为一谈，把宗教同民族文化混为一谈，把宗教同民族特征混为一谈。只有这样，才能正确认识宗教与民族的关系。①

1998 年，牟钟鉴发表了《宗教在民族问题中的地位和作用》

① 时光：《宗教与民族的关系》，载《西南民族大学学报》（哲学社会科学版）1994 年第 3 期。

一文，再次强调宗教与民族属于两个不同的范畴，二者的发展不具有严格的对应性和同步性，但关系密切、相互包含，宗教问题是民族问题的重要组成部分。宗教对于民族关系的作用主要表现在，宗教是中华各民族沟通的桥梁，是世界各民族文明交流的重要渠道，也曾经是民族侵略、民族冲突、民族压迫的工具。宗教是民族利益的重要表现形式。①

2007 年，龚学增发表《宗教积极因素与民族精神的弘扬和培育》，认为宗教是中国社会生活的重要组成部分，包含着许多有助于民族精神弘扬和培育的积极因素，应该发挥这些积极因素，使之为构建社会主义和谐社会做出应有的贡献。②

2010 年，王萌、冯平探讨宗教与民族的双重性关系，认为两者具有不同的属性和内涵，但又紧密联系。在宗教发展世俗化大趋势下，宗教的影响是多层面的，对民族发展、民族关系、民族认同都具有双重影响。其积极方面在于提供了解决民族问题的现实契机。我们应当创造条件，使宗教走上与其他社会因素良性互动的发展轨道。③

其他相似的观点还有何光沪认为在宗教与民族二者之中，任一方的道德或理性成分的发展都会有利于另一方的道德或理性成分的发展，任一方的狂热或反理性倾向都会加剧另一方的狂热或反理性倾向④；赵明清提出应当与时俱进地看待宗教与民族的关

① 牟钟鉴：《宗教在民族问题中的地位和作用》，载《中央民族大学学报》（社会科学版）1998 年第 3 期。

② 龚学增：《宗教积极因素与民族精神的弘扬和培育》，载《科学社会主义》2007 年第 2 期。

③ 王萌、冯平：《宗教与民族的双重性关系》，载《中国宗教》2010 年第 12 期。

④ 何光沪：《论宗教与民族的关系》，载《世界宗教研究》1996 年第 1 期。

系[1]；李利安提出当代西部地区宗教在民族关系与国家统一、宗教和谐与社会稳定、文化传承与文化繁荣、伦理建设与道德教化、文化产业与经济发展等很多领域都能发挥积极作用[2]；谢玉进、戴钢书认为宗教与民族既有区别，又有联系；宗教对民族的形成和发展有着重要影响，既有正面的功能，又有负面的功能。要以与时俱进的眼光看待和认识民族发展中的宗教问题[3]。

综上所述，上述研究给予了本研究丰富启发，大大拓宽了研究视野，但也尚存一些问题需要继续研究，主要表现在：

其一，关于宗教与民族两者之间关系的探讨观点基本一致，总体上认为宗教与民族虽然属于不同的两个领域，但是由于二者紧密联系，加之中国一些民族长期以来信仰宗教的现实状况，决定了宗教问题绝不是个人的信仰问题，而是整个民族问题的重要组成部分。要积极探索引导宗教在民族关系发展中发挥正功能。但是，从整体上看，国内没有或者很少有文献直接在现代性背景下探讨宗教对民族关系的影响，似乎二者互不相干。即使有，也是散见于宗教对民族关系的影响，似乎社会背景可以忽略，基本属于研究空白领域。这既给本课题以很大的机遇，也是极大的挑战。如何在全球化时代宗教文化复兴和发展日趋世俗化的复杂背景下，聚集学科合力，破解难题，动员发挥宗教在民族关系方面的正功能，这正是本课题所期望达到的目标。

其二，宗教类型单一。宗教社会学发端于西方，由于历史原因国内严重缺乏研究积累，学者只能花费大量时间以西方、以基

---

① 赵明清：《与时俱进地看待宗教与民族的关系》，载《伊犁州委党校学报》2005 年第 2 期。

② 李利安：《西部地区宗教的结构及发挥积极作用的领域》，载《中国宗教》2010 年第 5 期。

③ 何龙清：《毛泽东的平等、团结理论及其意义》，载《贵州民族研究》1993 年第 4 期。

督教为学习、借鉴对象，中国境内的藏传佛教、伊斯兰教、道教等其他宗教成了边缘性的他者，既有研究几乎成了清一色的基督教宗教社会学。此外，还存在西方理论的中国本土适应问题。西方的宗教社会现代性理论，有其深刻的社会背景，不少学者把它们硬套于中国实际，结果使相关研究要么走向歧途无实际应用价值，要么只能说明中国实际不符合西方理论，却不能更进一步地提炼出自己的理论。

其三，缺乏定量研究，方法论不足。从地域上看，田野点的选择东部、南部多，西部、北部少；从方法上看，质化（定性）研究远远多于量化（定量）研究；从成果的质量上看，侧重事例和罗列数字的调查报告多，仅停留在收集材料和简单的数据分析阶段，还谈不上具有科学性的量化研究，甚至有相当多的研究还仅仅停留在经验阶段，缺乏理论的归纳与提升。研究基本上没有对于理论公式、基本假设、研究逻辑、原则规范等的探讨，方法论的缺失使得研究的系统性、深入性、规范性有所欠缺。

本研究并非仅仅描述、确立西北地区的宗教现代性变迁的基本状况，而是更进一步深入对这种动态现代性进行批判与反思。通过分析西北社会变迁与宗教转型二者之间的关系，反思宗教不断进行着自反性现代化既是它在西北地区安身立命的条件，也是其今后的长期发展目标，本课题不仅有助于宗教研究再度回到社会学的中心，而且也有助于推动中国宗教社会学的本土化研究，确立有效的问题意识。

## 三、分析框架

本研究以德国社会学家尼克拉斯·卢曼的现代性理论作为基本分析框架。卢曼早年曾经留学美国师从帕森斯，但作为赫赫有名的结构功能主义大师的学生，他对帕森斯传统结构功能主义理论给出了极为尖锐的批判。认为这种“系统”高于“功能”的、稳定的、大一统式的思路，忽略了当代社会系统的复杂性及其运作程序的多元性和多变性，更不能应对社会的动态变迁及其产生的各种偶在性风险。卢曼进行了大规模的解构改造，发展出了新的系统——结构理论，提出“功能”高于“系统”，并使用此理论对宗教的现代性变迁做了分析。在卢曼看来，新结构功能主义理论诸多内容中最值得探讨的是社会的现代性理论，现代性至少具有四个特征。

其一，差异性。现代社会的一个基本事实是分化，意即社会中不再有统一性，只有复杂性。不存在一个能统一社会的精英（贵族式）上层，也不存在一个能以社会法权的方式显示整体统一的中心。卢曼主张现代社会的首要问题，不再是寻求新的统一性，而是化约为因分殊化的复杂性。现代社会的复杂系统不能仅仅依靠价值共识得以整合。

卢曼从差异性出发来分析宗教问题，尖锐地指出：宗教在现代社会，并不能再继续扮演社会整合的唯一基础这一角色，而是作为一个社会不可或缺的社会次属系统，与众多其他社会次属系统一起构成社会整合的基础。如果继续坚持宗教在现代社会中的总体性整合功能，就会丧失宗教的功能。在现代社会里，宗教只能具有属于自己的功能，即个体的生命意义解释功能。这一功能既不能被法律、道德代替，也不能去代替法律、道德的功能。

其二，偶在性。“在形式上，偶在是由对不可能性的否定和对必然性的否定来界定的。据此，凡是虽然可能，但并非必然的东西，就都是偶在的。”① 现代社会已经进入了一个以功能为取向的分化形式。社会分化迫使人们超越更大的分歧而保持沟通过

① ［德］尼克拉斯·卢曼：《宗教教义与社会演化》，刘小枫选编，刘锋、李秋零译，中国人民大学出版社1998年版，第190页。

程，并以一致与不一致、连续与不连续都同样可能并且相互证明的方式把沟通过程模态化。

卢曼从偶在性视域出发，发现了宗教系统存在一种奇妙的潜在特殊功能，那就是消化处置悖论的有效方式。凡是分化的诸形式能够被当作指涉终极悖论的东西来观察或描述，它们也就可以被当作宗教形式来观察或描述。宗教一方面要设置自身的终极根据和终极目的，另一方面要处置社会现实的分化以及对终极意义的指涉。这样，宗教用自己承担悖论的方式来使世界“非悖论化”。它启动自身偏离常规的再生产，即演化，进入一个以功能为取向的分化形式。

其三，风险性。卢曼认为，现代性的特征之一是风险加大，我们已经进入了一个高风险社会。现代社会科技日新月异、极为发达，世界一瞬间似乎变得可随意塑造和改变，人们野心勃勃地要解构一切，虽然使现实世界充满了更多的可能性，但是也使人们面临更多的风险，使得世界充满了更多的不确定性。例如，发电厂、飞机、游轮虽然是用高科技建造的比较安全，一般情形下也会较为安全地运行，但是也隐藏着巨大风险。现代社会人们依赖高科技做出决定时，往往这种决定本身也暗藏风险。

卢曼认为，宗教与其他社会系统的分化，不仅是必然的，而且是有益的。宗教把风险世界中的种种不确定性转化为确定性，使社会保持确定性与不确定性之间的平衡，尤其抑制现代社会中日益增长的偶在性，使个体和社会的自我认同有一个表征系统。

其四，复杂性。社会系统的分化使得互动沟通缓慢而且需要顺序组织，因其遵循自己的动力学，极力扩大自己的资源，使得利益相互冲突，结果致使系统常常妨碍组织的有效运作。互动系统越来越小，无法变得复杂到能够划定边界或者相互隔离的程度。在组织层次上，不同的组织可以用破坏组织或者更大社会系统的方式追求其利益。整个社会日益碎片化，在整合中不断发生冲突，而在冲突中却难以再次有效整合。

卢曼敏锐地观察到，在充满了高度复杂性的现代社会，宗教似乎培养出了反习俗。其成功与否，要取决于教会能否提供某种不同的东西。“宗教在现代社会或许已经表现出一种反适应，这恰恰是它能够存活下来的原因。迄今为止，教会已经变成了狂欢节，即对正常秩序的颠倒。”①

卢曼的新功能主义理论中关于现代化的理论，虽然是基于以西方社会、以基督教为预设样本展开，有一些不适合中国历史与现实情形的地方。但是，对于中国社会转型背景下宗教的现代性转型及其对民族关系的影响，有着积极的借鉴意义。他从社会进化论角度揭示出现代社会具有四个特征，放弃了大一统式的绝对的社会整合理想，试图从差异、风险、分层诸多分歧之中建立相对开放的社会规范，以应对复杂的现代社会，这对于正在转型的中国无论从理论上还是从实践上都具有积极的意义。在著名的宗教社会学家刘晓枫看来，“中国社会的现代演化亦在社会分化方面受到现代社会结构规则所支配，自由主义的社会要素正在形成，中国传统宗教演变及其与现代中国社会的关系，尚未得到足够观察，卢曼的系统功能理论有助于建立中国宗教的现代演化及其社会功能的工具型系统”②。

中国西北多民族地区，正处在西部大开发时代已经结束和“一带一路”战略开启的两次大规模开发之间。长期处于动态、全面以及主要从外部借力的输入型发展中，可谓是西北地区的新常态模式。如果说第一次开发是在国内资源要素大流动背景下进

① ［德］尼克拉斯·卢曼：《宗教教义与社会演化》，刘小枫选编，刘锋、李秋零译，中国人民大学出版社1998年版，第29页。

② ［德］尼克拉斯·卢曼：《宗教教义与社会演化》，刘小枫选编，刘锋、李秋零译，中国人民大学出版社1998年版，第23页。

行的，那么，第二次大开发则是从国际性资源要素全球化流动这一更高的起点出发的。一轮又一轮社会现代性转型，必将迅猛冲击西北地区，引发该地区宗教的深刻变化，民族关系也将会呈现出不同的样貌，差异化、分层化、星团化发展将是大势所趋，风险和冲突将会不断涌现。我们不能再指望以某一种大一统式的文化模式一劳永逸地解决所有西北地区现代性转型中出现的各种问题，只能建立起相对开放、多元、宽泛的民族、宗教社会秩序框架。卢曼的这些观点对于解释西北地区改革开放以后在民族、宗教管理工作中的困惑有着很好的解释力，为我们提供了新的思路。

当前西北地区所产生的一些民族、宗教问题，并非仅仅源于民族、宗教因素本身，而是因为多重复杂的内外部因素施加影响所致。当前国内有一些人存在着一种极为消极、错误的观点，认为凡是存在民族、宗教因素的地方就一定会产生混乱，对中国现存的民族、宗教问题抱着不耐烦的态度，常常羡慕那些总体上由单一民族构成的国家，认为只要是单一民族国家就不会存在民族、宗教困惑。而事实上，现代性意味着流动性、变迁性。在全球化时代，没有哪一个区域、没有哪一个民族、更没有哪一种文化能闭门谢客，人口、资源、思想观念必然要进行全球范围内的流动，在流动中发生碰撞、变异、吸收或者转型。民族、宗教问题是社会现代性转型进程中必然要产生、不可回避、更不可能一劳永逸解决的风险。不要奢望预知和防止风险社会的所有风险，而要以同现代性演进同步的正常心态来面对各种未来的风险。在这方面，卢曼提出从现代性的角度重新审视宗教的功能。他认为，在现代社会宗教退居到次属系统，只是承担解释生命存在的表征意义，为个体提供意义资源，将不确定的因素转移到确定、稳定的框架之内，变成人们应付偶在性、无力的精神生存机制。这为我们重新审视现代性变迁中宗教影响力依旧强大的西北社会，怎样在新时代背景下认识宗教的功能以及最大限度地发挥宗教服务社会的正功能，都提供了有益的启示。

## 四、研究思路与研究方法

### （一）研究思路

本课题致力于研究西北地区三大宗教在快速现代化转型背景下的发展现状，运用新功能主义之现代化理论分析视角，探讨宗教在新时期对西北民族关系的多维度影响，分析造成上述影响的原因，提出正确看待转型时期宗教在现代化过程的自我探索中出现的种种现象，正确区分作为历史和文化传统的宗教与作为政治手段、意识形态传播工具的宗教的区别。充分挖掘传统宗教文化资源，在历史传承和文化功能的范围内发挥宗教凝聚人心的功能、促进社会稳定和民族关系的功能、推动社会发展进步的功能，使宗教与社会主义事业相适应。

绪论部分主要介绍了本课题研究的意义、分析框架、研究评述、研究思路与研究方法、研究的主要内容等。

第一章主要介绍西北地区宗教在现阶段的基本状况。包括伊斯兰教、藏传佛教和其他宗教的基本状况，使人们对西北地区的民族宗教状况有一个概貌式整体认识和了解。

第二章探讨在西北地区分布极为广泛、信徒众多的伊斯兰教对西北民族关系的影响。主要从社会历史和现代性转型的角度论述了伊斯兰教与西北少数民族之间的民族关系，从日常生活、经济发展、社会政治生活三个主要方面调查分析伊斯兰教对民族关系的多方面积极意义及其一些不适应现代社会发展的地方。

第三章探讨在西北地区另一重要宗教即藏传佛教对西北民族关系的影响。主要从历史和现代性的角度论述藏传佛教与西北少数民族的关系，从日常生活、经济发展、社会政治生活三个方面调查分析藏传佛教对西北民族关系的多方面积极影响及其与现代性不相适应之处。

第四章调查和分析基督教对西北地区民族关系的影响。西北地区信仰基督教的人口主要为汉族，探讨现代性大背景下汉族信教人口与信仰伊斯兰教、藏传佛教的少数民族人口的日常共存状况，以及基督教对民族关系的多方位影响。

第五章对策建议部分。提出要把宗教对民族关系的影响放在全球化的现代性变迁背景下考察，顺应宗教发展的世界潮流，遵循差异与共生原则，妥善处理宗教与民族关系，引导宗教与社会主义相适应，强化“公民”身份，培养建构“中华民族共同体”，加强各民族共有的中华文化建设，解决好西北少数民族的跨文化交往问题，依法管理宗教，加强法制建设，积极推进宗教管理社会化。

结语是对前文的反思、提炼与理论升华。主要从理论上分析宗教自身在社会现代化冲击下也正在发生现代化转型。这种转型对宏观民族关系演进产生了怎样的影响以及构建中国本土化宗教治理基本框架的基本思路。

### （二）研究方法

#### 1. 资料的收集方法

本研究以实证研究为主，考虑到民族地区文化水平总体较低，并且鉴于民族地区居民生活习俗和民族语言的特殊性，在调查研究的过程中，主要以定性研究方法为主。鉴于调查对象的特殊性，派出的调查员绝大部分是少数民族，主要使用参与观察、深度访谈的方式收集资料。同时，在具备条件的地方，部分资料的收集也来自于问卷。尽力做到定量与定性相结合，统计与个案相结合。对于理论部分，主要采用文献法收集资料。

2. 资料的分析方法

在获得翔实的定量资料的基础上，借助于 SPSS 社会统计软件包进行数据处理和分析，据此建构科学的理论模型。对于定性资料，一部分将会与定量数据配合使用，另一部分将会作为事实材料呈现运用于具体状况的分析论证中。

对于文献资料的分析，主要通过文献梳理，阐述议题的时代背景和理论背景，并对相关概念、范畴进行界定。借助国内外的文献资料提炼出西北民族地区宗教对民族关系的影响等资料，形成研究的理论机制；综合运用文化人类学、民族社会学、公共管理学、制度经济学、社会学理论视角，运用功能主义分析法对该课题进行实证分析，并提出具有实证性的建设方案。

## 五、本课题研究的时空划分和说明

本课题主旨在于分析西北地区三大宗教在现代化转型过程中呈现出来的与现代性相契合之处以及一些“不适应”，在这些契合与“不适应”基础上探讨宗教间接对西北民族关系产生的多重影响。因此，本研究论及的那些宗教的“不适应”是站在社会变迁的角度，而并非撇开现实背景去单纯批评哪一种宗教本身。因为宗教与民族关系原属不同领域，二者并无直接的因果关系，只是通过现代性转型这一中介因素才把两者联系起来。分析“不适应”的初衷是期望呈现当下的现实状况，探索新时期宗教与新时期社会主义事业相适应的新思路，启发当下民族工作的新方法。因此非常强调时代性和现实性，“当下的状况”成为课题关注的焦点。需要说明的是，时间范围主要锁定在西部大开发10 年来的状况，或者在必要情况下适当向前延伸。

在地域范围方面，由于少数民族与宗教问题涉及面很宽，涉及领域相当广。本课题的调查材料主要以青海、甘肃、宁夏、新疆四省为主。甘、宁、青地区自古以来处于东西交通枢纽地带，许多民族在这里迁徙往来繁衍生息，同时又将各自的文化带入这一地区，使这一地区成为多元文化交汇融合之所，凡是在历史上流传过的宗教，在这里几乎都能找到它的踪迹，对于西北地区多元民族关系的形成与发展具有重要意义。其他省区限于多种原因只能暂时搁置一边。

在历史的长河中，不少宗教只是昙花一现，但藏传佛教、伊斯兰教、基督教以其强大的生命力和包容力发展至今，影响深远。因此，本课题调查探讨的宗教类别主要为伊斯兰教、藏传佛教、基督教等信徒人数比较多的宗教类型，其他的一些地方宗教、原始宗教或者信徒人数相对较少的宗教类型，譬如袄教、景教、摩尼教、萨满教、苯教等，虽然也在西北地区有所分布，但是本课题将不涉及，待到今后的研究中继续补足与深化。

# 第二章　宗教与西北少数民族的关系

探讨中国社会现代性转型时期宗教对西北民族关系的影响，需基于一个基本的历史与现实的社会事实，即宗教与西北少数民族的形成、发展有着天然紧密的历史关系。本章主要论述西北伊斯兰教、藏传佛教的基本特点，以及所涉及的主要信仰它的西北少数民族。基督教在西北地区虽然也有一定的少数民族信徒，但鉴于基督教在中国西北并不具有少数民族全民信仰的特性，实际上西北少数民族信仰基督教的信徒数量也很少，故本章不再涉及。

## 第一节　伊斯兰教在西北分布的基本情形

### 一、信仰伊斯兰教的西北世居少数民族的形成与发展

西北地区世居的信仰伊斯兰教的少数民族有回族、维吾尔族、哈萨克族、东乡族、柯尔克孜族、撒拉族、塔吉克族、乌孜别克族、保安族、塔塔尔族10个民族。

#### （一）回　族

回族是中国少数民族中人口较多的一个民族，在西北各省都

有分布。居住特点是大分散、小聚居，在乡村、城镇有大小不等的聚居区，杂居特色鲜明。

元代官方文书称，自1219年成吉思汗开始西征，到1258年旭烈兀攻陷巴格达，大批中亚细亚人、波斯人和阿拉伯人迁徙东来，他们被列为色目人的一种。明代中期，这批迁徙来的人口已成为一个民族——回族。明代回民仍以善于经营商业而著名，在清代发展仍然很快。乾隆年间，陕西渭河两岸，到处都有回民村庄。明代以来，汉语成为回族的通用语言，但是还保留了一定数量的波斯语、阿拉伯语和土耳其语，现在西北甘、宁、青、新四省区回族约有500多万人，大体占全国回族人口总数的60%以上。

历史上王朝对回民上层人物科举入仕多不加限制。《全唐文》记载，大中初年，有大食国来的李彦生能够写诗作赋考中进士的例子，另外，文中还记载称来华贸易的阿拉伯商人已经能够熟练使用汉语与市井百姓进行交流。宋代怀宁回民马氏一族有11人考中进士，而且被朝廷一一授予官职。元朝、明朝时期，回民参加科举考试已经蔚然成风，民办儒学私塾也迅速推广，“以儒诠经”思潮风行一时，出现了一批著名的回族政治家、文学家、哲学家。这表明伊斯兰文化从一开始落足中华大地就能够与中华儒学文化体系和谐相处、相互借鉴，民族关系也在两种文化不断交融中长期和谐发展。

### （二）维吾尔族

维吾尔族主要分布在新疆，人口约占全区人口的60%以上。其中绝大部分聚居在天山以南的广大地区。除此而外，在湖南的桃源、常德等县还分布有少数维吾尔族人。“维吾尔”一词在维语中的含义为团结、同盟、同盟者。相传，维吾尔族人的祖先乌古斯汗为建立强大国家，给予援助他的人以“维吾尔”的称号。

维吾尔族最初信奉萨满教。摩尼教的传入取代了萨满教的地位。10 世纪，喀拉汗王朝开始在维吾尔族人中间推行伊斯兰教，完全信仰伊斯兰教是在清初黑汗王朝的沙图克汗时期。

### （三）哈萨克族

哈萨克族主要分布在新疆北部，南疆也有散居一部分，还有一部分居住在甘肃阿克塞哈萨克族自治县和青海海西蒙古族藏族自治州等地区。在哈萨克族比较集中的北疆地区，分别成立了伊犁哈萨克族自治州和另外两个哈萨克族自治县。

“哈萨克”这个名字，从清代开始沿用至今。哈萨克族信奉伊斯兰教，但从他们保留对火的崇拜来看，过去信奉过萨满教。1954 年，中国先后在甘肃建立了阿克塞哈萨克族自治县，在新疆建立了伊犁哈萨克族自治州、木垒哈萨克族自治县。

### （四）东乡族

东乡族主要居住在甘肃省临夏回族自治州的东乡族自治县，另外，临夏回族自治州积石山保安族东乡族撒拉族自治县也有少数东乡族人居住。东乡族自称“撒尔塔”。东乡族称谓，是新中国成立之后的定名。

东乡族的语言中蒙古语的变音语较多，也有不少突厥语、阿拉伯语和波斯语的借词。中国共有东乡族 60 多万人，其中大多聚居在甘肃临夏回族自治州东乡族自治县及其他各县。

### （五）柯尔克孜族

柯尔克孜族主要居住在新疆克孜勒苏柯尔克孜族自治州、伊犁、塔城等地区，总人口 18 万多人。

柯尔克孜族世世代代居住在中国。到了清代，改信伊斯兰教。礼拜寺是教徒活动的主要场所，多数建在城市。

### （六）撒拉族

撒拉族主要居住在青海省的循化县、化隆县和甘肃省的临夏县。

因历史上撒拉族信仰回教（伊斯兰教），一直被称为回族，自己也称“撒拉回”。明朝设土司制度对撒拉族进行管理。新中国成立后开展民族识别工作，根据其族源、文化传统、语言、经济生活方式等多种因素确定为撒拉族。1954 年，在青海省成立了循化撒拉族自治县。现居住在青海省循化撒拉族自治县的约有 6 万人，居住在甘肃临夏的有 6700 多人。

### （七）塔吉克族

塔吉克族居住在新疆的塔什库尔干塔吉克族自治县和附近的莎车、泽普、叶城、皮山等县，总人口约 5.1 万人。9—16 世纪，塔什库尔干地区先后受吐蕃王朝、喀拉汗王朝、西辽王朝、蒙古元朝和察合台汗国的管辖。从 10 世纪开始伊斯兰教传入喀拉汗王朝境内，对塔吉克人的影响普遍，成为全民族信仰的宗教。

### （八）乌孜别克族

乌孜别克族的名称，最早来源于 14 世纪时蒙古帝国四大汗国之一的金帐（钦察）汗国的统治者苏丹·穆罕默德·乌孜别克汗。15 世纪，金帐汗国瓦解，白帐汗国日益强大，组成乌孜别克联盟。

19 世纪 70 年代后期，中亚细亚的乌孜别克人陆续来到新疆，参加各种贸易活动，并且在新疆定居下来。他们在进入新疆之前，就信仰伊斯兰教。第一次世界大战及以后一段时间，由于战争和灾难，迁入新疆定居的乌孜别克人很多，现在中国新疆的乌孜别克族有 1 万多人。

### （九）保安族

关于保安族来源有两种说法：一种是保安来源于早年居住在甘肃东乡杨妥家一带的信仰伊斯兰教的蒙古人，《清史》中曾有部分信仰伊斯兰教蒙古人由新疆迁入青海的记载；另一种说法认为，保安族是来自约一百年前在青海同仁县曾与土族长期共居的信仰伊斯兰教的居民。保安城建于 1619 年（明万历四十七年）。清雍正年间称为“陕西河州镇属保安营”。至今存有信仰伊斯兰教的保安族居住的旧址，还有一块用阿拉伯文写的伊斯兰教经文石块。从清同治年起，保安族人开始迁移到甘肃临夏现在居住的地方。新中国成立后，定其族名为保安族。现在全国约有 2 万人，语言与东乡族、土族语言多有相通，大部分居住在甘肃省临夏回族自治州的积石山保安族东乡族撒拉族自治县。据文献记载，在明初保安人中就已有伊斯兰教徒，但保安地区普遍接受伊斯兰教是在清康熙年间。

### （十）塔塔尔族

塔塔尔人从 19 世纪前半期便迁入新疆。当时俄国农奴制度保护封建主兼并土地，导致失去土地的塔塔尔人到处流浪。有些人就在这时经过伏尔加河下游，经过西伯利亚、哈萨克斯坦来到中国新疆。塔塔尔族还在新疆办学校和建清真寺。第一次世界大战爆发，为了躲避沙皇政府征兵，一些塔塔尔人来到新疆定居。塔塔尔族主要居住在新疆维吾尔自治区境内，北疆的伊宁、塔城、乌鲁木齐等是塔塔尔人的主要居住地，总人口约 3556 人。塔塔尔族与维吾尔族、哈萨克族来往紧密，这两个民族的语言和文字逐渐成为塔塔尔族的通用语言和文字。

## 二、中国西北伊斯兰教的主要特征

### （一）多元性、多重性

中国西北地区是各种宗教文化的汇聚地，伊斯兰教文化在这里与多种宗教文化碰撞、调适、融合，显示出多元性、多重性的突出特征。主要聚居在甘青两省的东乡族、保安族、撒拉族及主要聚居在新疆的维吾尔族、哈萨克族、柯尔克孜族、乌孜别克族、塔塔尔族，历史上都曾经信仰过萨满教，在伊斯兰教文化形成的日常风俗中仍然一定程度上保留有萨满风俗。此外，还遗留有祆教、佛教、摩尼教及景教的历史痕迹，在他们本地的伊斯兰文化中有不同程度的展现。

### （二）教派门宦众多

在西北地区，伊斯兰教分布着三大派别、四大苏菲教团及其四十多个支系门宦。教派与门宦在管理制度上各不相同。

### （三）封闭化

伊斯兰教不向非穆斯林主动宣传教义，不主动吸收教徒。在教义的宣传方面，自唐朝开始，伊斯兰教来到中国，就只在侨居的穆斯林“蕃客”中开展宗教活动。长期以来，西北地区虽然有数量庞大的清真寺，但主要是为穆斯林过宗教生活和儿童学习经文而设立的。历史上那些云游的“谢赫”，也从来不主动向非穆斯林传教。

### （四）儒学化

甘宁青三省区的伊斯兰教，在很多方面受到中原儒家文化的影响，主要表现在两个方面：一方面，用儒学思想诠释伊斯兰教的伦理道理观念，譬如西道堂的创始人马启西提出“儒教得道”的主张，把《古兰经》的微言大义与儒家存心养性事天的修身理论联系在一起，运用宋明理学来解释伊斯兰教的教义，并极力提倡个人的道德修养，把儒家的天命观、理学家的思想与伊斯兰教“认主独一”论巧妙地糅合起来，以阐释伊斯兰教义理；另一方面，在日常生活中，穆斯林的生活受儒家思想影响，伊斯兰教同样讲究对父母孝顺、对兄弟友爱、对朋友忠信等。

## 第二节　藏传佛教在西北分布的基本情形

### 一、信仰藏传佛教的西北世居少数民族的形成与发展

西北地区世居的信仰藏传佛教的少数民族主要有藏族、蒙古族、土族、锡伯族、裕固族、土族等民族。

#### （一）藏　族

西北的藏族主要分布在西藏、青海、甘肃南部等省区。关于藏族来源问题，有不同的传说。

汉藏友好关系可以追溯到唐朝的松赞干布时期。当时汉文典籍称松赞干布建立的政权为“吐蕃”。以 641 年文成公主嫁松赞干布和 709 年金城公主嫁赤德祖赞为标志，汉藏一家亲的民族关系开始形成。松赞干布被唐朝刻为石像，列唐太宗昭陵的石阙之下。1244 年，统帅蒙古汗国西路军的皇子阔端奉成吉思汗的命令镇守河西和负责攻取西藏。当年 9 月，阔端遵照成吉思汗的命令下诏邀请西藏宗教领袖萨迦班智达・贡葛坚赞来凉州（今天

的武威）共商西藏归附元的大事。1246 年，萨迦班智达·贡葛坚赞经过 6 年艰难跋涉到达凉州，因为阔端赴蒙古，萨迦班智达·贡葛坚赞便在凉州广设经场，弘扬佛法，还在凉州为藏汉百姓医病。1247 年，阔端回到凉州，两人正式会晤，同年，西藏宗教领袖萨迦班智达·贡葛坚赞同蒙古皇子阔端在凉州议定了西藏的归顺条件，达成了西藏各派与蒙古汗国和平统一的《萨迦班智达致蕃人书》。按照《萨迦班智达致蕃人书》的规定，吐蕃要向中央政府交纳赋税，中央政府对吐蕃实施户籍管理，西藏成为元中央政府直接管辖的一个区。这便向世界宣告，西藏从此正式列入中国的版图。13 世纪，来到中国拜见元世祖的意大利人马可·波罗在他的著名游记中明确把西藏写为吐蕃省，这说明西藏在元朝时已经作为中国的一个省存在了。13 世纪以来，西藏始终置于中央政府的管辖之下。1951 年 5 月 23 日，中央人民政府与西藏地方政府的代表在北京庄严签订了《中央人民政府与西藏地方政府关于和平解决西藏办法的协议》。

### （二）蒙古族

西北地区的蒙古族主要分布在新疆的巴音郭楞蒙古自治州、博尔塔拉蒙古自治州、布克塞尔蒙古自治县，甘肃的肃北蒙古自治县，青海的海西蒙古族藏族自治州，河南蒙古族自治县。

“蒙古”一词始写于元代文献。到 12 世纪末，中国北方大漠南北蒙古高原上的大小部落有 100 个左右。1204 年，蒙古族英雄成吉思汗统一蒙古后，攻灭辽、西夏、花剌子模国，并一直把蒙古国领土扩展到中亚和南俄地区。萨迦班智达与蒙古阔端王子凉州会谈结束以后，藏传佛教在蒙古地区迅速流行起来，藏人接受蒙古人的政治统治。蒙藏两个民族文化上不断交流交融，无论语言、经济生活方式、政治治理模式还是日常生产生活风俗，都十分接近，族际通婚不断，民族间友好关系源远流长，延续至今。1947 年 4 月，全国最早的自治区内蒙古自治区成立，乌兰夫任自治区政府主席。

### （三）土　族

土族居住在青海省的互助土族自治县、门源回族自治县及甘肃天祝藏族自治县，现有人口约 29 万人。土族人自称“蒙古勒”或“蒙古尔孔”（意为蒙古人），也有的自称“察罕蒙古”（意为白蒙古）。新中国成立后，则通称土族。早期的土族，主要信仰原始的萨满教。元末明初，藏传佛教传入土族地区并得到迅速发展，格鲁派的发展尤为迅速，出现了许多格鲁派寺院，以佑宁寺最大，号称“湟北诸寺之母”（青海湟水北部地区）。土族信奉藏传佛教，同时还保留有早期萨满教的许多成分。

### （四）锡伯族

锡伯族在西北主要分布在新疆。在新疆居住的锡伯族占全国锡伯族总人口的 70% 左右。

关于锡伯族来源，一种说法认为，锡伯族与满洲人同源，都是女真人后裔；另一种说法认为，锡伯族是古代鲜卑的后裔，是东胡的一支。鲜卑音转为锡伯。1755 年，清政府因为统治新疆的兵力不足，遂于 1764 年农历四月从东北抽调锡伯族官兵连同家属共 3164 人，迁移到伊犁一带驻防。清政府原定让他们 3 年到达，但他们只用了 17 个月。锡伯族驻防伊犁时，清政府曾允许其 60 年后返回原籍。锡伯族的宗教信仰比较多元，曾经有过原始信仰和萨满教崇拜的现象，目前在民间仍有一定程度的存在。大部分锡伯族在新疆与蒙古族交错杂居在一起，多数锡伯族人信仰藏传佛教。

### （五）裕固族

裕固族绝大多数居住在甘肃省肃南裕固族自治县境内。唐宋时称裕固族为“甘州回鹘”“黄头回纥”，元代称“撒里畏吾”，明代称“撒里畏兀儿”，清代称“西喇古儿黄蕃”。裕固族自称“尧乎尔”。1954 年取名裕固，兼有汉语富裕巩固之意，作为裕固族称谓。

裕固族早期信奉萨满教，由于地处丝绸之路的河西地区佛教兴盛，佛教便成为他们的主要宗教信仰。

## 二、西北地区藏传佛教的特点

藏传佛教也叫喇嘛教、西藏佛教，是印度佛教传入吐蕃地区以后，吸收了当地原始苯教和地方其他部落宗教以后融合形成的，具有自身独特的理论体系和完备的宗教制度，是中国三大佛教支系之一。它历史之悠久，神像之众多，仪轨之复杂，传承制度之独特，都是世界宗教史上罕见的，是雪域高原孕育出的独特文化。藏传佛教具有如下特点：

### （一）集政治、经济、文化功能于一身的实体

历史上，从佛教在吐蕃地区初传及其后来日益发展壮大，始终离不开世俗政权政治力量的推动。长期以来，藏区寺院上层喇嘛与世俗贵族紧密勾结，实行政治权力和宗教权力联合专政，这是藏传佛教与其他佛教类型的显著区别之一。其实质，是用神权支配政权，用政权扩大神权，二者相互利用，使宗教成为一个政治、经济、文化集于一身的实体。正是这种政教合一的统治，使宗教统治了藏区的政治、经济、文化各个方面，支配了藏区的整个社会生活，渗透藏族生活的各个角落，使藏族居住的区域充满

宗教气息。

在经济方面，寺院往往坐落在交通要塞，地理位置优越，周围住有大量属民。为了保持寺院的生存发展，各教派还成立了专门的经营性组织以及专门的财务管理机构，出现了专门从事经济活动的佛寺商人，寺院通过收受布施、借贷、地租和经商，积累了资金、土地、牲畜等大量财富。民主改革以后，推行“以寺养寺”的政策，寺院经济来源主要依靠布施、化缘以及政府补贴。

在文化方面，寺院教育承担着藏区的文化教育。每一个寺院就是一所学校，不仅传授藏文，还培养了大批艺术家、医生、天文学者、文秘等人才。藏族许多古代学科是在佛经的翻译中孕育发展起来的，培养出许多翻译专业人才。在翻译的经典和藏族本土文化的基础上，逐步建立起因明、工巧明、医方明、声明、内明“大五明”和天文历算、戏剧、文法、修辞和诗学“小五明”在内的“十明学”。藏传佛教对藏区历代社会、经济和文化的发展起到了积极的推动作用，丰富了人类精神财富的宝库。

### （二）独特的传承制度和教义

#### 1. 活佛转世制度

在长期的探索发展中，以佛教的“十二因缘”说、“业力论”“生死轮回”说为基础，藏传佛教独创了活佛转世制度，这是世界宗教史上的独创。这种传承制度可以大大减少传承中的矛盾斗争，保持教派局势的相对稳定，对藏区的宗教、经济、政治稳定都有益。活佛去世以后，通过体系完备的宗教仪轨和历史定制来寻访并确定新的继任者。

#### 2. 显密结合，先显后密

汉族佛教各派大多学习显宗大乘经典，不学密宗经典，密宗也不学显宗经典，显、密之间，互不通气。藏传佛教则显、密兼修，先学显宗，后学密宗，显密二教，并行相通。“应化开说，名曰显教，言略逗机，法佛谈话，谓之密藏。”密教的道理，在显教便是“悲悯”“菩提心”“正心”三者，密教仿佛是根基和坚固的基础。显教所讲的去恶积善，调伏自心，不能遵照去做，便不能证明密谛。

藏传佛教对密宗格外重视，形成了博大精深、内涵丰富的修习体系。长期以来藏传佛教被称为喇嘛教，也是因为独特而神秘的密宗这一部分。它在一定程度上增添了藏传佛教的神秘氛围和深邃感，从而使得藏传佛教成为中国佛教三大体系之一。

### （三）影响力深厚

藏传佛教在藏区长期居于权威地位，全面支配着藏区的政治、经济、文化和生活，有着很深的群众信仰基础，影响力深远。藏民族的人生观、宇宙观和伦理观念都受到藏传佛教的思想渗透。改革开放以后，国家落实民族宗教信仰自由政策，依法保障信教公民的各项合法权利，受到了广大藏民的欢迎。

# 第三章　伊斯兰教对西北民族关系的影响

现代性是基于传统而生发。从某种意义上讲，现代性是基于传统基础之上的现代性。传统是现代性不可或缺的组成部分。伊斯兰教在西北地区历史悠久，作为西北地区信徒数量最多、分布地域最广大的宗教之一，历史传统决定了它不仅仅是个人信仰问题，而是关系到西北各民族之间的关系、社会稳定和谐以及国家平衡发展的问题。探讨历史上的伊斯兰教与民族关系，才能更好地以古鉴今，寻找建构一个适合于当今社会急速现代性转型特点的基本框架，妥善处理伊斯兰教与西北民族关系之间的问题。

## 第一节　历史上伊斯兰教与西北少数民族的关系

西北地区，历史上就是一个少数民族人口众多的地区，萨满教、拜火教、祆教、景教、佛教等都曾在这一区域盛行。宗教文化虽然繁多，但从总体上来看，各民族之间发生冲突、战争，主要原因往往并不是宗教纷争，而是贸易、水草、土地、矿产资源等物质利益冲突。宗教在相当长的一段时期内并非民族关系的主要影响因素。这一特点，在简要回顾伊斯兰教向西北各地区传播对民族关系的影响、伊斯兰教对西北民族关系的作用中可以得到印证。

## 一、唐宋时期的蕃客胡商

伊斯兰教在中国西北之最早传播，可追溯至大唐时期。史学界将《旧唐书》上记载的唐永徽二年大食遣使朝贡作为伊斯兰教传入中国的标志。大食、波斯的商人和使团沿着丝绸之路来到中国西北地区，伊斯兰教得以初传。

当时的西北地区在丝绸之路影响下，中原佛教、道教广为传播，儒家思想成为社会主导思想，全面占据文化核心地位。中华帝国地域庞大、实力雄厚，伊斯兰教主要借助于贸易途径来到中国。穆斯林作为侨民居住在自己的蕃坊中，并不对外主动传教，宗教生活仅限于蕃商中间，当时的汉族对它并不了解，基本上就是一个侨民的宗教。大唐王朝采取开放宽松的宗教信仰自由政策，佛教、道教都受到当权者的大力扶持，儒家思想更是在民间具有广泛的群众基础，成为整个社会占据绝对优势的正统思想。由于穆斯林总体上人口数量少，来华时间短，伊斯兰教的影响力无法与佛教、道教、儒家思想相提并论，他们仅仅满足于在蕃坊内修建供信众礼拜的清真寺，按照伊斯兰教法处理坊民内部事务。伊斯兰教本身为了与主流社会和睦相处，穆斯林积极学习汉语文，取汉姓汉名，接受政府授予的官职，参加科举，争取融入中华社会。这一时期，伊斯兰教并没有勾勒出清晰的民族意识边界，也没有建立“政教合一”政权的目标。因而，蕃客胡商与中华本土居民的民族关系整体上和睦友好，伊斯兰教并没有成为民族交往、民族融合的重要影响因素。

## 二、元明时期民族共同体初步形成与本土化

穆斯林人口大量进入中国发生在元朝成吉思汗西征时期。元

帝国三次大规模西征，从中亚、西亚迁来大量穆斯林工匠、士兵、学者、商人等安置聚居到西北。忽必烈称帝后，大批回族军士随地安置编社，与编户齐名。甘肃一带的穆斯林军士便以“社”的形式或垦荒种地，或屯聚牧养，或守要道经商，成为中国的正式居住民——编民，也成为元代“色目人”的重要构成和伊斯兰教在黄河上游的传播者。[①] 当时一部分蒙古军人改信伊斯兰教，也进一步扩大了伊斯兰教在中国的传播。上述色目人与来华的阿拉伯人、波斯人与当地的蒙古族、藏族、汉族通婚，逐渐形成了回族、东乡族、保安族等民族共同体。这些民族的形成过程中，主要借助于伊斯兰教，培养出了民族心理意识和民族文化，进而形成了共同的民族情感。

中国史学界普遍认为，回族作为一个为人普遍知晓的群体形成于元代。这个群体“主要以三方面的特征区别于当时中国的其他群体：他们是保持着对母国鲜明记忆的外国移民；他们作为色目人的主体在政治上是一个特权集团；他们是伊斯兰教徒。入明以后，回族群体的前两个特征逐渐丧失，伊斯兰教信仰逐渐成为回人区别于汉人的主要标志”。[②]

蒙元时期，中央政府实行民族宗教信仰自由政策，专门设置了“回回掌教哈的所”，客观上进一步助推了伊斯兰教在西北的大传播、大发展。甘宁青地区的伊斯兰教也抓住时机，积极地对汉文化和其他西北少数民族文化吸收融合，开始形成独具特色的中国伊斯兰文化，期望扩大伊斯兰教影响力，增多信教人口。蒙元前期，穆斯林群体已经不再是边缘人群，侨民本地化，完全转化为中华帝国的人口。甘宁青地区的伊斯兰教以和平方式传教为

① 刘富祯：《伊斯兰教在西北的传播》，载《黑龙江民族丛刊》1999 年第 1 期。

② 菅志翔：《简论共和国以前伊斯兰教在中国社会的演变》，载《北京大学学报》2010 年第 3 期。

主，信仰自由，因而伊斯兰各民族内部关系及其与汉民族、其他西北少数民族的关系，并未因伊斯兰教而使民族关系紧张恶化。

明代将移民实边作为一项基本国策，将人烟稠密的长江中下游平原的居民数度迁移至青海，大多聚居在河州、贵德一带，其中包括大量回族人口。自明清时起，上述地区成为中国回族高度集中的聚居地，伊斯兰教在青海自然而然大面积传播开来，并未发生武力传播的现象。作为多民族聚居省份，史书上也并未记载青海因为传播伊斯兰教信仰而发生民族间大规模战争流血冲突的事例。

不仅如此，明朝时期伊斯兰教本身也发生了很大变化。明朝实行海禁之后，来华的穆斯林学者越来越少，中断了与中亚和西亚的联系，伊斯兰教本身出现了本地化和民俗化趋势。大量吸收和采用了儒家理学的文化资源，借助儒家话语诠释伊斯兰教经典，呈现出儒学化的趋势。王岱舆写出了《正教真诠》和《清真大学》，后因其巨大的影响力被尊为“王子”。刘智的《天方典礼》《天方性理》，在伊斯兰教中国化方面的贡献非常大，被赞誉为“圣教功臣”。不仅满足了只懂汉语的教民学习宗教知识的需要，而且也向中国社会宣传伊斯兰教，求得汉族同胞的理解和尊重，一些满、汉文人看了刘智的著述，认识到了伊斯兰教的博大精深，改变了对伊斯兰教的偏见。

清朝学者马德新继承了明朝回族学者的思想，又对伊斯兰文化和儒家文化进行了全面考察，敏锐地看到伊斯兰文化重天道，儒家文化重人道，天道在人道中，人道亦在天道中，二者有很多相近之处，都有引人向善的最终目的，把中国回族对自身文化的反思及对儒家思想的总体认识提到了一个新的高度。

## 三、抗日战争时期，民族关系得到发展

民国时期，回族政治领袖和民间人士在特定的历史条件下，

为了稳定西北政治秩序以及抗日救国，他们深刻汲取了历史上部分西北地区教派纷争对局部民族造成负面影响之教训，深刻认识到，在多民族长期混居的西北地区，要维护地方政治稳定，改变西北地区长期闭塞穷困落后的面貌，就必须兼顾当地其他各民族群众的利益，否则不利于民族间的交流、交往和相互借鉴学习。同时，他们还认识到，要从大局着想，应当极力维护当地民族关系的稳定，促进西北各民族间和谐相处。

抗日战争爆发后，国家危难关头，西北各地穆斯林群众深明大义，做到民族宗教认同和国家认同水乳交融。“全国一致抗日之际，我教胞忝为中华国民，爱国岂肯后人。”[①] 西北穆斯林很早就投入到了全国的抗日大潮中，成立了一大批回民救国社团组织。这些社团组织超越教派、跨越地域，在中华民族生死存亡的历史时期重构定位了宗教、民族与国家的内在关系，在御敌救国的血与火的洗礼中，与西北各民族联手开展抗日宣传工作，组织穆斯林群众参加抗日救亡运动，发展民族教育，开展扶贫济困工作，在推动整个西北地区的回族抗日救亡运动等方面做出了重要的贡献。穆斯林的爱国行为，赢得了包括汉族在内的西北各民族的赞扬，民族友好关系得到了大大加强。

抗战爆发后，马鸿逵的武装被编入第八战区军队序列，其所属的第15路军和马鸿宾的35师组成第十七集团军，马鸿逵担任总司令，马鸿宾任副司令并负责具体指挥。马鸿逵在后方积极调动广大穆斯林群众的抗日热情，抗战是为“国仇家恨”雪耻。[②]

日军曾多次联系马鸿宾、马鸿逵兄弟，企图策反马氏兄弟搞所谓“独立”，遭到马氏兄弟断然呵斥。1940年绥西一战，战斗

① 《中国回民救国协会宣言》，载《新华日报》1938年1月16日第1版。

② 宁夏哲学社会科学研究所编：《清代中国伊斯兰教论集》，宁夏人民出版社1981年版，第319页。

异常惨烈，在双方武器装备差距较大的情形下，回族、东乡族战士与敌人近距离肉搏，用大刀砍杀敌人，展开了长达三个月的拉锯战，即使只有拳头也要打倒敌人，最终取得了胜利，极大地鼓舞了抗战士气。西北回民救国会通电全国，高度赞扬了他们忠勇杀敌的精神，并将各地回民的募捐，不断汇交绥远军民联合会，转交前方将士。《中国回教救国协会会刊》第一、第二卷发表《绥西前线的回回军》和《绥西穆斯林的爱国动态》，热情赞扬了回族将士英勇抗敌的英雄事迹。

新疆自然地理条件恶劣，长期以来经济落后，但在国难当头、民族危亡之际，各族人民喊出了“抗战一日不停，吾人募捐活动一日不止”的集体呐喊。自 1936 年起，各族民众就积极结成了牢固的抗日民族统一战线，踊跃捐献寒衣、资金、弹药。额敏地区的马文德、阿布都阿孜捐款超过一二百万两。[①] 新疆和田地区贫民艾沙因家贫无力捐款，主动将刚满 18 岁的儿子玉素普送往前线，嘱咐儿子“倘不忠实抗战，宁可不见子面”。[②] 阿克苏温宿县西大庄维吾尔族农民巴海巴临终前，嘱咐儿子沙海将其准备去阿拉伯朝觐的 2500 银圆，拿一半捐献给前线抗日将士。沙海说：“全国抗战，民很愿亲赴前方，共同杀敌救国，奈因交通不便，并家务关系，未得前往，故将所得一半自愿捐助，以助前方多买几种枪弹，多杀几个敌人，好给我们中国报仇。”[③] 一

---

① 共青团新疆维吾尔自治区委员会、八路军驻新疆办事处纪念馆编：《新疆民众翻地联合会纪事》，新疆青少年出版社 1986 年版，第 476 页。

② 新疆维吾尔自治区档案局、中国社会科学院边疆史地研究中心《新疆通史》编纂委员会编：《后援会为维吾尔贫民艾沙将亲生儿子送往抗日前线事致省政府的呈文（1938 年 12 月 27 日）》，新疆人民出版社 2008 年版，第 142 – 143 页。

③ 新疆维吾尔自治区档案局、中国社会科学院边疆史地研究中心《新疆通史》编纂委员会编：《阿克苏区为请嘉奖温宿县农民沙海阿洪捐献其父遗留部分朝汗路费作抗日捐款事致省政府的电（1938 年 11 月 6 日）》，新疆人民出版社 2008 年版，第 90 页。

些维吾尔族群众将自家的挂毯、祖传金戒指、冬衣都踊跃捐献出来。维吾尔族戏剧家哈迪尔创作了四幕话剧《游击队员》，塑造了一位为了抗战舍生忘死捐躯报国的游击大队长英雄形象，每次展演观众都热血沸腾，“打倒日本帝国主义”口号震天响。[①] 大型维吾尔族话剧《战斗吧，祖国》和《中国游击队的建立》，大力宣扬爱国主义精神。维吾尔族诗歌创作活跃，新作频出，激励新疆民众抗日斗志。典型的代表作有穆特里普饱含深情创作的《暴风雨后的太阳》《斗争的女儿》《中国》等。维吾尔族民众充分发挥能歌善舞的特长，将当时流行的《义勇军进行曲》《流亡三部曲》《大刀进行曲》翻译成维吾尔语，以及使用苏联歌曲《假如明天战争》《在边境上》的谱子，填写成动员抗战的维吾尔语歌词，在全疆各地传唱，充分展现了各族民众的爱国之心。[②] 抗日战争期间，新疆各族人民紧密团结，携手共赴国难，慷慨救援，无私报国，有钱出钱，有力出力，有人出人，民族关系达到了空前的团结。

同样的爱国救亡行为也发生在甘肃省。抗战爆发后，甘肃各界穆斯林与非穆斯林民众携手同仇敌忾，共赴国难、共御外辱。在抗日战争期间，西北各民族组成的抗日武装力量，远离家乡，转战陕西、河南、安徽、江苏等地，辗转行程万里，为抗战胜利立下了卓越功勋。

甘肃省是一个穆斯林聚居大省，为了广泛宣传抗战，伊斯兰学会、回民教育促进会等民间抗日团体相继建立，回族青年杨静仁、鲜维峻、马明德、安文蔚等人，走出校门上街游行、演讲，

---

① 转引自黄建华：《新疆维吾尔人民对抗日战争的贡献》，载《伊犁师范学院学报》1989 年第 4 期。

② 郑惠婷：《新疆在抗日战争中的贡献——以各族民众募捐为例》，新疆师范大学硕士学位论文，2011 年。

广泛联系在兰州的回族同胞，开展抗日救亡活动。甘肃的穆斯林民间抗日团体不仅在城乡广泛开展宣传动员活动，还积极组织甘肃穆斯林群众积极捐款捐物。穆斯林聚居的临潭县，人民生活困苦，但抗战爆发初就捐资大洋 3 万元，捐献战马 300 匹。另有 570 名回族青壮年应征报名，奔赴抗日前线，大部分以身殉国。抗战期间，西北地区各族人民、各界宗教人士组成牢固的抗日民族统一战线，在保家卫国、动员抗日、支援前线、携手互助方面发挥了巨大作用，西北民族关系也达到了高度的紧密团结，真正亲如手足，同生死、共患难。

中华传统社会文化本身具有多样性和包容性，正如梁漱溟先生在《中国文化要义》里所言："夙以平天下为最高理想，爱和平，尊中庸，对于他族杂居者之习俗恒表相当尊重，排外之习少，故不以固有之民族自囿而欢迎新分子之加入。"① 所以，来自境外的伊斯兰教文化从一开始进入中国就能够顺利容身、得到尊重和不断发展，最终成为中华大地上和平共存的多种宗教文化中的一员。

## 第二节 现代性转型时期伊斯兰教对民族关系的影响

西部大开发以来，市场经济大潮迅猛冲击着西北社会，甘宁青新地区发生了剧烈的社会转型。竞争意识、效率意识和科学精神迅速深入公众的生活中，新的生产方式、新型的消费观念使得广大信教群众走出传统的自给自足的民族小聚居区，积极学习现代科技文化知识，敞开心胸与各民族进行社会互动交往。随着现

① 梁漱溟：《中国文化要义》，上海世纪出版集团 2008 年版，第 190 页。

代性的不断深入，在强调经济增长速度和规模的同时，部分群众中出现拜金主义和道德水准滑坡现象，社会精神文化产生了边缘性焦虑，精神领域秩序陷入混乱。西北地区的伊斯兰教出现了不同程度的复兴，对西北民族关系也产生了不同维度的影响。

## 一、在日常生活中的影响

日常生活虽然繁杂琐碎，却反映了人们在特定社会历史时期内形成的对社会和人生的基本态度、信仰和观念系统。伊斯兰教是一种社会文化现象，更是一种潜移默化的群体意识，在长期的历史过程中深深地浸入了穆斯林民族日常生活的内部，是民族生活最敏感的神经。社会现代性转型时期，对伊斯兰教影响下的族际关系在日常生活中的表现进行具体分析，是认识西北传统社会及其穆斯林成员基本生存方式，进而也是在社会和文化的结合点上认识西北民族关系的最基本、最有效的路径之一。

### （一）语　言

语言是人类的社会文化群体之间的互动关系的主要手段，也是民族传统文化的组成部分之一。甘宁青三省区的穆斯林人口主要以回族、东乡族、撒拉族、保安族等为主。后三者虽然有自己本民族的语言，但是鉴于西北穆斯林所赖以生存的自然环境和社会文化环境，使其在发展的过程中，与周围的汉族群众互相尊重、彼此借鉴，民族群体之间的文化互融性特征极为明显。甘肃穆斯林人口很早就广泛使用汉语交流，同时也夹杂着一些阿拉伯语、波斯语和甘肃方言，形成了自己的语言特色。特别是改革开放以后，囿于现代化浪潮主导的强势外部文化运作环境，在语言上，各种时尚语言词汇在穆斯林年轻人中间流传，有一部分特色语言正在消失，除了在寺里念经的时候说些经文，似乎日常生活中的用语和汉语没有什么不同。这也有利于打破民、汉边界，更加畅通地沟通交流，更有利于促进民族间的相互理解，为民族关系打下良好基础。

然而，更为深入的观察发现，虽然受到现代多媒体多方面的语言文化冲击以及回汉民族成员之间频繁交往和互动，在两种文化之间潜移默化作用下，穆斯林特色语言使用范围有了很大程度的缩小，但是一些别具特色的民族语言，在穆斯林生活中依然保持着旺盛的生命力。穆斯林民族初次见面说“赛俩目”，使得来自不同地方的人知道彼此都是穆斯林，会感到亲切因而容易沟通和交流。特别是在外来的穆斯林民族流动人口数量庞大的多民族聚居区，东乡族只要一见面说上一句“彼是桑塔昆（我是撒尔塔人）”就可以得到同样是东乡族相互的认同，不需要更多的言语。其他的一些词汇，譬如“主麻”（阿拉伯语），意为聚礼，每星期五，伊斯兰教举行聚礼，也称主麻。“乜贴”（波斯语），意为心意，或者心地。例如，施舍财物可以说“出散乜贴”。“孕子海”（意为地狱，波斯语）。“讨白”（阿拉伯语），意为忏悔、检讨。“高目”（阿拉伯语）意思是教徒、居民。说“你们教坊中有多少高目”，即有多少居民或教徒。“依不力思”（阿拉伯语）意思是魔鬼。“埋渣子”（阿拉伯语）意思是虚假的。“乃绥布”（阿拉伯语）意为福气、造化，如某人有“乃绥布”，即某人有福气。

课题组在民族社区做调查，只要东乡族调查员说上一句“赛俩目”，穆斯林居民马上显得十分惊喜，会很有耐心配合调查。甚至一位卖酿皮的摊主，在我们临走的时候，非要让调查小组的汉族调查员每人带走一份。西北地区的清真寺主殿通常谢绝女性进入，课题组的东乡族女调查员只要跟清真寺管理人员说上几句传统的伊斯兰问候语，很容易就得到了许可，调查组得以进入寺内。

总之，穆斯林语言在形成宗教认同、构建熟人社会关系网络方面依然发挥着重要的作用。我们讲民族关系的“三个离不开”，除了汉族离不开少数民族、少数民族离不开汉族之外，少数民族之间也相互离不开。民族关系当然也包括信仰伊斯兰教的各少数民族之间的团结。伊斯兰教使得西北信仰它的10个少数民族打破了彼此的界限，更容易沟通交流，这种宗教情感和宗教认同，也有利于民族关系。

### （二）服饰与饮食

在传统的伊斯兰教文化中，穆斯林的生活方式往往受到繁多的伊斯兰教宗教教规的影响，有着诸多禁忌，特别表现在服饰和饮食方面。

在服饰方面，一些穆斯林民族服饰文化被当地汉族接纳效仿，表现出文化上的趋同性。回民视白色为最圣洁的颜色，无沿儿白色小帽长期以来成为回民最普遍的头饰，妇女包头巾，这是在漫长的历史变迁中伊斯兰教服饰文化逐渐演变成民族服饰文化的结果。在熙熙攘攘、人流如织的街头，那一顶顶飘动的头巾和小白帽很容易将穆斯林与其他民族区别开来。西北多民族混居相处的环境，使各民族接触时间长、交往程度深，相互之间借鉴的文化内容越来越多，文化相似性越来越大。例如，在宁夏固原地区，30至50岁之间汉族已婚的女性和一部分汉族的男子也戴一种圆柱形白帽子。有的直接戴在外面，有的在白帽子外加上一层别的款式的帽子。如今白帽子已经不再是回民特有的服饰符号特征了，这种服饰文化甚至被当地的汉民服饰文化所接纳和仿效。

各民族服饰文化上的趋同性的另一表现是服饰都迅速向现代性发展。穆斯林各民族传统的服饰，现在已经大体上紧随服饰潮流，各种新颖款式颇受年轻人青睐。穆斯林传统服饰最引人注目的特征是要求穆斯林妇女包头巾。课题组对兰州市X聚居区调查问卷显示，48.4%的被调查者认为应该在任何时间、地点都包头巾，41.9%的被调查者认为重要的场合、时间才包头巾，9.7%的人回答无所谓。Y聚居区则有91.1%的被调查者认为应该在任何时间、地点都包头巾，4.4%的人认为重要的场合、时间才包头巾，4.4%的人回答无所谓。这说明，受到多元文化的影响，呈现出多元的服饰文化。

在饮食方面，炸油香、馓子、果子是穆斯林过开斋节、宰牲节、圣纪日的节日食品。这些食品现在已经被当地汉民吸收。汉民称为油饼，穆斯林称为油香。穆斯林的馓子盘的大、馓子杆粗，呈圆盘形。汉民的馓子盘小、馓子杆细短。

在西北多民族混居地区，伊斯兰饮食习俗一定程度上也影响和改变了其他民族的习俗。新疆伊犁是典型的多民族混居城市，在墩买里社区，一位汉族家庭主妇说：

> 我们这个社区啥民族的人都有，住的时间长了，我们汉民生活习惯和少数民族差不多，我儿子早饭喜欢喝奶茶、吃馕，过年要吃手抓肉，我包大肉饺子他不爱吃。老家来人了，我们都领着去清真饭馆吃。我们汉民虽然不信教，不讲究清真，在这里住时间长了，也都注意了，大家关系也都好处。

吃和穿是人类生活的最基本需求，在民族交往过程中，服饰和饮食是克服民族间交往障碍的最便捷途径，也是最容易进行民族间文化上融合沟通的两个基本物质文化要素。西北地区伊斯兰教的服饰、饮食宗教文化，一方面被其他非穆斯林民族吸收借鉴，极大地促进了各民族的和谐相处，安居乐业；另一方面其本身也和汉族文化一样，向着现代服饰饮食文化演变，其民族性、宗教色彩日趋淡化，客观上更加有利于民族间的交流沟通。当然，一个不容忽视的现象是，近年来一部分穆斯林学生不与汉族学生来往，刻意拉开与其他民族的心理边界。这实际上不利于其个人扩大社会交往，在一定程度上阻碍了穆斯林民族的外向型联络和社会资源共享，也不利于民族间的正常友好往来。

### （三）婚　姻

家庭是社会的细胞，而婚姻则是家庭中的重要构成部件。婚姻家庭关系是在人与人之间建立起来的最亲密的人际关系，族际通婚是考察民族融合的最重要指标之一。在这个意义上，我们可以把婚姻、家庭作为了解民族关系的一个窗口，来观察研究伊斯兰教文化对族际婚姻家庭的影响。

人类学、社会学、历史学等多个学科都对人类社会的婚姻与家庭做过研究。从历史和社会的角度来看，婚姻和家庭都是处于不断变动之中的社会文化现象。婚姻是指男女两性的结合，而且这种结合是被一定历史时代和一定地区内的社会制度及其文化和伦理道德规范所认可的夫妻关系。婚姻制度所涉及的方面很多，包括的内容十分广泛。本课题因人力、物力和财力所限，仅就婚姻观念中一些较为普遍的问题结合基本情况做调查分析。

在各民族的传统文化中，婚姻都在人的一生当中具有至关重要的地位。择偶则是建立婚姻家庭的必经阶段。择偶观从一定意义上说，是一个民族个体成员实现社会价值观念的一个缩影，也是民族社会经济、文化的一种表征。婚姻文化在穆斯林传统文化中占有重要地位。婚姻历来是一件神圣庄严的事，考察穆斯林青年的择偶标准，是我们探讨分析族际通婚的重要前提和基础。

穆斯林青年的择偶标准经历了复杂的变化。在传统社会中，居主导地位的婚姻观是将婚姻的目的视为完成天命、传宗接代，婚姻被看成是两个家族或家庭之间的事。在这种婚姻文化模式中，择偶更具有宗教、实际、理性和慎重的特点。一般大多由父母或亲友长辈包办。第一大要素就是双方必须都是穆斯林，在正式缔结婚姻关系前，总是仔细掂量双方条件的各个细节，那种完全出于当事者个性魅力的相互吸引、一见钟情的跨越族际和宗教界限的婚姻较少。改革开放以后，受到现代文化的多重影响，穆斯林青年在选择对象时，越来越重视彼此的感情或婚配对象的收入、住房及与此相关联的学历、职业和未来的个人发展潜力。X聚居区居民 MZY 说：

> 我结婚 50 年了，我们那时候，都是父母包办的，谈不上什么感情不感情的，也不可能自由恋爱。老百姓家里找对象，也没要求多高，只要女子是同一个教的，会干活、身体健康、能生孩子，长相差不多就行了。现在不行了，我就一直发愁，孙子今年都 29 岁了，名牌大学毕业，要工作有工作，要房子有房子，一直结不了婚。没上过大学的女子他看不上，长得太差也不行，没工作的不要。别说他不要，我们也不同意呀，没工作那样结婚以后负担太重了。性格脾气也得差不多才行，没有共同语言谈不来也不行啊。现在时代不一样了，两个人要是说不上话，没感情过的也不幸福，我这个愁啊！

越来越注重个人素质是目前穆斯林青年择偶的重要标准之一。不难预见，随着社会经济、文化的飞速发展，这一因素将会越来越占据重要地位。当然，首要条件是同属一个民族或者同属一种宗教，否则一切免谈。这一首要择偶标准并没有因为现代化浪潮的冲击而发生较大改变，进而使得与此紧密相关的族际通婚问题依旧显得比较艰难。

虽然城市中民族间交流、合作日益增强，国内其他地方穆斯林青年与异族（特别是汉族）通婚的现象也日渐增多。但在兰州市对 XY 两个聚居区的调查问卷显示，普遍对于异族通婚持反对意见。即使支持也限于男女双方属于同一宗教的前提下才可以考虑结婚。持无所谓态度的 X 聚居区只占 2.77%，Y 聚居区占 13.33%（图 3—1）。那么正处在婚恋年龄段的穆斯林大学生的意见又如何呢？会不会因为其受到高等教育思维更开阔而有所改变呢？结果是，只有 2.8% 的被调查者回答无所谓。其反对程度较之普通穆斯林更强烈。当然，这只是一部分穆斯林大学生，其身份也比较特殊，不能代表全体穆斯林大学生的整体态度，这方面的研究还有待深入。但是，至少我们可以把这些数据作为参考。

与穆斯林聚居区群众的访谈中，他们普遍对异族通婚（指穆斯林青年与非穆斯林青年通婚）持反对意见。认为异族通婚会影响家庭和睦和亲戚、朋友关系，在饮食起居生活上会带来很多麻烦。如汉族一方的家人和亲戚家的很多红白事不能参加，特别是汉族一方的亲人去世后面临两难选择的尴尬局面，从社会交往和社会关系的角度来说有很多不利因素。课题组对 X 聚居区回民 MZY 进行了访谈。

> 小区里面有不同民族结婚的吗？
>
> 有，前面这家开小商店的就是找了一个汉族媳妇，其他还有几家，也都是找的汉族媳妇，这个聚居区里住了不少汉族人。
>
> 如果是您的孩子找对象，您能不能接受和别的民族人的结婚，找对象最看重什么条件？
>
> 还是觉得本民族的吧，要不然都信教也行，只要是穆斯林都可以。要不然生活习惯不一样，吃饭没法吃，矛盾多。也得看文化程度，没读过书不行，没文化不

行，得看对方的家庭有没有教养。

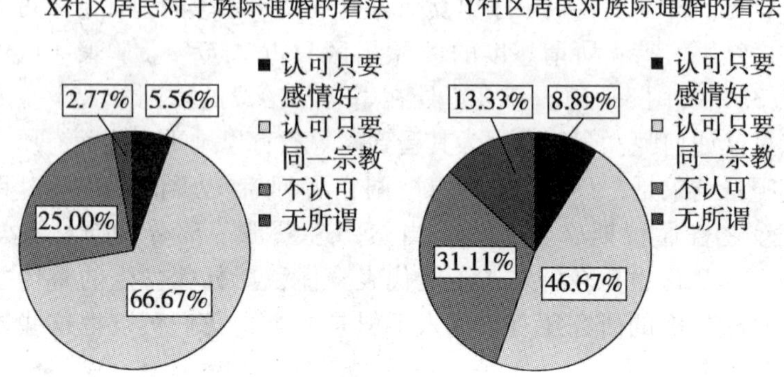


**图 3—1**

择偶观在一定程度上体现了民族内部的社会分层。课题组对聚居区穆斯林居民进行了大量访谈，由于婚姻问题涉及面广，每个人都很感兴趣，因此畅所欲言。一般而言，在政府部门、国有企业工作多年有一定文化程度者，对于异族通婚的看法更开阔一些。譬如一位退休的回族干部 MQM 说：

> 您对不同民族之间通婚能接受吗？
>
> 能，我看得开。我大女儿是硕士毕业的，留在北京工作了。找的就是汉族，是他们硕士同学。我一直对她说，只要他能对你好，你们两个感情好，不一定非得要找本民族的。可是大女儿离婚了，原因是说吃饭吃不到一块去。我好长时间觉得很痛苦，既然两个人有感情，为什么不尊重一下人家的民族习惯。想来想去，还是感情问题，要是感情好，不会那样的，我经常劝她，再找还是要找一个有感情的对你好的，不要考虑民族问题，

不要凑合，找一个素质低的凑合过也不会幸福的。

对于将择偶对象严格限制在信仰伊斯兰教的范围内，使得穆斯林青年择偶范围变得较为狭窄，再加上一些传统习俗，如彩礼、复杂的结婚仪式等对于人力、物力、财力的较高要求，穆斯林青年普遍存在着择偶难、渠道狭窄、择偶面小的困境。MJL，女，回族，56 岁，退休前是兰州市政府某局公务员，她说：

我一直在发愁，你们能不能呼吁给办个婚介所，穆斯林找对象太难了。我儿子，这不开车刚过去的就是，南京审计学院毕业的大学生，考到兰州国家开发银行了，在那里工作。本来可以留在南京的，考虑到回民生活习惯不一样，吃饭没法吃，找对象也难，就回兰州了。我儿子你也看到了，长得不错吧，楼房也买了，车也是自己买的，就是找对象难得很。

您是想让他找回族的姑娘?

是啊，上大学的时候我就让他在学校自己谈一个，可是南京回族姑娘找不到。没想过找别的民族，不是回族也行，起码得是穆斯林。

现在城市穆斯林的婚礼还是要收彩礼吗?

收，去年人家给介绍一个回族姑娘，条件不错，兰大毕业的，我们也想找一个大学生，刚好也在银行工作，就在前面那个工商银行。我高兴得不得了，楼房都装修好了，结果他们家提出来要彩礼，我们给不起，就这样算了。

在新疆，从通婚数量上看，跨越宗教界限的族际婚姻在增加，如 2002 年乌鲁木齐市天山区登记的族际婚姻中属信仰伊斯兰教民族与不信仰伊斯兰教民族间通婚的占57%，2003年伊宁市的同类数值达50%。信仰伊斯兰教的民族女性外嫁的数量也在增加，如天山区登记为回汉通婚的人中，女方是回族的1992年为46%，2002年上升为66%。[①] 在绝大多数穆斯林与非穆斯林青年结婚的个案中，一个前提条件是非穆斯林一方入伊斯兰教，或在婚礼前举行“尼卡”仪式，遵循穆斯林的饮食禁忌。

宗教信仰常常会成为影响族际通婚的首要因素。中国西北信仰伊斯兰教的少数民族有10个，不同的民族对于宗教信仰在族际通婚中所占据的权重并不一样，并且影响族际通婚的因素不仅仅是宗教信仰，还包括民族特征、历史因素、民族界限清晰程度、民族居住格局、民族法律关系等。

族际通婚是反映民族关系深层次状况的最重要指标之一。由宗教造成的民族文化差异深刻左右着人们的群体认同观念，从而使人们把周围的人群区分为“同族”与“异族”两类。每一个人只有对另一个人在感情和心理上都认为“可以接受”和感到十分亲近的时候，才有可能考虑到与他（她）缔结婚姻的问题。族际通婚也标志着把一个“异族人”吸收进“本族”的族群，得到本族人群体的支持还是反对，在某种意义上被视作体现两族关系总体水平的重要标志之一。只有当两个民族群体的大多数成员在各个方面达到一致或者高度和谐，两族之间存在着广泛的社会交往，他们之间才有可能出现较大数量的通婚现象。[②] 从这个角度来看，族际通婚是民族关系融洽和谐所带来的结果。同时，族际通婚又可通过结婚之后双方家庭之间的相互往来，促进民族

---

① 李晓霞：《新疆族际的通婚调查与分析》，http：//www. xjskw. org. cn/Article/list. asp？ClassID = 28&Select ID = 1528，2006年12月27日。

② 马戎：《中国各民族之间的族际通婚》，http：//wenku. baidu. com/view/c35352d276eeaeaad1f330aa. html，2011年2月14日。

间文化相互借鉴、交融，将进一步促进民族关系的良性发展，有利于民族关系和民族融合。因为族际婚姻很大程度受到宗教信仰的局限，在较长时期内，这种民族交往圈、族际婚姻圈仍较难被打破。

### （四）社会交往

人天生是群体生活的动物，社会交往是每个人社会生活不可或缺的部分，也是宏观社会运作发展的动态基础。民族间的社会交往是民族关系总和的一个重要组成部分。一般来说，民族间进行社会交往越多、范围越广，民族间的了解与交流程度就越高，民族关系就越向良性发展。影响社会交往的因素很多，其中文化因素的影响力毋庸置疑。伊斯兰教文化在西北穆斯林民族的生活中占据了至高无上的地位，经过历史的传承和文化的积淀已经成为影响西北穆斯林民族日常交往的决定性因素，对他们的日常交往影响很大。

1. 绕寺而居的居住模式

在西北地区，无论是在城市还是乡村，信仰伊斯兰教的民族绝大多数都有着“绕寺而居”的历史传统，形成独特的 Jamaat（哲玛提）寺坊居民区。哲玛提的核心是清真寺，往往处在交通枢纽位置，历史上是这一区域的政治、经济、文化中心，是寺坊的灵魂，是穆斯林民族自我定义群体归属的关键。如果说伊斯兰教为穆斯林民族形成群体认同提供了精神范式，那么哲玛提则是伊斯兰教的物质存在形式。寺坊居住模式使得伊斯兰教在组织管理、制度落实、宗教功能发挥上都有了实实在在的支撑点，伊斯兰教的教义教规很方便就深入到坊民日常生活的方方面面。成为培育民族共同体意识、保持自身文化传统的一种有效的社会组织形式。

在宁夏、甘肃、青海以及新疆南部的民族聚居区乡村，除了少量民汉混居村落之外，汉族人在纯汉族村落，村干部为汉族人；回族、维吾尔族、哈萨克族、东乡族、保安族另外形成民族自然村，每一个穆斯林村里，都建有大小不一的清真寺、拱北或麻札。乡镇政府的工作人员除了有一部分汉族之外，还配备有相当数量的民族干部。在西北地区的城市里，哲玛提寺坊居住模式表现为围绕清真寺分布形成以穆斯林民族为主要居住人口的居民小区。虽然在城市人口流动性日益突出的情形下，小区内混居着汉族等其他非穆斯林民族人口，但是穆斯林人口仍然占相当大的比例。以兰州市为例，大体上形成了包括徐家湾一带的金城关、靖远路、李家湾、朝阳村，锦鸡岭一带的庙滩子、新关、南关、绣沿河、桃树坪、伏龙坪、皋兰山、闵家桥、五里铺、东岗镇、耿家庄、南砖瓦窑和东关等大块穆斯林聚居的哲玛提。寺坊内建有清真奶站、清真饭馆、民族手工艺品店、民族学校、阿语学校、穆斯林养老院、回民医院等一系列完善的设施，穆斯林居民基本上不出社区就能满足绝大部分日常生活需要。

哲玛提是回族、东乡族等西北穆斯林民族构建维持以血缘、地缘为纽带的初级社会关系网络的最重要基础，大大提升了穆斯林人口的聚居意愿。课题组对兰州市的两个穆斯林聚居区问卷调查和访谈显示，问卷中“如果您是外地人初次来兰州，是否更乐于和本民族的人居住在一起”，外来人口较多的 Y 聚居区多数人的回答“是”。问及更趋向于选择与本民族聚居的原因，42.2% 的被调查者回答“文化相近，有认同感”；46.7% 的被调查者回答“饮食起居更方便”。访谈显示，选择聚居的其他主要原因还包括 44% 外来穆斯林人口是通过亲戚介绍打工机会的，27% 是跟随老乡来兰州，还有 19% 是与清真寺的阿訇协调有关，其他途径的微乎其微。这说明，穆斯林人口在兰州市的社会网络是一个“熟人社会”，在兰州谋生前后都与亲友发生或多或少的联系，聚居也成为外来人口度过最初难关的最好方式之一。

为了更深入地了解兰州穆斯林人口选择住房受到哪些因素的影响，问卷又设计了“您是否更愿意和本民族同胞居住在同一栋楼房或者同一个聚居区”的问题，结果有75.6%的被调查者回答“是”。继续询问：“您在决定住房地点的时候最看重哪三个方面因素？”75.6%的被调查者首选“清真寺附近”，26.7%的被调查者回答“社会治安好，水电暖等生活设施好”，24.4%的被调查者回答“和本民族或者同一宗教信仰的人居住的近”。X聚居区居民以常住人口居多，很多人祖祖辈辈就生活在这里，受到现代城市文化熏陶更深一些，然而有72.9%的被调查者回答“更愿意和本民族同胞居住在同一栋楼房或者同一个聚居区”，只有19.6%的被调查者回答“无所谓”。这表明，其居住于哲玛提的意愿仍然很高。在X聚居区询问：“您在决定住房地点的时候最看重哪三个方面因素？”49.9%的被调查者首选“清真寺附近”，33.3%的被调查者回答“价格低”，25.5%的被调查者回答“社会治安好”。这两个聚居区尽管类型不同，但是人口的居住意愿和人口的分布情况大体保持一致，即穆斯林人口都很愿意居住在清真寺附近。事实上，清真寺附近也就是民族文化氛围比较浓厚的区域。访谈中还发现，虽然改革开放以后各民族人口的流动性都在急剧增大，但是兰州穆斯林传统聚居区的迁入人口主要以甘肃省穆斯林人口分布比重较大的回族、东乡族、撒拉族、保安族为主，其他民族的人口迁入数量很少，呈现出以穆斯林聚居区原有居住空间为核心不断滚雪球扩大的特点，进一步访谈也证明了这一点。X聚居区的MJL说：

我家住在这里70多年了，从我爷爷奶奶起就住在这里，我儿子的房子也买到这里，本来他们单位在西固那边集资盖房子，我说虽然价格低，但是吃饭不方便，生活习惯不一样，干啥都不方便，哪里都不要去，就在

> 这个聚居区买房子，将来结婚生了孩子，我们也可以帮着带小孩。小区里面熟人多，抬头不见低头见，有啥事情也可以互相帮忙。那不，就在前面那个小高层，才装修完。

生活在哲玛提的穆斯林群众直观感觉是生活便利，但是更深层次的原因，还是穆斯林聚居区已经成为城市中大杂居模式下的亚文化聚居区群体。城市哲玛提仍然以一个区域的清真寺为中心，大体上还是一个“熟人社会”，至少是“半熟人社会”，群众对聚居区形成的文化氛围有着浓厚的情感，彼此心理距离近，认同感强。清真寺不仅是宗教场所，同时也是信教群众人际联系的重要媒介。主麻日（星期五）去清真寺礼拜时遇到的多是同一个教坊的熟人，有什么事也好互相帮忙照应。总之，伊斯兰教使得穆斯林民族之间更容易团结，和睦相处。

西北本地汉族居民从小就生活在多元民族文化氛围中，对伊斯兰文化中的传统风俗禁忌或多或少都有一定了解，并且多年来接受民族团结教育，所以很少出现因生活习惯不同而引发民族之间的误会、不解、摩擦、冲突等情形。此外，穆斯林居民因长期与汉民交错杂居，对待不同民族的多元文化也都能够理解、包容与体谅。

**表 3—1　Y 聚居区穆斯林人口聚居意愿**

| 项目 | | 频率 | 百分比 | 累积百分比 |
|---|---|---|---|---|
| 有效 | 是 | 76.0 | 84.4 | 84.4 |
| | 否 | 14.0 | 15.6 | 100.0 |
| | 合计 | 90.0 | 100.0 | |

**表 3—2 X 聚居区穆斯林人口聚居意愿**

| 项目 | | 频率 | 百分比 | 累积百分比 |
|---|---|---|---|---|
| 有效 | 否 | 2.0 | 2.2 | 2.2 |
| | 是 | 68.0 | 75.6 | 77.8 |
| | 误差 | 2.0 | 2.2 | 80.0 |
| | 无所谓 | 18.0 | 20.0 | 100.0 |
| | 合计 | 90.0 | 100.0 | |

上面表 3—1 和表 3—2 是课题组对银川某社区穆斯林居民的聚居意愿进行的社会调查。聚居意愿如此之高，如果按照民族社会学的方法用于考察“民族分离指数”的话，相较于东南部沿海发达地区，根本不需要进一步仔细计算，就可以轻松估计其数值不会低。穆斯林聚居意愿越高，民汉在居住格局上就越会呈现出一定程度上的“平行性”隔离倾向。这种由伊斯兰教文化形成的绕寺而居的格局，客观上造成了民汉一定程度上的隔离状态，对民汉交往和民族关系也有一定影响。

从社会交往的角度考察，哲玛提实际上是一种带有一定程度自我隔离的生活方式，它减少了与其他非穆斯林民族交往、互动的机会，失去了理解、调试民族文化差异的机会。坊民面对多元民族文化的冲击，很可能表现出一定的坚持与抗拒，并强化自己的族群特征，固化基于血缘、地缘的熟人关系网络。在日常生活的社会交往中会一定程度上加剧民族心理边界，疏远民族关系。从另一个视角看，这种民族心理边界往往又会限制其成员与不同民族成员的交往范围和交往深度，导致其在求职、投资和商业贸易途径上比较单一。在面临一些个人生命历程中比较重大的挑战时，如安全、医疗、教育、维权，绝大部分求助的对象只能是亲属和同族朋友。然而，在现代社会，初级群体关系网络对个人提供的支持力度有限，无法迅速、及时、有效解决他们所面对的问题，致使他们失去了构建适应现代社会特点的支持网络，获取信息、资源、技能渠道较狭窄，弱化和减少了他们在社会竞争中的机会与资源。东乡族青年马某在老乡开的东乡手抓肉饭馆打工，20岁，来自临夏回族自治州，已经干了3年。在访谈的时候，他连连叹气说：

> 我平时来往的都是老乡，有的是到寺里去做礼拜认识的，有的是老乡介绍。来兰州3年了，我没怎么出过门，一直就住在这个小区。也想认识一些汉族朋友，可是自己性格上放不开，初中没毕业就出来了，怕人家笑话我文化水平低，干活也忙，就没认识几个人，到现在只能在牛肉面馆干。

可见，个人社会交往圈子狭窄也限制了事业发展，如果前途渺茫，又会对民族关系和谐产生微妙的影响。

2. 培育美好品德，有利民族交往

伊斯兰教在中国长期的历史发展中，一直注重培育美好品德，培养高尚道德情操，教导人们诚实做人、踏实做事、友善交往、乐于助人、公正诚信等。这些完善人格素养的道德劝导，与西北地区其他民族传统道德文化存在着天然的亲缘性，受到了西北地区各民族的广泛认可。在21世纪的现代西北社会，伊斯兰教仍然扮演着指引民族间和谐交往的重要纽带角色。西北穆斯林民族在日常交往的过程中，会按照伊斯兰教劝导的道德伦理标准来要求自己，严于律己、宽以待人，客观上有益于民族间文明交往，特别是在西北穆斯林民族与非穆斯林民族的日常交往，具体表现在：

其一，与人交往，注重真诚。

穆斯林居民对照伊斯兰教劝导人们完善品行的教导，构建起社会主体对“存在意义”和“可能生活”的一种理性觉知，而且在此基础上建立起来个人的文化认同、心理归属与价值取向，积淀为主体内在的心灵世界的丰富情感，由此孕育出一个相对稳定的“意义世界”。他们习惯于遵循伊斯兰教教导的真诚原则与人交往。课题组调查了新疆信仰伊斯兰教的哈萨克族，他们认为真诚是做人的最重要素养之一。所以，他们在与其他民族交往中，总是以诚待人、实话实说，待人直爽热情，不喜欢说假话、刻意巴结讨好对方，更不愿意用哄骗、欺诈和威胁来愚弄他人。做生意不卖假冒伪劣产品，不缺斤短两，在汉族群众心目中的可信度很高。古汉语有“人而无信，不知其可也”的经典名言。真诚交往十分有利于西北民族间的顺畅沟通。

其二，与人交往，注重认真。

伊斯兰教劝导人们对现实的人生抱有严肃认真的态度，踏踏实实、勤勤恳恳走好每一步，不可以轻浮、嬉戏的态度来游戏人生。这种伦理道德教导同样适用于与人交往过程中。“必须含有肃穆的、庄重的并慈柔的态度，假如态度是欢喜的，那么，他不至于冷笑和暗笑；假如是愁苦的，必须不至于绝叫或诅咒。”① 为了证实西北穆斯林民族与人交往的认真心态，课题组调查了西北民族地区近百位不同阶层人员，包括公务员、商人、教师、学生、农牧民等。他们异口同声地认为与人交往要有一个基本态度，这就是认真。一位回族个体商户的话表达了心声：

> 不管哪个民族的，两个人要交朋友，就认认真真做朋友，不能是小孩子过家家，要相互尊重，把朋友真正放到心里去。有的人整天吹牛自己朋友一大堆，走到哪

① ［美］威廉·詹姆士：《宗教经验之种种——人性之研究》，商务印书馆2007年版，第35页。

> 里都认识人，今天跟这个好，明天跟那个好，其实这种人我觉得太轻浮了，不是真朋友，说话信口开河，办事轻浮离谱，跟做游戏一样，那不叫朋友。

事实上，这种认真交朋友的心态在穆斯林群众中确实具有普遍性。显然，以认真、端正、严谨的态度来展开民族间的社会交往，实质是尊重对方的表现，必将会受到对方发自内心的尊重和接纳。不同民族成员间的交往，可能会因为文化差异造成一些误解，但是只要对方感受到你交往中的认真与诚实，感受到自己被尊重、被认真对待，就一定会体谅文化差异造成的错位，交往依旧能够顺利进行下去。

其三，与人交往，注重礼仪。

伊斯兰教历来十分注重礼仪教育，教导儿童从小就讲文明、守礼节、有礼貌并以实践贯穿一生。《古兰经》中说："有教养的人确已成功。"[①] 礼仪是体现一个人文明素养的重要表现，所以在日常交往中他们很在乎待人接物每个环节的礼仪。这种观念不仅表现在日常交往的迎来送往、端茶递水等一言一行中，而且表现在穿着打扮、座位排序等方面。课题组对西北穆斯林群众的访谈调查表明，所有被调查访谈者一致认为，对与之交往的客人抱有礼仪心态，是对人的尊重与爱护，清爽宜人的容貌、庄重的外在礼节、美好的言辞有利于保持良好的人际关系，利人利己。

长期的伦理道德教育，告诫人们一生都要修身养性，不断完善自我，严于律己，进一步可以内化为民族性格、民族心理素质。真诚、认真、讲礼仪，可以说是人类所追求的共同文明品质，是世界大多数民族所推崇的优秀品格。这些品格，在跨民族跨文化日常社会交往中，对民族关系和谐起到了非常积极的促进

① 马坚译：《古兰经》，中国社会科学出版社 1981 年版，第 14 页。

作用。

## 二、对经济发展的影响

经济发展状况，不仅与资源、环境、科技水平、物质生产水平有直接关系，而且与人们的心理意识、价值观念、行为取向有直接关系。人是经济发展中的第一位因素，经济发展归根到底取决于人，取决于人的思想观念、心理素质、经济行为的更新与现代化，而上述因素很大一部分都来自于文化。文化昭示着地区社会经济发展的模式、发展的动力以及发展的前景。马克思·韦伯论证了新教伦理如何成为影响推动西方自由资本主义生产方式的文化力量。伊斯兰教伦理如何深刻影响了西北地区穆斯林的经济方式、经济文化，具体呈现出什么样的面貌或特征？进而又会对西北民族关系产生怎样的影响？下面就此展开论述。

### （一）伊斯兰教对西北民族经济的正向影响

西北地区穆斯林民族经济发展与西北地区独特的伊斯兰教孕育出的民族文化、社会经济特征密切相关。法国学者佩鲁指出："经济体系总是沉浸于文化环境的汪洋大海中，在这种文化环境中，每个人都遵守自己所属群体的规则、风俗和行为模式。"[①] 由民族文化特征所赋予的价值观念、道德意识、行为偏好、选择方式等，成为民族特定的文化价值标准，对民族经济生活起到约束作用。有学者指出："一定的区域融汇了不同民族的活动，归属于不同民族集团的人之民族意识和经济状况及其变革，成为区域民族经济文化发展的要因。在经济的分析中结合民族文化要素

① ［法］弗朗索瓦·佩鲁：《新发展观》（中译本），张宁、丰子义译，华夏出版社 1987 年版，第 19 页。

来阐释，寻求符合各民族集团共同利益以及民族集团内部绝大多数成员利益的经济发展之路十分必要。”① 对西北地区民族经济行为进行研究，首先有必要探讨伊斯兰民族文化这一重要领域，特别是伊斯兰教崇尚的公平公正和信守契约等原则，对经济行为取向具有重要现实意义。

1. 积极劳动、诚实劳动的生产观有助于西北地区民族经济建设

《古兰经》蕴含着丰富的经济思想，其内容涉及社会经济生活的许多方面，对穆斯林民族的经济意识和经济行为产生着重要的影响。伊斯兰教认为，真主只喜悦和接纳辛勤工作的人，倡导通过奋斗享受现世的物质生活，各有所得。伊斯兰教在人类历史上并没有滋生出一个脱离生产劳动的数量庞大的宗教寄生群体，广大穆斯林都投身于形式多样的生产劳动中去，积极创造物质财富，为西北经济社会发展做出了巨大的贡献。

伊斯兰教鼓励人们在不违背教义和道德规范的前提下，不但要积极参与经济活动、积极劳动，而且要诚实劳动。古代伊斯兰学者依据《古兰经》和圣训制定的法制，有六种商业行为不能经营。第一，不经营无形商品。没有成形的商品，成败风险未定，无法交货，因此不可定价出售成交。第二，不经营不可得商品。比如散失的家畜、未捕获的野物、仍在海中的鱼类，不得经营出售。第三，不经营质地不明的商品。不能只看外表或表面样品成交，对内在的实质不明，这属于赌博性质的侥幸交易。这些物质虽然不能每个都打开检查，但必须有商家的质量保证，内外质量一致，有充足的证据，保证没有掩盖和欺骗行为，才可成交，以防商业欺诈。第四，不接受三角债户经营。例如双方交易

① 叶坦：《论民族文化的发展特性与动力——兼及区域经济与民族振兴》，载《云南大学学报》（人文社科版）2000 年第 5 期。

时，一方不直接付款，而引入欠他钱的债户，用此人的债款额抵账，或者更加复杂的债户转移关系，为穆斯林经营者所不容，应当避免交易。第五，不经营不洁商品。第六，禁止将公共福利当作商品经营。商业贸易中坚守诚信经营理念，缺斤短两、假冒伪劣、“皮包公司”欺诈、三角债、拖欠货款、敲诈勒索等不良经济行为基本上很难在穆斯林商户中出现。将乘人之危、哄抬物价、发国难财等行为视为愚昧无知的行为。这些都十分有益于净化社会风气、规范商业行为、保障生产流通的良性循环，客观上为促进西北地区经济发展起了积极作用。

2. 公平交换、信守契约的交换观促进了西北经济秩序良性发展

在日常生活中遵循公平原则，经济方面首先要体现在买卖公平上。其内容包括互利互惠，反对损人利己；公平交易，反对投机；平等竞争，反对垄断；遵约守信，反对爽约；鼓励合法买卖，禁止重利盘剥。伊斯兰教以人为本，强调责任自负，信守盟约，要求每个人必须为自己的行为负责，要承担行为的后果，这是任何他人都无法替代的。每个人只有规范自己的行为，提升自己的思想境界，诚信为人，讲究修身养性，这不仅是对心灵上的陶冶，更是经济行为发展的基本原则。

课题组对于穆斯林诚信经营感受颇深。在新疆南部进行田野调查时，想买一些少数民族当地的农副土特产。课题组里一些从小生活在关内汉族地区的调查员，一开始习惯性地带着挑剔的表情仔细翻检挑选葡萄干、杏干，试图找出一些质量、口感、色泽之类的问题以便压价，与维吾尔族商户不厌其烦地讨价还价。维吾尔族摊贩很不高兴，大声说：“你再这样我生气了。我们从来不卖坏东西，从来不会缺斤少两。把坏的东西卖给人家人品太差，以后怎么做人了。”“你说我的葡萄干不好，就是骂我人品不好！”一开始，调查员每每买了产品之后，还到市场里的公平

秤上再验证是否缺斤少两，后来就再也不去验证了。因为每一次的验证都让人很满意，不但不会缺斤少两，往往只要顾客品尝之后称赞农产品好吃，维吾尔族摊贩还会热情地随手抓一大把免费赠送。顾客可以站在摊前随意免费品尝，即使吃饱了什么东西都不买，摊主也不生气，还会跟顾客笑眯眯地聊天。课题组每到一县，总会去当地的农贸市场去看看。所有商品都是按质论价，没有发现过质次价高、强买强卖的情况。课题组里一个女大学生买了一袋薄皮核桃，回到住处打开，发现了一个坏核桃。晚上散步的时候，路过那家核桃摊，拿出那个坏核桃抱着试试看的心情让摊主调换，本意只是为了感受当地的风土人情而已。摊主马上脸红了，连连道歉，抓起一大把核桃塞给女大学生。这一举动反倒让女大学生感到不好意思，连连推辞。在回去的路上，她感叹维吾尔族商贩的淳朴诚信。

在市场经济潮流中，提倡竞争冒险，同时还必须兼顾他人利益，要把自己的利益与国家、社会、群众的利益有机协调起来。每个人不仅要对自己的行为负责，还要为社会负责、为集体和他人负责。讲究诚信、提倡公平公正，是现代社会经济发展的起码要求。由于这些商业规范被赋予了神圣的含义，因而具有较强的约束力。维吾尔族、回族等以经商著称的民族，他们的商业活动基本上都是在伊斯兰商业法与道德允许的范围内进行的，这为其赢得了良好的商业信誉。尽管大多数穆斯林的商业活动规模一般比较小，主要以坐商为主，采用的经营手段也较为初级与简单，但是在他们的生产经营与商业贸易活动中，很少看到有弄虚作假的行为，恪守着以买卖公平为核心的商业规范和商业道德，以其诚信赢得了各民族的良好口碑。兰州市金城关小商品批发市场地处穆斯林集中聚居区，市场内的商户绝大多数都是穆斯林。为了维护该市场的信誉，无须工商部门严格检查督促，穆斯林商户们自发制订了诚信经营的行业规范，每月开会相互间展开自我督促，将一些不良商业行为在露端倪之初就纠正过来，对新入行的年轻人展开重点督促教育，赢得了良好的市场信誉，多次被评为文明市场、诚信市场，利润也年年增长。因此，伊斯兰教所强调的公平交易原则不仅对当代穆斯林的经济生活具有规范、定位和引导的功能，而且其在一定意义上，对于促进社会的稳定与市场经济的良性运转起着重要作用。

3. 合理分配，缩小贫富差距

经济活动包括生产、交换、分配和消费。如果说伊斯兰教鼓励穆斯林积极劳动获取物质财富倡导的是生产环节，公平交易是对交换环节的要求，那么倡导合理分配则是伊斯兰教对于分配环节的规定，反对人们挥霍无度则是对于合理消费的规定。

伊斯兰教认为，信仰不仅仅表现为内心的一种信念，还必须通过信仰的实践，即宗教的功课和修行来表达这种信仰，要求信徒施舍、济贫、缴纳“天课”。缴纳“天课”的目的是“隆施济以防聚敛”，净化财产，消除贫富之间的差距，使耕者有其田，孤寡有所养，饥寒交迫者有衣食。天课制度作为穆斯林的五功之一，被认为是虔诚的穆斯林表达自身信仰的重要方式之一，在西北地区得到了广泛的遵守。每个穆斯林都会在聚礼、会礼上根据自身情况尽可能捐献自己一定数量的劳动所得。此外，伊斯兰教中还有独具特色的遗产分散制度。按照规定，一个人在其遗嘱中只能处分其遗产的三分之一，其余三分之二必须在亡人的父母、妻子、儿女、兄弟姐妹等人中分配，甚至在场的亲戚、孤儿、贫民都可获得一份遗产。通过如此广泛的分散遗产，从而调节了贫富间的差距。

4. 合理消费，尚简去奢的消费观节约了社会物质财富

“不要过分，不要忘却你在今世的定分。”① 劝诫穆斯林在生活中应当遵循合法、适中的消费原则，即在教法嘉许或允许的范

① 马坚译：《古兰经》，中国社会科学出版社 1981 版，第 177 页。

围内进行消费，不得利用财产从事被禁止或被谴责的消费活动，诸如饮酒、吃禁食、赌博等，在“用钱的时候，既不挥霍，又不浪费，谨守中道”①。适度消费是社会经济良性发展的重要动力，合理消费是对信仰和世俗生活的兼顾，为经济良性循环发展打下了基础。

课题组参加过若干个城市、农村穆斯林的婚礼。虽然举办婚礼的家庭经济能力高低不同，穆斯林的婚礼也受到汉族婚礼的影响，经济条件好一点儿的城市家庭也会请婚庆公司全部打理各项事务，但共同特点是在婚礼上并不会奢侈浪费。新郎新娘的婚服、妆容、饰品都没有出现过分铺张、炫耀的情形。到场嘉宾也实行随婚礼的份子钱，数目多少随人情关系、当地的经济社会发展程度而定，课题组没有见到在现场相互攀比送出高额份子钱的情形，数额基本都不会太高。以此来推算整个婚礼花费，不至于变成沉重负担。由于禁止饮酒，婚礼现场没有出现过度高声喧哗、嬉笑、敲击等以酒助兴的场景，整个仪式现场不仅有民俗的热闹，还显得比较含蓄、沉稳和庄重。

此外，课题组在新疆南部多个县的当地治安部门了解到，当地穆斯林从来没有发生过聚众赌博或因赌博斗殴闹事的治安案件。伊斯兰教规严厉禁止赌博，当地的棋牌室、麻将室都见不到穆斯林的身影。也没有哪家发生过丈夫或者妻子流连赌桌闹出家庭纠纷的事情。

对于消费，伊斯兰教提出了适度消费的要求。适度消费就是反对过分浪费，表现在实际生活中，就是反对挥金如土、挥霍无度，提倡适度、合理使用金钱。对于葬礼，主张速葬、薄葬，反对大操大办，禁止铺张浪费，禁止修建奢华的陵墓。禁止闲置资产和土地。伊斯兰教对于适度消费的要求，其目的是防止人们沉

① 马坚译：《古兰经》，中国社会科学出版社1981版，第67页。

溺于不择手段聚敛财富，防止伦理丧失、社会无序，为长期贫困闭塞的西北地区节约了大量物质财富。

5. 农牧兼营、诸业并举的产业观，有利于西北区域民族经济协调发展

伊斯兰文化中诸业并举的产业观有利于加快西北经济发展。在穆斯林文化中，既看不到“重商主义”，也就是无限拔高商业地位而轻视农业和工业的产业偏见；也不存在“重农抑商”“重本轻末”“无商不奸”和视商贾为小民琐事的消极思想。每个人都应该按照自己的资质禀赋选择适合自己的职业，做到清代学者刘智所言“士尽其学、农尽其力、工尽其能、贾尽其有”①，诸业并举，相互支撑，整体推进，协调发展。这种产业观对于西北正在进行的产业结构调整、缩小城乡差别、加快城镇化进程，都具有积极意义。

穆斯林的经济是农牧兼营、亦农亦商的“复合型经济”。这种经济结构在西北地区起着重要的沟通和联系作用。同时，复合型经济结构的优势还使西北穆斯林实现了跨区域、跨产业经营，在家园以外的广阔天地里获得资源、市场、原料、人才、技术、资金等支持。企业的原料和产品“两头在外”，最大限度地弥合了城乡之间和产业之间的鸿沟，从而使其经济形成了两个特点：一是外向型，即穆斯林经营者走南闯北，异地办厂，实现资金、技术、人才、信息、资源等生产要素的大流通和大整合；二是弥合机制，即经济结构多元化的必然结果——农业损失了商业补，主业损失了副业补，相对于同在西北地区其他民族经济发展模式，这种模式有着明显的独特优势。

① 刘智：《天方典礼》，中国古籍出版社1993年版，第174页。

### （二）陈旧落后的思想观念在一定程度上会限制民族经济的发展

西北地区信仰伊斯兰教的民族有10个，人口分布地域十分广泛，历史上各民族文化发展水平本来就参差不齐。在当时的历史条件下，人们的日常生产生活是细致琐碎的，自然、人文环境多种多样，加之每个民族的传统民族文化因素或者本土地域文化因素多种多样，当今社会经济日新月异，伊斯兰教面临着现代化市场经济浪潮的迅猛冲击。西北地域面积广大，自然条件恶劣，总体上仍然比较封闭落后，导致新信息流通慢甚至无法顺畅到达。如果从个人利益或自身小家庭状况上考量，把一些错误的、落后的观念当成是严格遵从传统，难以适应西北社会现代化的客观现实环境，在一定程度上不利于西北民族经济的发展。

1. 对生育观念的误读影响经济发展

古代社会生产力水平低下，人们的营养状况差，医疗技术落后，人均寿命普遍低，尊重每一个来到人世的生命，能够确保一定的人口数量存在以完成社会继替。然而，当时的生产力水平不可能供养太多人口，超过自身资源供给能力生育往往会导致现有人口生存困难，会对资源过度开发而发生抢夺，导致人与人之间社会关系紧张，冲突频发。加上历朝历代中央王朝都颁行各种政策鼓励百姓多生育以及“多子多福”等多重思想因素影响，导致人口数量偏多，家庭负担沉重。改革开放之前，一个穆斯林家庭生育七八个孩子的现象比较普遍。改革开放以后，虽然国家大力推广计划生育政策，但是对于西北少数民族地区实质上宣传倡导少生优育，并未贯彻执行一胎政策。西北少数民族的生育观念虽然有所转变，但是整体上穆斯林家庭孩子的数量仍然较多。

课题组在新疆克拉玛依一个长途班车上遇见一位维吾尔族青年，以闲聊的方式展开了访谈。这位维吾尔族青年说：

> 你猜猜我有多少岁？26 岁！别那么吃惊，我看上去老吗？你们汉族人，20 多岁了还上大学，读书，读很多年，好大岁数了，要我说那就是老了。你们很多人 25 岁了还不结婚。不结婚不生孩子当然年轻了。我结婚了，有 5 个孩子啦，5 个孩子的爸爸。我们家是莎车的。我在克拉玛依当厨师，一个月 6000 元，在我们村里不算少啦。我老婆马上要生第 6 个孩子了，这里老板不让我回家，我不敢回去，要扣钱。我们村里人没想过上大学，家里生五六个的很多，七八个、十来个的也有。上大学没有用，我没有钱，供不起上大学。照我看，上个初中毕业能认字就行。

当笔者问他厨师手艺从哪里学来的，他沉默半天，说在县里举办的免费职业培训班学的。有个亲戚在乌鲁木齐当厨师，很赚钱的，劝他也学学这门手艺。笔者于是反问他，你一个月挣 6000 元钱，这难道不是上培训班受教育的好处。你应该想办法供孩子上学。他点点头，又叹气说，还是少生孩子好，自己也不至于那么累。这位维吾尔族青年所面临的多子女负担重的状况，在西北边远的农村和牧区具有一定普遍性。莎车县的喀群乡塔合塔科瑞克村一年的人均收入较低，要养育这么多孩子，显然不可能有余力受教育、提高衣食住行生活质量，更不可能走出去开阔眼界。该村传统的生育观念在一定程度上仍然影响着少数民族的生育行为，有 5 个以上孩子的家庭不在少数。人口的大量增加给本来就脆弱的少数民族经济增添了更加沉重的负担，不但影响生活水平的提高，而且影响经济发展。

2. “重男轻女”残存观念一定程度上制约了妇女参与现代经济生活

伊斯兰教一直都提倡男女平等，也适应了当时阿拉伯半岛社会发展对保障人口结构平衡的需求。伊斯兰传入中国以后，到了明朝时期，由于海禁政策失去了与国外的联系，不得不从本土发掘人才培养本土化的经师。这些在中国本土强大的儒家文化大环境下成长起来的中国伊斯兰学者，难免会有男权思想烙印。回族学者刘智用儒学诠释伊斯兰教的伦理观念并且总结为“五典”，于是就出现了“女子以柔顺为本”“贤淑的女子是服从的”等重男轻女、维护夫权的观点，有意无意放大“男人的权利比她们更高一级”① 的说法。相反地，对于男女平等思想疏远甚至避而不提。重男轻女观念导致穆斯林女性受教育机会少，妇女文化水平偏低，文盲率居高不下，客观上没有足够能力参与社会经济生活。

妇女是经济生活的不可分割的重要组成部分，作为现代经济活动中重要的劳动力之一，妇女走出家门走进工厂、公司，从事生产劳动，获取劳动报酬，无论对家庭增收致富还是对西北社会经济良性发展，都具有重要意义。在新中国成立以后，西北穆斯林妇女在享受教育、就业、参与政治与社会活动等方面的机会和权利，得到了很大程度的改善，妇女的受教育程度不断提高，也正在一步步走出家门参加社会生产劳动。但是，与现代社会要求还有不小的距离。在一些偏远落后的农村，穆斯林妇女的受教育程度还只能普及到初中水平，高中以上的求学机会大部分都给了男孩。这种情况如果在自然经济条件下还显得不那么突出的话，那么在市场经济条件下，占社会劳动力 50% 的穆斯林妇女受教育程度不高，就很难走出家门自由地参与市场竞争和社会活动，没有机会接受社会经济生活的历练，无法掌握更多的职业技能，更难以开阔视野、增长见识、提高个人素质。大量妇女被排斥在社会公共经济生活之外，只能囿于家庭的小圈子做简单家务，限

① 马坚译：《古兰经》，中国社会科学出版社 1981 年版，第 22 页。

制了广大妇女发挥聪明才智。在当今社会竞争日益加剧的背景下，整个家庭经济重担全部由丈夫独自承担，只能解决基本温饱问题。这既是人力资源的极大浪费，也是西北地区贫困的重要原因之一，更会对西北地区民族经济的飞跃式发展拖后腿，已经成为一个不容忽视的问题。

3. 某些金融原则不适应西北经济的发展

认为通过经济活动去获取重利，如同非法掠夺；货币型的交易中收取额外货币，属于一种不劳而获的非法收入。客观地讲，这些思想对于踏实经营、诚信经营、防止一时贪欲而盲目扩大生产规模，具有一定积极意义。时至今日，这些原则也还在适用于小规模商户，但是已经与现代市场经济大规模社会化生产的需求有些不相适应。至今，西北的一些农村穆斯林不愿意将钱存入银行，而是放在家中。这就造成大量的资金滞留在民间，不利于银行周转和吸纳建设资金，对西北金融业的发展也不利。大量的资金闲置，对穆斯林群众本身也造成了极大的资金浪费。当然，随着现代市场经济的深入，西北穆斯林群众对银行的了解和需求也迅速增加。目前，将手中的现金拿到银行存款的意识已经深入人心，对于银行存款利息也能接受。但是，对于更高级别的现代金融工具，目前相当多的穆斯林商户还不太熟悉，很少从银行贷款来融资以解决生产资金问题，扩大生产规模一般靠向亲朋好友借钱，这样就对扩大生产经营规模造成一定程度的限制。

在中国西北，从事股票、期货交易的穆斯林人数相当少。与此类似的还有商业保险的问题。不少人认为，保险鼓励的是一种鲁莽、不计后果的冒险，类似于投机和赌博，因此西北保险业的发展一直受到各方面的约束。西北穆斯林对商业保险一般持谨慎态度。购买保险的人很少，大多数人对保险业持排斥态度。从根本上说，这种传统观念所形成的思维定式与现代化市场经济的发展是不相适应的，甚至是矛盾和冲突的，客观上不利于现代经济的发展。

### （三）西北民族经济的不均衡发展对民族关系的影响

西北经济社会发展还起步于摸着石头过河，没有现成的经验可以借鉴。实现各民族的共同发展、共同繁荣是我们全面建设小康社会的重要目标。

在当今比较开放的社会环境中，资源、劳动力和利润的配置主要由市场依靠竞争来调节。在国家加速西北经济发展进程中，西北地区长期以来相对比较封闭，地域经济环境被打破，信息、物流、技术、人才、资金、资源、市场等经济发展要素汹涌而至，把原先相对比较封闭的人群纳入新经济秩序中，西部经济社会需要重构多种社会关系，民族关系就会在接触、碰撞、协调、融合中不断动态调整，探索发展新结构、新模式。西部地区经济社会发展相对滞后，也是影响民族关系最直观、最敏感、最现实的焦点问题，同时又与其他问题相关联交织。

其一，民族间经济发展水平不均衡。

市场经济打破了民族地区经济发展一元化的发展模式，大的趋势是向着多元化发展。民族地区如果不能抓住机遇，积极探索，经济发展水平的差距会日益扩大，同时也会影响当地人口的经济收入水平。根据下面3—3 和3—4 两个表格，说明甘肃省民族自治地方的经济发展状况有显著不同。阿克塞哈萨克族自治县、肃南裕固族自治县的经济发展水平远远低于其他民族自治州、县。其中固然有多种原因所致，但是不可否认，民族间的经济水平已经呈现出区域差异。积石山保安族东乡族撒拉族自治县三次产业结构比为32. 31：15. 86：51. 83，东乡族自治县的三次产业结构比为35. 63：28. 98：35. 40，显然积石山县的工业经济发展水平滞后。

**表 3—3　甘肃民族自治地方社会消费品零售总额（单位：万元）**

| 地区 | 社会消费品零售总额 | 贸易业 | 餐饮业 | 其他 |
|---|---|---|---|---|
| 民族自治地方合计 | 441296 | 341154 | 87298 | 12844 |
| 临夏回族自治州 | 207167 | 156435 | 41099 | 9633 |
| 甘南藏族自治州 | 120300 | 91934 | 26659 | 1707 |
| 肃北蒙古自治县 | 6161 | 5109 | 575 | 476 |
| 阿克塞哈萨克族自治县 | 5181 | 3915 | 1266 | / |
| 肃南裕固族自治县 | 16002 | 13943 | 2059 | / |
| 天祝藏族自治县 | 69730 | 57502 | 12019 | 209 |
| 张家川回族自治县 | 16755 | 12316 | 3620 | 819 |

资料来源：《甘肃统计年鉴 2008》。

**表 3—4　甘肃省民族自治地方农林牧渔业总产值（单位：万元）**

| 地区 | 农林牧渔总产值 | 农业 | 林业 | 牧业 | 渔业 |
|---|---|---|---|---|---|
| 民族自治地方合计 | 764729. 78 | 405172. 25 | 26009. 55 | 312463. 89 | 1741. 47 |
| 临夏回族自治州 | 378251. 71 | 248407. 81 | 18999. 37 | 97206. 07 | 1638. 75 |
| 甘南藏族自治州 | 206585. 75 | 64250. 41 | 4879. 89 | 134932. 4 | 62. 00 |
| 肃北蒙古自治县 | 8188. 18 | 2242. 19 | 11. 54 | 5844. 45 | / |
| 阿克塞哈萨克族自治县 | 4549. 51 | 801. 04 | 73. 5 | 3626. 97 | / |
| 肃南裕固族自治县 | 38345. 91 | 10951. 18 | 85. 4 | 25679. 33 | / |
| 天祝藏族自治县 | 62268. 8 | 26320. 79 | 433. 05 | 32768. 62 | 5. 23 |
| 张家川回族自治县 | 66539. 92 | 52198. 83 | 1526. 08 | 12406. 03 | 35. 49 |

资料来源：《甘肃统计年鉴 2011》。

其二，民族之间的受教育水平仍有一定差距。

现代社会，人口素质主要考察指标是受教育程度。它是民族素质的集中表现。从下表可以看出，甘肃省少数民族总体教育水平和全省平均数比，差距比较明显。各民族之间也有差距，以扫盲班为例，甘肃省人口较多的两个少数民族回族、藏族人口受教育程度，远远高于哈萨克族、保安族，显示出民族间受教育程度的差距比较突出。

**表 3—5　6 岁以上人口中每万人拥有的各类受教育程度人口数**

（单位：人）

| 民族 | 扫盲班 | 小学 | 初中 | 高中 | 中专 | 大专 | 大学本科 | 研究生 |
|---|---|---|---|---|---|---|---|---|
| 全省 | 291 | 4033 | 2615 | 790 | 291 | 203 | 85 | 4 |
| 少数民族（合计） | 361 | 3509 | 1172 | 350 | 191 | 113 | 59 | 3 |
| 汉族 | 284 | 4082 | 2751 | 832 | 302 | 212 | 87 | 4 |
| 蒙古族 | 297 | 3285 | 2295 | 997 | 690 | 547 | 578 | 34 |
| 回族 | 225 | 3707 | 1418 | 390 | 160 | 93 | 47 | 2 |
| 藏族 | 767 | 3932 | 995 | 319 | 289 | 164 | 45 | 5 |
| 哈萨克族 | 55 | 3283 | 2685 | 1317 | 847 | 601 | 550 | 4 |
| 东乡族 | 370 | 2596 | 469 | 112 | 89 | 26 | 8 | 0 |
| 撒拉族 | 128 | 3347 | 1107 | 358 | 266 | 87 | 46 | 8 |
| 保安族 | 64 | 3134 | 900 | 345 | 228 | 100 | 31 | 4 |
| 裕固族 | 302 | 4031 | 2646 | 700 | 573 | 397 | 91 | 3 |

资料来源：甘肃省第五次人口普查资料。

**表 3—6　甘肃省民族自治地方的教育情况**

（单位：所、人）

| 类别 | 2000 | 2005 | 2006 | 2007 |
| --- | --- | --- | --- | --- |
| 高等学校所数 | 1 | 1 | 1 | 1 |
| 专任教师人数 | 173 | 262 | 262 | 317 |
| 在校学生人数 | 1572 | 4095 | 4102 | 5800 |
| 中等学校所数 | 12 | 10 | 9 | 9 |
| 专任教师人数 | 507 | 521 | 633 | 657 |
| 在校学生人数 | 4587 | 6029 | 6228 | 6819 |
| 普通中学所数 | 165 | 214 | 220 | 155 |
| 专任教师人数 | 6230 | 8897 | 9578 | 10051 |
| 在校学生人数 | 9.37 | 17.46 | 18.88 | 19.10 |
| 小学校所数 | 2557 | 2015 | 2011 | 2018 |
| 专任教师人数 | 15497 | 17313 | 17629 | 17850 |
| 在校学生人数 | 38.08 | 39.04 | 40.68 | 40.67 |

资料来源：《甘肃统计年鉴 2008》。

其三，民族地区法治经济还不够完善。

西北民族经济向市场经济转型的过程，也是一个法治经济逐步建立健全的过程。市场经济活动加速解构了西北民族地区封闭性、同质性、静态性的传统社会，将各民族卷入到广阔的大市场中，在生产、分配、交换、消费各个阶段竞争，经济道德扭曲与缺失导致民族间市场竞争短视行为频发。由于受到多种历史与现实因素的影响，目前，西北地区市场经济法治体系建设还不够完善，一些商贩在少数民族聚居地区违法经营，不但干扰了正常的市场经济秩序，还极易使普通的买卖纠纷演变成为民族问题，引发民族矛盾。

## 三、对社会民族政治生活的影响

作为社会整体发展的重要组成部分，西北地区政治发展状况一定程度上受到西北地区多民族多宗教的独特文化环境的诸多影响。“一方面，少数民族作为统一多民族国家的有机组成部分，长期同包括汉族在内的其他民族处于同一体系中，因而其政治文化同占统治地位的主导政治文化是一致的。”① 另一方面，引导宗教与社会主义社会相适应取得了很大成绩。在中国废除宗教特权政治、实施政教分离、宗教信仰自由政策条件下，民族宗教的影响与旧中国有很大不同。

### （一）爱国宗教人士是西北民族政治发展的积极力量

爱国宗教人士，通过组织和主持宗教活动，同信教群众在精神上有十分密切的联系，有着不可忽视的重要影响。他们是党和信教群众联系的桥梁和纽带，是党向信教群众宣传民族宗教及各项政策的喉舌。在西北民族政治发展的过程中，爱国宗教人士一直起着重要作用。改革开放以来，西北民族地区各爱国宗教人士积极参与国家的政治活动，为民族地区的发展和稳定，为信教各民族宗教信仰自由权利的维护做出了贡献，对西北宗教改革和民族教育的发展影响深远。如新疆 2005 年，在全国和全区各级人大、政协任职的宗教教职人员有 1731 人。其中全国人大代表 1 人，全国政协委员 3 人；自治区人大代表 24 人，政协委员 25 人；地州市人大代表 59 人，政协委员 93 人；县市人大代表 457 人，政协委员 1069 人。他们代表信教群众积极参政议政、建言

---

① 宋仕平、娜拉：《宗教文化浸润中的西北少数民族地区乡村政治发展研究》，载《民族论坛》2009 年第 8 期。

献策，并对政府贯彻宗教信仰自由政策进行监督。充分保障了他们代表宗教界参与国家事务的权利。2002年以来，新疆维吾尔自治区人大、政协的宗教界代表、委员提出了许多可行性意见和建议，其中涉及民族宗教的20余条建议受到自治区人大、政协和自治区人民政府的重视，其中10余条被采纳。[①] 自2001年起，西北民族地区开始对爱国宗教人士进行新中国成立以来最大规模的培训。通过培训，宗教界人士出现了“五多”，即主动协助基层组织做工作的多了、依靠勤劳致富的多了、热心公益事业的多了、自觉抵制非法宗教活动的多了、宣传党的政策法规的多了。[②] 如2007年，和田地区就有1200多名爱国宗教人士，积极依靠科技勤劳致富。其中民丰县有42名，从事养殖、育肥、交通运输、林果等行业，占宗教人士总数的53%。洛浦县有515名爱国宗教人士从事各种经营活动，占宗教人士总数的79%。先富起来的宗教人士还积极参与扶贫济困和社会公益事业。[③] 在甘宁青三省区，大量的宗教爱国人士积极参与爱国主义教育、法制宣传教育等工作中。宁夏回族自治区在宗教人士中大力宣传法制知识，推动宗教与社会主义社会相适应。许多西北地区清真寺的伊玛目积极研究现代经济知识，向穆斯林群众普及经济知识，帮扶周围群众。新一代中青年爱国宗教人士，崇尚现代科学、文化和文明风尚，带头倡导健康文明生活，学习科技，勤劳致富，自觉承担社会责任，积极参加社会公益活动服务社会，为带动西北地区民族经济发展、社会和谐、文化繁荣、民族团结做出了重要贡献。

---

① 新疆维吾尔自治区民委（宗教局）介绍情况的材料。

② 阿不都热扎克·铁木尔等：《2008—2009年新疆经济社会形势分析与预测》，新疆人民出版社2009年版，第149页。

③ 阿不都热扎克·铁木尔等：《2008—2009年新疆经济社会形势分析与预测》，新疆人民出版社2009年版，第254页。

### （二）宗教极端主义是西北民族地区发展的破坏力量

在国际反华势力把民族问题和宗教问题作为对中国实行“西化”和“分化”的政治背景下，宗教极端主义和分裂势力旨在破坏中国统一、民族和谐，利用宗教进行危害国家安全的违法犯罪活动。民族分裂主义者通过派遣人员、邮寄宣传品等方式，在农牧民聚居区进行民族分裂的宣传和煽动活动，对群众的思想意识有着潜移默化的影响。种种蛊惑性宣传和煽动，不仅容易为信教群众所接受，而且它常常变得具有一定威慑力和约束力。

“伊扎布特”“东突厥伊斯兰运动”“达瓦宣讲团”“伊吉拉特”等宗教极端组织打着宗教旗号，从事政治活动或者违法犯罪活动。他们主要采用文武兼施的活动策略进行民族分裂和暴力恐怖活动。有些宗教极端组织对社会稳定和国家安全的威胁是公开的、赤裸裸的；有些宗教极端组织是秘密的，对社会稳定和国家安全的破坏是潜移默化、渐进的。这些宗教极端组织或通过开办地下教经点（习武点），向青少年灌输反动思想，积蓄和壮大力量，培植民族分裂主义分子，秘密发展反动组织；或者利用各种民俗活动公开或半公开地进行活动，在民众中培植、煽动民族仇恨心理和情绪；攻击、谩骂甚至谋害爱国人士，争夺宗教活动场所和宗教团体的领导权，蓄意歪曲经典教义，煽动宗教狂热和民族仇恨，进行危害祖国的宣传，破坏社会安定；参与、利用和激化民族宗教方面的人民内部矛盾，煽动不同民族群体间的矛盾纠纷甚至引发械斗，直接危害社会秩序和社会安定，干扰经济的可持续发展。分裂分子利用群众的宗教感情，煽动不明真相的群众非法游行示威，冲击党政机关，进行打、砸、抢活动，蓄意制造动乱和暴乱。境内外一些敌对势力实施暴力恐怖活动，制造爆炸、暗杀、投毒等事件，对西北地区的政治和社会发展造成了非常消极的影响，信教群众和不信教群众社会距离一定程度上日渐疏远，严重影响了西北民族关系。

违背国家政策、法律法规的宗教活动和行为有些地方依然存在，如私办经文班（点），由不具备宗教教职资格证书的人讲经布道，或在宗教活动场所外讲经布道，在宗教活动场所架设高音喇叭，这些妨碍社会秩序、生产秩序和人民群众生活秩序等行为，严重影响社会稳定和国家安全。

### （三）一些传统习惯法不适应现代法治建设的发展

中国本土化形成的很多习惯法，带有当时历史条件下的一些封建宗法观念残留色彩。表现在：（1）信教群众有事情往往就去问宗教人士，不习惯主动学习和掌握现代法律条文，缺乏独立的现代法律意识。（2）一些信教群众常常从宗教思维的角度去理解法律问题，面对国家颁行的现代法律文本，信教群众也常常首先从宗教的角度去理解，接受起来也比较吃力，现代普法教育在一些信教群众中存在一定的困难。（3）一些人长期以来习惯于注重从伦理道德角度来评判纠纷。"头等人，讲道理；二等人，讲名誉；三等人讲法律。"① 客观地讲，以伦理道德来规范生产、生活秩序，在过去传统熟人社会、非流动性社会特点下，有节约司法成本、快速化解矛盾、促使人内心服膺等诸多仅仅依靠外在强制力实现社会整合的法律所不能替代的优点，但是仅仅依靠传统伦理道德已经不能应对现代社会的复杂局面。步入现代社会以后，大量的民事、经济纠纷都需要按照契约条款、按照理性原则制定的法律条文来决断。穆斯林群众一旦陷入民事诉讼，容易反复向司法机关阐述自己在伦理道德上的对错，而难以理解司法机关根据法律条文做出的司法裁决。（4）有别于变化多端、灵活务实的世俗法，神权统治下的神的意志被赋予了普遍通行、

① 马通：《中国伊斯兰教派与门宦制度》，宁夏人民出版社2000年版，第235页。

至高无上、万流归宗、永无谬误的权威效力。[①] 宗教习惯法与国家法在政治上是根本不同的。宗教法习惯体现的是神权政治，而国家法体现的民权政治。进入现代民主法治时代，一些宗教习惯法不适应多元文化发展、多民族群众杂居的社会发展要求，不利于国家普适法的推广，造成国家对基层民众的普法教育收效不明显，一定程度上延缓了现代法治建设的步伐。

## 小 结

一方面，市场经济现代性转型的大环境使得穆斯林人口有着强烈的转换传统生计方式、脱贫致富的意愿。他们急切地想改善自身生活水平，追赶现代化潮流，愿意学习现代科学技术，愿意广交天下朋友，也意识到自身存在的一些发展落后与不适应的因素，意识到了不加区别一味地强调固守传统文化可能会影响参与市场竞争的能力。所以，他们在语言、服饰、饮食等比较容易改变的外在物质文化生活方面有着明显的世俗化表现。现代性本身就意味着与传统的显著不同，这也是现代性转型初期的通常表现。它有利于打破民族间的文化障碍，以统一的市场经济文化为纽带，促进双方加强市场协作，在协商谈判中实现经济利益共赢，促进民族交往增多，互动频繁，增进相互了解。

另一方面，西北地区也出现了与西方一样的情形，即现代性的异化。现代性从一开始在西北地区落地生根，便照抄照搬了西方社会现代性变迁先天内在矛盾。它先验确立了人定胜天之科学至上的主体观念，并在这种观念下确立了工具主义理性至上的原则和思维方式，同时也埋下了自身从合理化走向异化的种子。过

① 马宗正：《宗教法文化中的神学法治理念》，载《西北民族研究》2005 年第 1 期。

度宣扬金钱在增进人的幸福感方面的强大作用，过于强调现代科技对人的全面发展的物质决定性，忽视了非理性精神因素在社会急速转型方面的精神平衡作用，导致有些人在市场经济大潮面前无所适从，既不能迅速适应，又没有能力参与市场资金与资源要素的激烈竞争。这也是社会现代性转型进入到纵深阶段以后中、西方社会出现的共同问题。它表明了现代性与传统的内在密切联系，不可截然二元分割对立，人们试图从传统文化中寻找应对现代性的精神动力，也是现代性过渡时期传统与现代博弈、螺旋式发展的表现。

按照卢曼的现代性理论，西北多民族地区的合理化形态，应当是追求差异性、多层次性，再也不可能回到历史上那种宗教全面深入到政治、经济、文化、社会生活各个方面的全覆盖式的局面。因为现代性意味着理性反思，确立人的主体地位，核心是追求人的全面自由，追求个性化，要求挣脱封建压抑和各种传统观念的过度束缚。异质性、批判性是现代性的内在理想和精神气质。在现代性转型狂潮的猛烈冲击下，现代性一定会对传统进行批判甚至断裂二者关系以凸显其先进性，只不过程度和领域深浅不一而已。

现代性转型是在应对现代化浪潮下进行理性反思必然要经历的过程。一方面，在这一进程中逐步确立人的主体观念，追求人的个性化和多元化；另一方面，现代性也可能在转型中发生异化，呈现出反世俗化倾向。我们应以冷静的心态看待这种风险，增强宗教管理工作的针对性和时效性。

# 第四章　藏传佛教对西北民族关系的影响

除了西藏自治区以外，西北地区还有青海省和甘肃省南部地区，也是藏传佛教的重要传播地。全国 10 个藏族自治州中有 6 个分布在青海，1 个在甘肃，面积将近 74 万平方千米。甘肃、青海的藏民、土族、裕固族、蒙古族等少数民族人口在历史上形成了密不可分的关系，藏传佛教对甘肃、青海两地的民族关系有很大影响。

## 第一节　藏传佛教与西北少数民族

### 一、藏传佛教与甘青藏族

甘肃南部以及青海部分地区，历史上一直是安多藏区的组成部分。安多藏区位于青藏高原东北部，介于青海、甘肃、四川与西藏接壤的高山狭谷地带。其地理范围包括青海省的果洛藏族自治州、海西蒙古族藏族自治州、海南藏族自治州、海北藏族自治州、海东地区和黄南藏族自治州，甘肃省的甘南藏族自治州、天祝藏族自治县，四川省的阿坝藏族羌族自治州等地区。这些地区生活着数量庞大的藏族人口。

甘肃南部历史上也是一个多民族杂居地区，生活着党项、羌、氐、吐谷浑等多个民族。唐贞观十三年（639）吐蕃赞普松赞干布发兵北上进入甘南西部，660 年今甘南玛曲及青海大部分地区被吐蕃所占领。自此，吐蕃不断向东进袭，至 680 年，吐蕃已经占有今天的迭部，夏河以西、以南，青海湖东南部的广大地区，统治了这里的各民族，同时迁来了一部分吐蕃部落，甘南地区成为在政治上以吐蕃人为主的多民族地区。至 9 世纪中叶，吐蕃王室分裂，征战不休，各民族被迫大规模流亡，许多人口迁移各地，留居在今天甘南一带的吐蕃部落，因受到外来影响较小，基本上保留了自己的生活习俗、社会组织形式，并在与羌族、氐族、党项族、吐谷浑等民族长期相处共同生活中，逐渐形成了今天甘南境内的藏族。今甘南舟曲一带的部分藏族，是吐蕃时期来自西藏工布地区军队的后裔，至今当地藏族仍操工布方言口音；今卓尼部分藏族，是吐蕃时期彭波地区驻牧部落后裔，至今当地藏族仍操彭波口音；今甘南迭部的部分藏族，是吐蕃时期来自西藏达布驻牧部落后裔，至今当地藏族仍操达布口音。至元明清时期，现代意义上的藏族已经正式形成。①

东汉时，由于河湟地区大规模的战乱，迫使这里的烧当羌部和迷唐羌部迁居青藏交界的发羌部落占据的地区。后来他们同雅隆部落、苏毗部落、羊同部落逐步融合。约在 6 世纪前后，藏族先民由原始氏族社会过渡到奴隶制社会。7 世纪初，藏王松赞干布在今西藏拉萨建立了吐蕃王朝，征服附近部落后，即向青海湖地区进兵，与吐谷浑争夺牧地。636 年左右，进抵青海湖东部，迫使吐谷浑退到青海湖以北。在此期间，吐蕃还先后击败现今柴达木境内的白兰羌族和现今果洛境内的党项羌族。此后吐蕃力量日益强大，逐步向东扩张。670 年，吐蕃攻陷唐王朝的白州等 13

① 《甘南地方志》（下），甘肃文化出版社 2006 年版，第 39 页。

个羁縻州，唐朝派大将军薛仁贵率军迎战，在大非川（今青海省海南州共和地区）的决战中被战败。吐蕃尽得吐谷浑牧地，于是青海草原由吐蕃统治近两百年。9 世纪中叶，吐蕃地区爆发了奴隶和属民的联合起义，加之奴隶主内部混战，吐蕃的奴隶主政权遂告崩溃。进入青海的吐蕃人，同青海高原上的羌人、吐谷浑人交错杂居，共同过着“逐水草而居”的游牧生活。

早在唐朝吐蕃东进时，就有西藏佛教随之传入青海。达磨灭佛，西藏僧侣纷纷前来避居，藏传佛教在青海开始落脚扎根。元朝，中央设置专管喇嘛教和吐蕃地区的总制院（后改称宣政院），由帝师负责，致使青藏高原“帝师之命与皇帝诏敕并行”，僧俗官员共管军务民政。西藏僧侣经青海而往来内地络绎不绝，青海地区的喇嘛教空前繁盛起来。元顺帝至正年间（1341—1368），宁玛派和噶举派先后在青海化隆、玉树等地传播，建造了夏琼、拉秀等寺院。此后萨迦派在西藏失势，一部分僧侣流亡到青海，也建立一些萨迦派寺院，后均改归黄教。明嘉靖三十九年（1560），藏族仁庆宗哲嘉措在宗喀巴的出生地（今湟中县鲁沙尔镇）修建了衮本坚巴林寺，黄教在青海东部广泛流传起来。这时，蒙古俺答汗驻牧青海湖地区皈依黄教，迎请三世达赖，使黄教在青海的势力大增，宁玛派退到了黄河以南及果洛地区，噶举派和萨迦派则被挤到了玉树地区。明万历二十四年（1596），黄教在衮本坚巴林原址上，建成了著名的塔尔寺。明万历三十二年（1604），四世达赖派人在今互助土族自治县威远堡以东建成郭隆寺（现名佑宁寺）。清顺治四年（1647），在大通县桥头镇东北建郭莽寺（现名广惠寺）。黄教在青海得到了最广泛的流传。清雍正元年（1723），和硕特部蒙古亲王罗卜藏丹津发动反清叛乱，青海众多寺院纷纷跟风。叛乱平息后，清政府对青海寺院严加整饬，大批僧侣流落甘南一带，归附拉卜楞寺及其属寺。

甘南藏区历史上是安多藏区的组成部分，达磨灭佛时，有些吐蕃僧侣逃亡到这里，于是这一地区开始受藏传佛教的影响。13世纪蒙古势力占据河西，萨迦派曾到过武威一带。明清时期，统治者对北方少数民族聚居区实行扶植喇嘛教的政策，黄教势力也进入甘肃藏区。清康熙四十七年（1708），和硕特部蒙古固始汗的曾孙察汗丹津，派人赴藏物色高僧来甘南建寺；翌年，拉萨哲蚌寺的嘉木样应请前来选定寺址；清康熙四十九年开始兴建，这就是著名的拉卜楞寺。察汗丹津布施了大量资财，寺院建成后，他奉献了三个部落的属民、土地，其他蒙古贵族如额尔德尼台吉也有属民、土地、财物等供奉。这样，拉卜楞寺就拥有相当雄厚的政治和经济实力。清康熙五十七年（1718），嘉木样受清帝封号“扶法禅师班智达额尔德尼诺门罕”，准许穿黄马褂；清乾隆三十七年（1772），嘉木样二世活佛受乾隆敕封前后，又建起许多属寺，同时，加强和完善拉卜楞寺的组织机构，进一步扩大寺院集团政教合一的权力。此后，嘉木样三、四、五世历受清王朝的封赐，势力日增，辖地更广，属寺多达108座，广布甘、青藏区。嘉木样以下，有“四大法台”“八大堪布”等一批大小活佛，常住僧侣2000余人，多时达4000人。寺内有六大扎仓、十八昂欠（活佛大院）、辩经坛、藏经楼、印经院、金塔等许多大型建筑。拉卜楞寺以讲经持律、治学严谨而闻名，产生过许多有学识的高僧大德。嘉木样一世阐发佛教五部大论的著作，被很多寺院奉为必读课本。《青海塔尔寺志》（嘉木样二世著）、《水树格言》（贡塘仓二世著）、《安多政教史》（哲贡巴仓三世著）、《善说诸宗源流及教义晶镜史》（土观却吉尼玛著）等著名诗集和重要宗教史籍，都出自这个系统。

## 二、藏传佛教与蒙古族

### （一）藏传佛教在蒙古人中的传播过程

“蒙古”最初只是蒙古诸部落中的一个部落名称，史称“蒙兀室韦”。13 世纪初以成吉思汗为首的蒙古部统一了蒙古地区诸部，逐渐形成了一个新的民族共同体，“蒙古”也就由原来的部落名称变为民族名称。蒙古族很长时间内一直信仰原始的萨满教，崇拜多种自然神灵和祖先神灵。萨满教在蒙古皇族、王公贵族和民间中有重要影响，皇室祭祖、祭太庙、皇帝驾幸上都时，都由萨满教主持祭祀。直到 13 世纪，蒙古人大规模武力征战中原并建立元朝中央政权，由部落社会向民族国家急剧转型过程中，蒙古上层领袖推动，蒙古人开始大规模信仰藏传佛教。

### （二）对蒙古社会的影响

从明至清喇嘛教在内蒙古广泛传播 300 多年，给蒙古社会的政治、经济、文化诸方面带来深刻的影响。

喇嘛佛寺一般是蒙古族传播宗教文化的中心。佛寺设多种扎仓（学部）专门组织喇嘛学习和研究哲学、天文历法、数学、建筑学、音乐、医学等科技文化艺术，促进了蒙藏文化的融合和发展。佛寺设立有蒙医蒙药专门机构，丰富了祖国的医学宝库，也为蒙古族群众，特别是当时蒙古族平民在缺医少药的情况下，蒙医能为其解除病痛的折磨。

在明轮学部的喇嘛学习和研究天文、历法、数学、占卜、文法等，丰富和发展了蒙古地区的天文、历法、数学。五塔寺召照壁石雕蒙古文天文图，是清代蒙古族天文学家明安图对中国天文学的重要贡献，石雕宣传和普及了这一科学知识。一些资深喇嘛精通蒙古、藏、汉三种文字，将藏汉佛教经卷译成蒙古文，对提高翻译水平，对传播佛教哲学思想具有重要意义。著名佛经《甘珠尔经》是蒙古、汉、藏三语释译史上的壮举。在收集整理中，吸收了不少印度、藏语词汇，丰富和发展了蒙古语文词汇。

众多的佛寺是集藏、汉、蒙古各族建筑、雕塑、绘画工艺之大成。一座座金碧辉煌、巍峨雄宏的佛寺矗立在城乡、草原，这是蒙古、藏、汉各族建筑学家、工程师、工匠和民工创造出的建筑成果。这些蒙藏合一、藏汉合一或者纯藏式的精美建筑物，为内蒙古留下宝贵的历史遗存。著名建筑学家梁思成参观了五塔寺后指出，五塔寺的建筑成就与北京的名刹古寺相比毫不逊色。无量寺的建筑采取藏汉结合，寺里的银佛、龙雕、壁画堪称大召“三绝”，各种法器都是艺术珍品，具有极高的文物价值。

清政府对喇嘛的鼓励政策，吸引了广大蒙古族男子争当喇嘛，一个家庭只要有兄弟二人，必有一人出家，并可逃避王公贵族的剥削和压迫。出家为僧不能结婚、不参加劳动，还要消耗社会财富。每座佛寺都占有大量土地、牲畜和属民，接收源源不断的布施，拥有富足的寺仓，加重了农牧民的经济负担。如1933年伊克昭盟蒙古族人口有8.8万人，喇嘛就有1.8万人，占总人口的20.5%。1942年，锡林郭勒盟共有喇嘛1.1万人，占男性人口的42%。众多的佛寺和庞大的喇嘛，造成蒙古族农牧民沉重的经济负担，人口的逐年减少，劳动力不足，直接影响了社会经济的发展。

总之，喇嘛教在内蒙古的传播，使蒙古民族的各方面无不打上佛教的烙印，总体上消极影响与积极影响并存。

## 三、藏传佛教与土族

土族主要聚居于青海省互助土族自治县以及民和、大通两县，其余散居在同仁、乐都、门源。在甘肃省的天祝、临夏、甘南、兰州、张掖等地区人口数量也不少，总人口 289565 人(2010 年第六次人口普查)。

土族历史上只有本民族的语言而无文字，没有系统的历史记录，其他民族的史料对土族的记载也只是零散涉及，学术界对于土族藏传佛教信仰问题的研究成果甚少。

### (一) 初传时期是贵族宗教，影响力甚微

土族的民族来源较为复杂。新中国成立之前，土族有着纷繁复杂的族称。土族人自称为“蒙古勒”“蒙古尔孔”(意为蒙古人)，也有自称“察汗蒙古”(意为白蒙古)；民和三川地区的土族人则自称为“土昆”；甘肃卓尼一带又自称为“土户家”。其他民族对土族的称谓也五花八门，如藏族称之为“霍尔”，汉族、回族称之为“土人”“土民”，汉文史籍中称之为“西宁州主人”“土民”等。[①] 新中国民族识别后，统一认定为“土族”。

约于 4 世纪初，土族人的祖先吐谷浑从辽东半岛迁入今青海、甘肃，与羌人杂居，主要从事畜牧业，信仰萨满教。南北朝时期，吐谷浑先依附于宋、齐、北魏诸国。后来，吐谷浑又归附于隋唐。民族西迁南移极大地改变了吐谷浑的生计方式和精神文化。中原地区的道教和佛教的部分宗教内容被吐谷浑吸收，形成了庞杂松散的原始信仰体系，由于缺乏系统的宗教理论，没有完备的宗教组织，更不具有固定的宗教崇拜场所，不足以满足和表达宗教需求，它逐渐演变成为一种依附性的民间信仰。此后，松赞干布多次对吐谷浑用兵，占领了河湟、陇右等地，开始了近百年的统治。藏传佛教开始传入吐谷浑，建立了藏传佛教的佛寺，招收信徒传道受戒。当然，在藏区影响力颇大的苯教也随着藏传

---

① 《土族简史》编写组：《土族简史》，青海人民出版社 1982 年版，第 1 页。

佛教传入土族地区，和当时吐蕃地区的情形一样，其影响力远远大于佛教的影响。

这一时期，藏传佛教主要对吐谷浑贵族统治阶级内部产生影响力，信徒数量少，影响力不大，普通劳动人民仍然信仰萨满教、苯教等古老的宗教。究其原因，当时吐蕃地区弘扬佛教主要依靠吐蕃赞普的政治力量自上而下推进，佛教弘法策略主要是在贵族青年子弟中招收信徒，这一情形在吐谷浑地区也大致相同。土族地区自身没有产生强大统一的民族文化作为维系，生计上长期维持着靠天吃饭的原始方式，直至明朝万历年间，大部分土族人依旧住帐篷，在就近的草山草场放牧。在清朝中叶，有许多地方，还是放牧之地。青海互助县陈伯堡以北，尚是荒草森林之区，不种作物，只放牛羊。陈伯堡以南，开垦的田亩也不多。农业生产发展较早的民和，在明朝也有一部分地区是土族发展畜牧业的“孳牧地”。[①] 在这种原始落后的环境下，佛教尚未能够迅速建立起牢固的社会基础，对整个社会的影响也不深刻。

### （二）宋元时期大发展

吐蕃地区达磨灭佛运动并未影响到土族地区，藏传佛教也从未中断在当地的传播。随着藏传佛教史上后弘时期到来，甘青土族地区的藏传佛教在宋元时期迎来了大发展，在当地人民的生活中取得重要的位置。藏传佛教各大教派如萨迦派、噶举派、噶当派、宁玛派等均已传入土族地区，建有许多寺院，如民和的秦家寺、乐都的羊宗寺、平安的夏宗寺、循化的文都寺等。藏传佛教在当时土族地区的大发展，对土族社会的影响主要体现在：

其一，生活方式发生很大改变，藏传佛教全面深入到日常生活。土族人信奉了藏传佛教以后，和藏族人一样，普遍送子为僧

① 韩光辉：《秦边纪略》卷二，北京大学出版社1986年版，第53页。

家，“有二子必命一子为僧”成为正常现象。不少土族男子除了到本地的寺院出家外，有的还到塔尔寺等外地寺院为僧，尤以民和三川土族到塔尔寺当喇嘛的最多。被人们视为艺术珍品——塔尔寺“三绝”之一的酥油花的制作者，除藏族僧人外主要是土族喇嘛。在土族家中，供有神像。大部分人家门前都竖立有经旗杆和煨桑炉。土族人如果患病，多去寺院烧香、叩头、许愿、布施，或请喇嘛念经、向神佛祈祷，以求病愈。

其二，稳定了土族社会秩序。过去，土族首领只是对一些自然条件好的地方进行管理，差的地方则放任不管，没有统一的法度来推动和确保广泛地进行农牧业生产。匪患、自然灾害等天灾人祸使得土族群众丧失了生产积极性，成群结队地流浪，沦为乞丐。元政府借助于藏传佛教对土族社会进行全面管理，在经济上高度支持寺院和高僧，给予了大量封赏，加官授印，赏赐了大量的属地和属民。寺院于是成为官方的代理人，对属民进行政治经济文化的全方位管理，使得各地有统一的法度可循，逐渐形成了管理、养护、鼓励生产的制度，对穷苦民众也有一定的赈济和照顾，社会秩序得到安定，农牧业生产得到稳定和一定程度上的发展。特别是萨迦派尽力与元宗室搞好关系，利用皇帝的赏识，请求元朝皇帝免除了很多的差税，也获得了皇帝向寺院提供的大量钱财物品，使得寺院有能力发放布施，赈济穷苦差民。

### （三）明清达至鼎盛，寺院统治深刻影响土族社会

15世纪初，藏传佛教格鲁派创立后，得到明王朝的赏识和支持。在明政府的直接扶持下，土族人民大都改信藏传佛教格鲁派。此外，明朝中央政府又采取“多封众建”的政策，扶植藏传佛教各派高僧，先后授予名目繁多的封号，提高他们的社会地位，提供创建、扩建寺院及进行各种佛事活动的资费，从而使藏传佛教得到突飞猛进的发展。到了清朝，统治者针对藏、蒙古、

土族群众普遍信仰藏传佛教的实际，采取“兴黄教，以安众蒙古”的政策措施，设置驻京呼图克图，如互助县佑宁寺的章嘉、土观等活佛，大通县广惠寺的敏珠尔活佛等，从而使得藏传佛教在土族地区达到了鼎盛时期。

藏传佛教的鼎盛催生了甘青土族寺院昂锁统辖。土族地区先后一共产生了13名昂锁（藏语，意为内政官）。他们主要在封建王朝和土司势力薄弱的地方，依仗藏传佛教和占有的土地，收取地租，强迫服劳役，任意剥削和压迫土族人民。昂锁为宗教势力所封，与寺院联系密切，相当于寺主与寺院的关系。他们管辖的百姓仅限于其所管辖的村庄中信仰喇嘛教的群众，占有的土地也不多，从整个土族地区政治情况来看，昂锁的权势小、地位低，要受土司的管辖。

此外，土族人民还要受喇嘛教寺院和宗教上层的统治。宗教上层和喇嘛寺院占有大量土地。明朝赐给寺院“庄田”①，寺院有大量“佃种之民”②，从而形成了僧侣地主阶级。寺院土地分两种，一种是“香蜡田地”（民和寺院称“香烟地”），收取酥油和肉类；另一种是宗教上层的私田，这一种田地数量大，地租重，而且是死租，无论收成好坏，甚至歇地，都要按规定的数量交租。这种死租加重了对土民的榨取。宗教上层除收地租外，还要额外收取菜籽油和草，土族人民要承受名目繁多的超经济剥削。寺院上层还利用特权巧取豪夺。信徒死亡以后，一部分产业要交给寺院，变成寺院的田产。自此，土族人民全面进入了封建领主和宗教势力的双重残酷压迫时代。经济长期处于封闭落后迟滞状态，人口凋零，到新中国成立前，土族人口不足两万人。

① 《明史·食货志》卷一，中华书局1974年版，第44页。

② ［清］杨应琚纂修：《西宁府·新志》四十卷，影印乾隆十二年序刊本。

## 四、藏传佛教与裕固族

裕固族自称“尧乎尔”“两拉玉固尔”。宋朝裕固族先民被称为“黄头回纥”，元朝称“撒里畏吾”，明朝称“撒里畏兀儿”，清朝称“锡喇伟古尔”。历史上有过“黄蕃”的称呼，是统治者制造的带有歧视性的称呼。裕固族的族源比较复杂，大体包括回纥人、甘州回鹘人、蒙古族部落、藏族以及汉族等诸多民族，是经历了漫长的融合才逐渐发展出今天的裕固族民族共同体。主要分布在河西走廊中部，祁连山北麓一带，聚居在甘肃省肃南裕固族自治县和酒泉市的黄泥堡地区一带，新疆、青海也有零星散居，人口数量很少，为 14378 人（2010 年第六次人口普查），历史上是一个以畜牧业为主的游牧民族。

### （一）藏传佛教在裕固族地区中的传播

裕固族的宗教信仰经历了多次变迁。先民早期信仰的是萨满教，7 世纪以后，又转信摩尼教。回鹘西迁到甘州一带后，敦煌佛教广泛深入到回鹘的政治、文化生活的各个领域，成为回鹘人的主要信仰。

蒙元时期，因元朝宗室大力扶持藏传佛教萨迦派，多次迎请萨迦派高僧到河西一带大规模传教弘法，藏传佛教得以在当时生活在河西地区的甘州回鹘中初传。明王朝继续对藏传佛教采取安抚扶持政策，多次颁授封号、赏赐属地和属民，藏传佛教格鲁派（黄教）势力兴起以后，迅速传播到河西地区，甘州回鹘人在明朝中叶以后，由信仰萨迦派改信格鲁派。清朝政府调整边疆宗教治理政策，对藏传佛教的扶持和重视力度都前所未有，格鲁派借势推动藏传佛教，在河西裕固族中达到鼎盛。

藏传佛教传入裕固族后，大力兴建藏传佛教寺院。景耀寺创建于清顺治年间，其他如康隆寺、青隆寺（又称转轮寺）、长沟寺、水关寺、红湾寺、莲花寺、明海寺等，先后于清康熙、雍正、光绪年间，新建或重建及整修。除康隆寺、红湾寺、夹道寺属青海大通县郭莽寺（又名广惠寺）管辖外，其他均受青海互助县佑宁寺（原名格隆寺）管辖。裕固族地区有的部落头目的世袭传承必须得到青海佑宁寺大活佛土观呼图克图的批准。

### （二）裕固族藏传佛教的本土化、民族化的特征

藏传佛教在裕固族中的传播，经历了本地化、民族化的过程，与甘青裕固族的藏传佛教信仰与藏族地区相比较，更多地保留有萨满教、原始苯教、摩尼教的内容，发展出具有裕固族自身民族性的藏传佛教，不完全等同于藏族地区的藏传佛教。其差异主要在：

第一，裕固族的寺院属于部落寺院，藏区寺院属于地区寺院。裕固族长期以来保持着部落社会，每个部落都有自己的寺院，在裕固族中有“什么寺属什么家（部落）”的说法。寺院中的喇嘛在本地区的政治、经济、生活上享有一定的地位，但一般不能享有“政教合一”的特权。寺院宗教领袖与部落头目关系极为密切，部落内部重要事务都由二者共同决策和处理。

第二，裕固族人的藏传佛教信仰中，保留有其他宗教的遗迹。譬如，大量萨满教内容沿袭至今。裕固人既崇信佛，也崇信“点格尔汗”（天神），每年要举行两次规模盛大的敬奉“点格尔汗”活动。既有自己的喇嘛活佛，也有自己的萨满（裕固语称作“也赫哲”，相当于巫师）。也赫哲的衣着与常人相同，只是头上留着一条长辫子，上面缠有许多绿、白、蓝布条，平时盘在头上。也赫哲平日参加劳动，信喇嘛教。在举行祭“鄂博”时，裕固人不仅要请寺院里的喇嘛前去祭坛念经，还要请自己的“也赫哲”前往舞法。两者不互相排斥，而是互补。

第三，宗教制度有一定差异。在藏区，只有活佛才能转世，而在裕固族地区，堪布也要转世。藏传佛教格鲁派在藏族地区的寺院中，实行禁欲主义，严禁僧人娶妻生子，而且也不准僧人参加生产劳动。裕固族地区的僧人平时在家参加农牧业生产劳动，遇有宗教活动，便返回寺院念经作法事活动。

第四，在裕固族地区，藏传佛教寺院内部组织与藏族地区寺院相比起来，要简单得多。由于裕固族本身人口数量很少，故而寺院的规模都不大，僧人的数量也不多，内部组织也不严密。一般寺院里最高阶别是堪布，堪布之下称喇嘛，喇嘛之下叫班弟（学僧），有些寺院还设有法台、提经之类僧职。一般寺院约有20至30名左右僧人。较小的寺院则是平日上门锁，放会时僧人才到寺院去，或者只留一两人，说明寺院对僧人的约束是不大的。

第五，寺院即是学校。在裕固族地区，寺院不仅是僧人学经念佛的场所，而且也是裕固人学习文化知识的地方。寺院在裕固族地区，为发展本民族的文化教育事业曾起了积极作用。水关寺（慈云寺）的住持七世顾嘉堪布（1897—1943）积极倡导和宣传兴办教育的意义，大力提倡宗教界办学的重要性。在他的努力下，1938年冬，成立了裕固族地区第一个由寺院堪布担任董事长，各寺堪布、喇嘛和部落头人担任董事、校董的“学校董事会”，办起了慈云寺小学、红湾寺小学、莲花寺小学和明湾寺小学4所小学，以供裕固族农牧民子弟上学。学校开设课程有藏文、汉文、算术、音乐、体育等。教师是聘请寺院有一定地位和造诣的喇嘛教授藏文，其他课程则聘请当时有一定知识水平的知识分子担任授课。这些寺院小学中，特别是位于县城的红湾寺小学，培养出了不少人才，为裕固族地区的文化教育事业的发展起了积极作用，做出了贡献。

## 五、藏传佛教对多元民族文化的吸收与借鉴

藏传佛教向西北地区传播的过程中，积极吸收当地的民族文化、本土文化，形成了兼容并蓄、多元文化相互混融的特点。

元朝以后，大批汉族人口移居甘宁青地区，道教文化迅速在西北传播开来。在传播过程中，与汉族交往频繁、深受汉文化影响的各少数民族上层起了重要的推动作用。1422 年，土族土司李英奏请在西宁卫建真武庙，于明宣德元年（1426）底竣工，明宣宗赐名“福观”，任命道士孙思忠等 5 人管理观内事务。甘肃庄浪蒙古族土司鲁麟，因在对敌作战中立奇功，被认为是获得玄武的荫佑，于 1494 年在今甘肃永登建成玄真观，以后被历代鲁氏土司所供奉。道教对土族的影响最大，土族民间对道教诸神的崇拜非常广泛，如二郎神、九天玄女娘娘、龙王、黑虎大神、文吕、雷祖、灶神、门神、财神等。在道教比较兴盛的青海民和土族地区，二郎神被奉为一方的保护神，较大的村寨都建有二郎庙。

藏传佛教积极吸收了道教的部分内容，做了一定程度的改造，使之更加适应藏传佛教的义理。比如道教供奉的关公，在清朝初期已经被正式引入藏传佛教的神灵系统。大国师三世章嘉若必多吉、三世土观洛桑确吉尼玛等人还撰写有祭祀关帝的仪轨文。安多地区藏族把关公称之为“南色”，被看作四大天王中的南色天王。南色天王即为藏传佛教中的财神，这无疑与当地汉族将关公看作财神供奉有关。现存于甘肃夏河一带的关帝庙，虽是一座由当地汉族修建的道教小庙，却具有浓郁的道、佛结合的特色。该庙内，关帝与甘南地区的大山神阿米念钦共列一殿。对它们的祭祀方式也是汉藏合璧，庭院中置有煨桑炉，关帝塑像上戴着哈达。除关帝外，道教神灵文昌帝君也被引入藏传佛神灵体系

中，藏语称为“阿米约拉”，意为地方神，在安多藏区有很大的影响。

## 第二节 现代性转型时期藏传佛教对西北民族关系的影响

### 一、对日常生活的影响

#### （一）语 言

语言是人类沟通的第一文化符号，在斯大林对于民族的定义中，被作为判定民族成分的四大特征之一。民族间使用共同的语言交流和使用状况，很大程度上反映了对民族文化的认同，更是考察民族间社会距离远近的重要指标。

在雪域高原上孕育出来的藏传佛教，严格来讲，应该被称为藏语系佛教。这就意味着其宗教活动大部分依赖于藏语作为宗教生活的基本媒介。在日常的宗教生活交流中，只有以藏语为共同语言，信徒们相互之间才能更容易产生深厚的宗教情感和共同的宗教体验。藏语作为民族文化的重要表现形式和文化载体，能够最深刻反映藏民族内心最深层次的文化特征和隐秘的心理情感。

课题组对甘青地区藏语的使用情况做了一个初步的调查，发现了一个值得深思的现象，即藏语的使用情况与该地区藏传佛教信仰气氛的浓淡有直接的相关关系，进而对民族间日常交流产生一定影响。课题组对于甘肃省甘南藏族自治州卓尼县柳林镇东北部的白塔村进行了为期 15 天的田野调查。全村有 176 户人家，约 516 人，其中藏族人口占总人口的 90% 左右。白塔村距离汉族人口较多的岷县、文县等地比较近，外围处于一个被汉族文化全包围的地域中，用一天时间翻过盘山公路是它与外界交流的主要纽带。近年来外地人口（多为南方各地的汉族人）进入，该村汉化现象比较普遍，一些本民族语言和宗教信仰的传统文化正在迅速淡化乃至消失。在白塔村已经很少有人会讲藏语。图4—1显示当地仅有35.48%的居民在讲汉语的同时还会讲藏语，其余64.52%的居民则只会讲汉语。在当地村落走访发现，由于民族语言障碍大大减少，相互之间能够听得懂，也能顺畅表达，当地各民族间日常交流很多，来往密切。

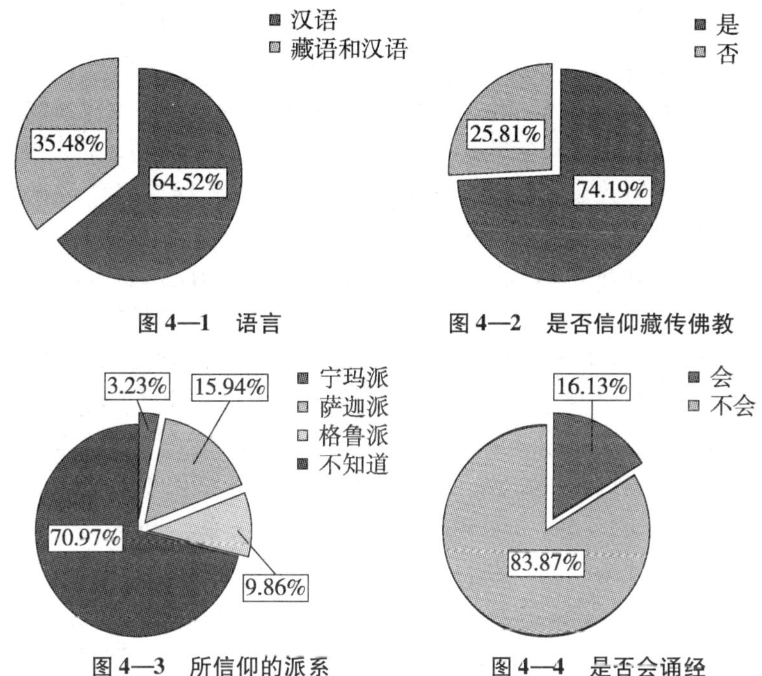


图4—1　语言

图4—2　是否信仰藏传佛教

图4—3　所信仰的派系

图4—4　是否会诵经

历史文献显示，甘南藏族信仰藏传佛教，藏族村落里通常宗教氛围比较浓郁，这种印象也是大多数人的记忆中普遍保存的画卷。然而，课题组问卷调查图 4—2 显示，该村有 25. 81% 藏民不信仰藏传佛教，村里 74. 19% 的居民认为自己信仰藏传佛教，初步打破了甘南藏民全民信教的主观印象。进一步的调查显示，即使信教人口仍然比较多，但对于教派及宗教渊源则表现得极为陌生。图 4—3 显示，虽然很多人信仰藏传佛教，但只有 29. 03% 村民知道自己所信用藏传佛教的流派，其余的 70. 97% 的人则不知道所信仰的藏传佛教的流派。图 4—4 则反映了只有 16. 13% 的村民还会诵经。

下表 4—1 为 2000 年青海 6 个州人口的民族构成情况。对于青海省 6 个藏族自治州的调查显示，藏族人口比例最高的玉树州，与海西州、海东地区相比，藏语的使用程度最高，藏传佛教的氛围也最为浓厚。因处在中原通往西藏的要道上，玉树州藏传佛教的寺院颇多，全州境内共有各类藏传佛教寺院 192 座，占青海省藏传佛教寺院总数的 29% 。除两派合住寺 13 座和 2 座派系不明寺外，177 座寺院中，萨迦派寺院 22 座，格鲁派寺院 23 座，宁玛派寺院 31 座，噶举派寺院 101 座。在玉树州的乡村，绝大多数藏民不会汉语，没有走出过本村本州。时至今日，依然有许多藏族家庭的父母，愿意把孩子送进佛寺学经。2000 年统计，在玉树州 15 岁以下青少年的文盲率约达到 66% （表 4—2）。当课题组问及“你希望与当地人用什么语言交流”时，83% 的藏民希望通过藏语交流，当地回族有 61% 希望使用藏语，便于更好地沟通，同时也能够和谐相处，搞好关系。当地汉族 38% 的人希望使用藏语。为了更好地在藏区工作和生活，他们主动学习藏语口语，主动和藏民交朋友。同时，在藏传佛教盛大的宗教节日来临之际，其他民族的人们也兴致勃勃地参加各种节日娱乐活动。青海海西州为蒙古族藏族自治州，主要的民族成分为汉、蒙古、藏。当课题组问及“你希望与当地人用什么语言交流”时，绝大多数人都希望用汉语交流。同时，当地的藏传佛教氛围也比较淡化。

**表4—1　2000年青海6个州人口民族构成情况（%）**

| 地区 | 汉族 | 蒙古族 | 回族 | 藏族 | 土族 | 撒拉族 | 其他民族 |
|---|---|---|---|---|---|---|---|
| 青海省 | 54.43 | 1.77 | 15.73 | 22.04 | 3.86 | 1.83 | 0.34 |
| 海东地区 | 56.37 | 0.49 | 20.47 | 9.21 | 7.90 | 5.42 | 0.14 |
| 海北州 | 36.6 | 5.09 | 30.51 | 24.22 | 3.00 | 0.35 | 0.23 |
| 黄南州 | 7.54 | 13.48 | 7.64 | 66.41 | 3.93 | 0.71 | 0.29 |
| 海南州 | 28.1 | 0.71 | 6.95 | 62.74 | 1.00 | 0.33 | 0.17 |
| 果洛州 | 606 | 0.07 | 1.11 | 91.62 | 0.02 | 0.02 | 0.56 |
| 玉树州 | 2.27 | 0.02 | 0.31 | 97.15 | 0.06 | 0.13 | 0.06 |
| 海西州 | 65.58 | 6.92 | 12.37 | 11.39 | 1.73 | 1.07 | 0.94 |

资料来源：《青海统计年鉴2008》。

**表4—2　2000年青海省藏区的文盲率**

| 地区 | 15岁及15岁以上人口数（人） | 文盲人数（人） | 文盲人数占15岁及15岁以下人口比重（%） | 女性（%） |
|---|---|---|---|---|
| 海北州 | 195952 | 54155 | 27.64 | 38.26 |
| 黄南州 | 151986 | 69655 | 45.83 | 63.28 |
| 海南州 | 279519 | 98021 | 35.07 | 48.68 |
| 果洛州 | 96781 | 49677 | 51.33 | 72.41 |
| 玉树州 | 180937 | 120709 | 66.71 | 82.33 |
| 海西州 | 273728 | 41206 | 15.05 | 21.67 |
| 六州合计 | 1178903 | 433423 | 36.76 | 54.44 |

资料来源：《青海统计年鉴2008》。

### （二）服饰与饮食

在现代化浪潮的猛烈冲击下，传统的民族服饰已经退居幕后，现代服饰观念深入人心。甘青各民族都纷纷穿上了牛仔裤、T恤衫，冬天则穿上了针织毛衣、轻便保暖的羽绒服等。单从外观服饰上，已经很难分辨出民族成分。服饰文化上的交融趋势很明显。青海的穆斯林，为了遮挡高原强烈的阳光照射，习惯在小白帽之上，再带一个宽沿的礼帽。寒冷的冬天，有时也穿藏式翻毛的大衣，带狐皮帽子。甘肃甘南地区的藏民与其他民族的装束，大体上趋于现代了。绝大多数藏族男子和女青年，日常生活中一般都穿着轻便的现代服饰。只有中老年人，在家还穿传统的民族服饰。大街上开设的服装店，五颜六色、款式新颖的现代服装受到民族顾客的喜爱。

在饮食方面，甘青地区的信仰藏传佛教的民族与穆斯林民族饮食喜好完全一致，都十分喜爱牛羊肉、喜爱面食、喜爱饮茶。甘南地区的清真饭馆，常常可见一些喇嘛去用餐。就面食来说，较之中原汉民餐馆清淡的口味，藏族顾客更偏爱咸辣口味厚重的清真餐饮。风干肉本是藏族储存肉类的方法，被穆斯林牧民学习借鉴，清真饭馆做出的风干肉抓饭、风干肉拌面受到藏胞的欢迎。同样，回族的三炮台茶，也被喝惯了酥油茶的藏胞接受了。通常，各民族都比较清楚对方的饮食禁忌，在多民族聚餐时，大多会自觉地选择清真饭馆，席间对穆斯林不劝酒。

### （三）居住格局与社会交往

马戎认为，族群间保持日常生活的社会交往，必须要有适当的接触场所，才能够广泛接触、相互了解、互助合作。一般来讲，族群间社会交往的场所主要有7个方面：（1）居住格局；（2）同校情况；（3）工作交往；（4）消费格局；（5）娱乐活动中的来往；(6) 宗教活动中的交往；(7) 个人自发的社会交往。对上述7个指标进行深入研究，可以发现起着决定作用的因素是居住格局。居住格局是民族关系在空间上的一种表现形式，族际间的社会交往，很大程度上取决于居住格局。只有各民族之间居住地点临近，交错分布的程度高，相互接触的机会就会增多，社会交往的深度和广度可能会大大提高，互助合作的可能性也就越大。

甘肃省的藏族主要分布在甘南藏族自治州，聚居的程度远不如青海省、西藏自治区那么高，历史上就是一个多民族杂居的地区，人口最多的汉、藏、回三个民族历史上交往频繁，多元民族文化能够和平共处。临潭地区的回商，在进入甘南藏区从事商业活动之初，通常要履行一个“认主人家”的仪式。即与某一部落头人或活佛相识，赠以厚礼。他们通过类似的方式，竭力与当地的上层、僧俗人士密切关系求得在边地藏区经商的允许并寻求保护。例如，西道堂的商人走的路多、见识也广，入藏区次数愈多，与藏区的上层僧俗关系愈密切，甚至请各部落的活佛、温布或郭吐给他们做政务顾问。藏族认熟不认生的淳朴、诚实的民族性格，加之回商也与藏族群众相熟识，彼此建立了相互信赖的关系。

在甘南的舟曲、迭部、宕畅等藏汉杂居村落，藏、汉村民往来密切，藏汉族朋友互称“主儿家”，汉族人家有给自己幼儿认藏族干爸的习俗。藏、汉族村民在婚丧嫁娶、修造房屋等方面，常常相互送钱送粮，出劳动力援助，关系十分融洽。2008年“5·12”大地震，甘肃文县也属于地震灾区，一些村民家里土坯房倒塌，许多受灾户就借住在邻居家中，这些邻居往往不是本族人。邻居热情援助，管吃管住、出人力物力帮助运回救灾物资。汉族村民王××说：

地震我们家人没事，房子倒了。家里穷，一直没钱盖新的，土房子凑合住着，这一震就震没了。金窝银窝不如自己的土窝，村干部让领救济帐篷回来，我们也不愿住。天天就住在杨××（藏族）家里。他们对我们好得很，吃的都舍得拿出来给我们。我们也不好意思，本来发给的有方便面，也不能顿顿吃呀，家里孩子老人都受不了。平时两家关系都不错，他们家的小孩忙起来没人管，成天和我家的一处玩，还打架，在我家吃饭睡觉，都是老实人，本分人，以心换心，没觉着关系有啥难处的。要说起来，他家的条件比我家好。我家娃娃多，老人病多体弱，媳妇生老四做下病就一直没好利索，重活不能干，全靠我一个人做活全家吃，把人煎熬得受不住。亲戚们都躲着走呢，还不如一个民族邻居。

2008年北京奥运会期间，每当看到电视里转播中国运动员夺取金牌的时刻，各民族的村民都兴奋地欢呼，为中国运动员加油助威，骄傲之情溢于言表。甚至奥运会开幕一周后，藏汉村民一起在村中央的篮球场上自发跳起了锅庄，兴致勃勃、心手相牵，气氛欢快热烈。课题组在甘南藏族自治州合作市做田野调查，切实感受到，不仅乡村民族关系和谐，当地城市民族关系也十分和谐友好，尤其擅长以歌舞表达友好情感，实现民族间顺畅交往，给课题组留下了深刻印象。一到晚饭后，音乐响起，各民族群众纷纷来到小广场跳锅庄。一位合作市的汉族女教师说起自己学校里各民族同事交往的情形：

藏民爱唱歌、爱跳舞，一到举办大型活动时又唱又跳。我们这里的汉族、回族时间长了都受熏陶了，也都习惯唱唱跳跳。我们学校老师有回族、藏族，谁家里有孩子办婚礼，不管是哪个民族的老师都去参加。去了以

> 后，平时关系好的，一进门就唱歌，意思是送祝福。婚礼程序和现在城里各民族都差不多，都追求时尚，并融入民族特色。来宾争先恐后为婚礼献歌。这个说，我唱一个；那个喊，我来一个。真是热闹，从头唱到尾。有时候，关系比较好的朋友，到家里串门玩儿，不用说，也会招待人家唱歌，家家都备有很多唱歌碟子，高兴了一唱一整天，又唱又跳。左邻右舍也能相互谦让。

甘南地区各民族同校情况也比较普遍。虽然政府出资修建了藏语小学，实行免费义务教育，还有津贴，但是只要经济条件尚好的藏民，还是乐意把孩子送到汉族小学就读。他们普遍认为，和汉族孩子在一起上学，能够把自己的孩子学习成绩带上来，好好读书，掌握好汉语，将来才会有前途。想尽办法，甚至走关系也要进入汉族小学读书的藏民大有人在。在这些民汉同校的小学里，同学之间的关系并不受民族成分的影响，孩子们都喜欢跟学习成绩好的孩子在一起玩，班干部的威信也完全取决于其学习成绩优劣和是否关心帮助同学，而与其民族成分无关。

青海省有6个藏族自治州，藏族的聚居程度整体上比较高，藏传佛教在该地区经济社会的各个方面都有着深远的影响。从居住格局上看，乡村交错杂居的状况不多，各民族形成相对隔离的小聚居区域。聚居区内民族绝大多数只与本民族成员来往，并无机会接触到其他民族成员，许多藏民一辈子没有到过县城，甚至没有出过乡村。只会说藏语，听不懂汉语。长期与外界隔绝，造成封闭的状态以及在许多藏族群众中仍然存在保守、安于现状等意识。这种封闭性一定程度上影响到与其他民族的社会交往。常言道“远亲不如近邻”，当普通的邻里观念掺入了民族成分时，情形会怎样呢？课题组对青海囊谦县城进行了偶遇抽样调查，结果如下（表4—3）：

**表4—3 邻居选择意愿（%）**

| 民族 | 不愿意 | 愿意 | 无所谓 |
|---|---|---|---|
| 藏汉 | 2.1 | 33.5 | 64.4 |
| 藏回 | 77.4 | 3.2 | 19.4 |
| 汉回 | 4.3 | 14.5 | 81.2 |

上述调查结果表明，藏回为邻受到拒绝的比例很高，课题组就此进行了访谈。藏族中学教师闵×说：

> 我们受过教育，当老师的，一般素质比较高，谁做邻居都无所谓，都看得开。主要是家里老人不愿意，宗教信仰不同，差异大。当初我们单位分房子，领导一开始也没在意这个问题。我把老人接来以后，老人一看对门是回族的，老人不习惯，就不愿意住了，非要闹着回老家，回去干啥，老家就没啥人了，条件差，特别是医疗条件差，看病不行。没办法，我又到处找领导调房。

除宗教信仰因素的影响，整体上看，绝大多数人并不关心邻居的民族属性，人们更看重善良、正直、乐于助人等个人品质。

与不同的民族交朋友，能够反映出族际间社会交往的深度。课题组对青海囊谦县调查资料按照建立民族朋友的基础进行排序，从高到低分为同事关系、同学关系、邻里关系、其他关系，所占权重依次为63、22、11、4。这说明，只有打破相对隔离的民族聚居模式，各民族成员广泛参与到共同的生产、学习、生活、互动中去，互相学习了解对方的民族语言、民族文化，社会交往的机会才能大大增加。目前乡镇的各种社会机构和组织里，工作人员一般都由藏汉民族共同组成，藏语和汉语成为共同的工作语言。但是鉴于藏语复杂难学，多数汉族员工常常具有选择性，更倾向于同熟练掌握汉语的藏族员工交往。

在学生同校方面，过去青海藏区教育状况是“舍寺院外无学校，舍宗教外无教育，舍僧侣外无教师”。几千年来遗留下来的传统观念不可能在短时期内完全消除，至今部分群众仍愿意将自己的孩子送进寺院灌输宗教意识，不愿意将孩子送进学校接受现代教育。据统计，青海省目前有寺院652余座，囊谦县就有各类寺院64座，而学校只有45所。僧侣人员占总人口的5%以上，不仅乡乡有寺院，而且村村有寺院，出现寺院数多于学校数、阿卡数多于学生数的情形。藏区农牧民送子女入学的积极性不高。比如，某乡政府为了完成适龄儿童入学率，只好抓阄决定，抓中阄的农牧民一定要送子女上学。据说，一些抓到阄的较为富有的农牧民为了逃避送子女上学，就与没抓到阄的贫困户商量，表示愿意送给对方牛羊作为补偿，请其子女代为入学，这就是所谓的“雇人读书”。

藏传佛教对牧民的影响根深蒂固，僧侣、喇嘛在牧区有很高的地位和声誉。如果有哪家孩子在佛寺当喇嘛，家人在当地的地位就会高一些，受到乡里的尊敬。如果把孩子送进学校，地位和声誉将会受到影响。并且，送孩子进寺院念经，起码可以解决生计问题，认为比接受正规学校教育划算。因此，青海藏区乡村小学民汉同校的比例低于甘南地区。

### （四）婚姻择偶

考察民族关系亲密与否的一个重要指标，就是族际通婚。马戎教授认为，两个民族集团通婚率如果达到10%以上，那么民族关系是好的。在甘青地区的藏语系佛教信仰群众中，按照民族人口数量多少来简单划分，跨越族际间最常见的三种通婚形式是回藏通婚、蒙藏通婚、汉藏通婚。

1. 回藏通婚

在历史上，甘肃临潭地区的回商到拉卜楞地区做生意，“是不允许携带家眷的，这些人或父子或兄弟，抛下家中的父母、妻儿，单身到拉卜楞谋生，部分商人在经商的过程中，娶了当地的藏族妇女为妻，这种情况，拉卜楞寺院是允许的”。[①] 如“藏族妇女与腹地人十婚配者，多系屠夫”[②]。在顾执中、陆治著的《到青海去》一书中，就提到甘南夏河县第一小学的学生“有父是回民母是蕃民”[③]。所以历史上，在甘青藏区回藏通婚是相当普遍的。与藏族通婚的回族，多住在边地藏区，成为当地的坐商，有的还陆续在那里建起自己的清真寺，使更多的回民至此与藏族贸易、交往。

时至今日，甘南地区回藏通婚依然比较普遍。课题组在甘南拉卜楞藏区做调查，遇见一位农村青年妇女，闲聊时她介绍自己是藏族，名字叫卓玛。后来课题组一位年龄较长的回族教授过来坐下加入聊天，该年轻妇女立即显得毕恭毕敬，改口说自己是回族，名字叫金英子。她主动解释了原因，该女子娘家为回族，本人嫁到了甘南拉卜楞地区藏民家，她认为自己应该嫁夫随夫改为藏民，取藏名。但是一看到课题组年龄较长的教授，风度气质威严不凡，误认为是“阿訇”，故改称自己回族。

谈到结婚以后夫妻双方的宗教信仰是否会发生冲突，当地人的一般解释是，不存在男女哪一方强迫另一方接受另一种宗教信仰的问题，极少会因为宗教文化差异发生家庭矛盾。原本按照伊斯兰教规，回族女子结婚前就没有去清真寺做礼拜的习惯，婚后整天劳作忙于繁重的家务，基本上没时间去宗教场所，一般都会

---

① 张庆有：《试论拉卜楞地区民族之源流》，载《甘肃民族研究》1996 年第 2 期。

② 丁明德：《拉卜摆之商务》，载《方志》第 9 卷 1936 年第 3 期、第 4 期。

③ 顾执中、陆治：《到青海去》，商务印书馆民国二十三年出版，第 100 页。

自觉地认同夫家藏族传统文化。她们即使不信仰藏传佛教，不去佛寺进香，也都能得到夫家的理解。同样，女方娘家人也不强迫藏族男子因缔结婚姻关系而一定要加入伊斯兰教。两个民族都喜爱食用牛羊肉、奶制品、面食，讲究饮茶等，饮食上并无冲突。因北方气候寒凉，各民族绝大多数都有饮酒暖身以及招待客人的传统，藏民喜爱饮酒，回族妻子一般都能理解并默许，并不会因此而发生家庭矛盾。

2. 蒙藏通婚

多发生在青海蒙藏杂居地区，因共同的藏传佛教信仰、共同的生活习俗，加之历史上的密切往来，语言上的亲近性，使得蒙藏通婚没有什么障碍。在课题组的调查问卷中，藏族和蒙古族作为双方当事人，都认为自己和对方民族的关系总体是非常好或者较好的，不认为有什么矛盾。

然而调查发现，甘青地区蒙藏通婚的实际发生率并不如想象中的那么高。究其原因，同类婚姻受群体规模大小的影响，在其他条件相同的情况下，一个群体的成员越多，其成员愈有可能在内部寻找对象。故而族际通婚发生概率，常常受到民族人口数量多少的影响。课题组查阅了青海省德令哈市 1993—2004 年的婚姻登记档案显示，10 年蒙藏通婚的总计只有 20 对，远远小于汉藏、汉蒙通婚的比例。主要原因是该市汉族人口数量众多，蒙古族、藏族人口数量很少，蒙古族 7158 人，藏族只有 3000 多人。在日常生活中接触到汉族的机会远远大于其他民族，与人口数量较小的民族接触机会少，又都高度汉化，年轻人在选择结婚伴侣时，更倾向于汉族。而课题组对于青海省唯一的蒙古族自治县——河南蒙古族自治县调查显示，蒙藏通婚的概率很高。该自治县位于青海省的东南部，东临甘肃省甘南藏族自治州夏河县、碌曲县，南临甘肃省甘南藏族自治州玛曲县，西北与青海省果洛藏族自治州玛沁县和海南州同德县毗连，是全国唯一的蒙古族自治县。从地理位置上看，东南西三个方位都与藏区紧密相连，居住格局上呈现出蒙、藏交错杂居的形式。蒙藏人口占到该自治县93%以上，民族间接触的机会大大增加，通婚比率很高。

历史上，蒙藏通婚不受禁止，青海省河南蒙古自治县地区的历代亲王的“福晋”中就有4人出身藏族，分别是：第四世亲王纳罕达尔济之妻仁增杭毛；第五世亲王达什忠鼐之妻，名不详；第八世亲王巴勒珠尔喇布坦之妻滇吉环宗以及滇吉环宗之妹兰曼撒野。不仅如此，十世亲王扎西才让招赘五世嘉木祥长兄黄正清独子黄文源为额附。以上累世因缘，使蒙藏两族僧俗首领之间原有的友好关系更加亲密起来。上行下效，对广大蒙藏牧民之间的通婚产生感染和促进作用，蒙藏通婚从上层扩展到了下层民众中。在蒙藏通婚中，因信仰藏传佛教的需要，与宗教有关的婚姻家庭风俗习惯也被蒙古族普遍接纳。蒙古族更多地融入藏族的传统文化中，如藏族的语言文字、服饰、饮食文化等被蒙古族吸收。在饮食方面，糌粑、酥油成为蒙藏家庭的主食；在服饰方面，蒙古族平日里与藏民并无二致，单从外观上已经很难区分；在语言方面，安多藏语已经成为官方语文，蒙藏婚姻中的家庭成员日常生活都用藏语交流。同进一座庙，同烧一炉香，同诵一本经。夫妻间关系十分和谐亲密。在此问卷中，藏族和蒙古族作为双方当事人，都认为自己和对方民族的关系总体是非常好或者较好的。

3. 汉藏通婚

汉藏通婚，不存在宗教信仰方面的冲突问题，基于汉民族历史上对于佛教文化的熟悉，对于藏传佛教也能很快产生认同感。然而，虽然文成公主与松赞干布汉藏联姻的历史故事广为流传，但实际上汉藏通婚的案例并不多。这主要还是取决于该地区藏族人口数量的多少。如果藏族人口数量众多，在本民族内可挑选配偶的机会多，则汉藏通婚的机会就小得多。课题组对甘南舟曲汉藏杂居的嘎麦诺村问卷调查显示，虽然85.6%的村民对汉藏通婚表示赞成，14.4%的村民表示不反对，仅就白纸黑字的数据看，汉藏间族际通婚的主观意愿很高，但实际上通婚的案例很少。究其原因，该村为白龙江两岸数一数二的藏族大村庄，村民多数可以在藏民中寻找适龄配偶，或者在周围邻村的藏族村庄中寻找本民族配偶。

汉藏通婚，一般多发生在藏民外出接受高等教育认识汉族同学，或者在城市打工认识汉族同事，又或者在城市政府、企事业单位就业接触汉族机会多的情形下，容易产生自由恋爱，发生汉藏通婚。婚礼的举办，并不完全按照任何一方民族习俗来进行，而是采取了调和的策略。新郎、新娘的礼服完全现代化，婚宴的酒席也都设置在现代化的饭店内，宴会上会即兴表演一些充满了现代化气息的藏族歌舞。在婚后的饮食起居方面，也多受现代化浪潮的影响，使用灶台、煤气做饭，米面、蔬菜、水果、牛奶，配合糌粑酥油，成为日常生活的食物。婚后生育的孩子，一般会有两个名字，一个采取汉姓，取汉族名字；另一个则是藏族名字。因为国家对少数民族在升学、就业、入伍、计划生育方面有诸多的优惠政策，几乎所有汉藏通婚的家庭所生育的子女，都申报为藏族。

## 二、对经济发展的影响

甘肃、青海两地信仰藏传佛教的民族聚居区，绝大部分都位于高峻严寒、自然条件相对恶劣地区，年平均气温多数不足5℃，积温严重不足，农作物生长周期很短，不适合广泛发展种植业。海拔高、空气稀薄、严重缺氧，多风，长冬无夏，降水稀少，牧区枯草期长达7个月之久，畜牧业发展空间也有限。虽然拥有广阔的地理空间，但是绝大部分为山地、高原、裸岩、冰川以及干旱半干旱的高寒阴湿地区，能够为生产生活所利用的地理空间极为不足。该地区生态环境十分脆弱，青海黄河源头地区沙漠化面积以每年13万公顷的速度扩大，草地普遍贫瘠，退化严重，发展容量极为有限。

这里也是自然灾害频发地区，主要以雪灾、地震、泥石流、洪灾最为常见。改革开放的30年间，青海有18个年份发生了雪灾，仅仅1995年冬季的一次雪灾，就使玉树州死亡牲畜108万头，11.27万牧民受灾，直接经济损失1.62亿元，相当于1995年畜牧业生产总值的1/8。2005年，甘南州暴雨使得藏巴哇乡6个村委会受灾，冲毁耕地一千多亩，牲畜500多头，花费了22.5万元新修的河堤水渠全部被冲毁，4560人因这次洪灾致贫。2010年8月，甘南舟曲县因强降雨发生特大泥石流，总人口一共才5万人的舟曲县城有1434人遇难，失踪331人，受灾人数达4496户20227人，水毁农田1417亩，水毁房屋307户5508间，直接经济损失达4亿元。民间流传青南牧区有“三年一小灾、五年两头灾、十年一大灾”的说法。

甘青两省的藏民、裕固、土族等长期以来过着逐水草而居的原始游牧生活，居住分散，人口密度每平方千米不到3人，青海省的海西州、果洛州、玉树州人口密度更小，每平方千米只有1—2人。高度分散制约了社会分工，牧民靠天吃饭，制约了经济的进一步发展。海拔高地理环境差致使交通不便，对外联系交流很不畅通，形成了一些相对封闭的系统。譬如，玉树州最远县城所在地距离西宁市1400多千米，州府所在地至各县的距离在200千米左右，各县城至乡政府所在地距离在300千米以上。牧民普遍处于半定居状态，缺少与外部交流，对于新科技、新知识的吸收能力差。藏传佛教对于少数民族经济发展的影响主要表现在：

### （一）对民族传统经济向现代市场经济转型产生不同程度影响

从起源看，藏传佛教成长于青藏高原严酷的自然生存条件之中。地势崎岖造成了封闭保守的社会历史环境，低下的生产力水平，物质文化和精神文化比较匮乏。从藏传佛教的本土化特征看，其人生观、世界观事实上也与藏区独特的自然地理环境、社会生产力状况密切相关，对群众的经济思想和经济行为产生了强大而深远的影响。

青藏高原地势起伏，山川险峻，土层稀薄，自然灾害频发，除了小部分地区自然条件比较优越外，总体上当地居民生存条件严酷。在漫长的科技不发达的古代社会，当地农牧民面临着随时可能迸发的难以应付的自然灾害风险。当地严酷的地理环境累积形成了特有的本土化心理结构、思维模式、价值取向和行为方式。据粗略估算，一个藏族家庭如有一个男子出家为僧，该男子不但不能作为青壮年劳动力为家庭带来收入，相反，每年这个家庭要承担供养这一名僧人，交到佛寺里 200 多斤米、200 多斤炒面、100 多斤肉、30 多斤酥油。到拉萨朝觐被信徒视为毕生的心愿。每个朝觐者除了在漫长的路途征程中专心顶礼膜拜，还要带着全家辛苦劳作所得的积蓄上路。一部分钱花在路费上，所余部分全部献给拉萨的各寺院。这些庞大的非生产性开支，既耗费了巨大的社会财富，又使本来很紧张的生产资金变得更加缺乏。

S 村是甘肃省甘南藏族自治州卓尼县一个普通的藏族村落，共有农牧民 180 余户，一直为附近的 G 寺供养香火。自 2002 年起，该村为 G 寺院修建无量寿佛殿。除每户捐资 1000 元之外，村民还无偿提供石料、木材，并轮流分工承担了所有采石、伐木、挖沙、砌墙、上梁等工作长达 8 年之久，直至 2009 年落成开光。粗略估计，S 村为修建该佛殿共投入 200 余万元。但当地常年阴冷潮湿、气候恶劣，自然地理状况复杂，自然灾害频发，藏民年人均纯收入极低。这样一笔巨大的投入无疑成为当地藏族农牧民不轻的经济负担。甘南地区有大大小小 121 座藏传佛教寺院，僧尼 9781 人，除了像拉卜楞寺这样的大型佛寺基本能够依赖于旅游门票收入缓解资金压力之外，其他绝大部分寺院很难做到自收自支。虽然政府会给予部分补助，但绝大多数寺院都要依赖于信徒的供养。S 村只是一个普通的村落，从它可以管窥甘南地区诸多香火供养地的基本情形。

信徒除为修建寺院无偿提供资金和劳动外，其他供养还包括提供正月祈愿法会、燃灯法会、金刚会供、灌顶法会、密集金刚持仪轨、长寿金刚持仪轨、上师法会以及大藏经念诵会等名目繁多的佛事活动支出，主要用于供佛的酥油灯，为僧众供斋饭的米面、茶叶、肉，以及布施给全寺僧人一定数额的现金等，支出耗资还是相当大的。甘南藏族自治州碌曲县的 Z 村，是一个典型的藏族聚居村落，历史上一直是 L 寺的香火供养地。以每年正月为 L 寺的金刚法舞大会供饭为例，2009 年 Z 村共购买大米 60 斤，酥油近 150 斤，布施在寺的 355 名僧人每人 10 元计 3550 元，以上各项合计当日共耗资 6500 余元，由全村各户分摊，而该村人均年收入仅仅 1514 元。这还仅仅是信徒一次法会的供养支出。事实上，藏区一年四季每个月都有大大小小的法会，少则两三天，多则半个月，每次法会的开支，绝大多数按照惯例都要依赖于信徒负担。此外，近年来甘南地区还出现了修建佛寺热，沿着国道驱车行驶，时不时有在建的佛寺工程映入视野，外表装饰华丽，工程材料讲究时尚、高科技，建筑面积一个比一个大。这些新建佛寺除了一少部分能得到国家补助外，绝大部分都由信徒捐献资金完成。某村甚至为发展旅游经济、兴办文化产业，向金融机构贷款近 30 万元，本息全部由信徒分摊，占到了藏民家庭年收入的 29%。

为了减轻信教群众的经济负担，保障宗教活动健康发展，密切群众关系，自 2006 年起，甘南藏族自治州试点启动最低生活保障项目。2009 年以后全面铺开，陆续将 6339 名僧尼列入最低生活保障范围，占全州僧尼数量的 64.81%。另外，还投入大笔财政资金将僧尼纳入新农合医保体系、养老保障金体系、伤残救济体系等。固然，这样做一方面部分解决了僧尼的生活来源，有效提高了他们的生活质量，减轻了信教群众负担，受到了僧尼的普遍欢迎。但另一方面应看到，甘南地区贫困藏民的数量庞大，按照政策需要国家低保政策扶持的人口总量不小，社会负担较重，经济发展速度较慢。

目前，甘青藏区农牧民的文化水平整体上偏低，乡村 40 岁以上人口的文盲、半文盲比例不小。当地新文化传播速度慢，外出机会少，中、老年村民精神生活资源还比较匮乏，去寺院成为他们主要的日常精神生活方式。很多中、老年信徒不关注其他精神生活，忽视外在的追求和奋斗，只求助于本心，缺乏对外界自然的新认识。由于文化水平低，现代自然科学文化匮乏，创造性思维、多元发展的意识不足，一些村民虽有脱贫致富的愿望，但苦于缺乏知识技能，很难在城市激烈的市场竞争中立足，无法追求生产方式的改进和经济产业的扩大，更难以去追求生产要素在市场经济条件下的合理配置。在个别交通不便、地理位置偏僻、经济不发达的乡村，一些中老年人仍然保留着传统心态，缺乏进一步推动藏区经济发展的竞争动力，一定程度上束缚了与其他文化类型的民族进行更广泛的交流和学习，与现代市场经济各种新观念有着较大差距。一些文化程度稍高的年轻人大多数不安于待在偏远落后的乡村，能积极把握一切外出求学、经商、务工的机会。

甘青地区经济总量小，发展水平很低。在青海省藏族聚居的海北州、海南州、黄南州、玉树州、果洛州、甘南州，土地面积占到了全省面积的一半以上，但 GDP 水平在 2007 年仅仅占全省的 16.01%。产业结构不合理，第一产业的比重普遍占到了 60% 以上，是典型的农牧业经济状态。与市场经济相联系的金融、房地产、信息、物流等新兴产业比重很低，城镇居民可支配收入和农牧民人均纯收入远远落后于全国平均水平。2006 年，全国城镇居民可支配收入为 11759 元，甘南城镇居民可支配收入为

5938 元，仅占全国的 50. 5%。2006 年，全国农村居民人均纯收入为 3587 元，甘南农牧民人均纯收入为 1604 元，仅占全国平均水平的 44. 7%。2006 年，全国城乡人口比例为城市 43. 9%，乡村 56. 1%；甘南城乡人口比例为城镇 19. 37%，农村 80. 63%。甘南城镇人口比例比全国平均水平低近 25 个百分点，财政自给能力差（表 4—4）。青海省 5 个自治州 2007 年财政支出为 56. 58 亿元，地方财政收入仅为 4. 09 亿元，地方财政收入占财政支出的 7. 23%，特别是玉树、果洛地方财政收入仅占财政支出的 2. 8%、3. 5%，绝大部分支出要靠国家补贴，是典型的补贴型“吃饭财政”（表 4—5）。

**表 4—4　甘肃省民族自治地方的财政收支　（单位：万元）**

| 指标 | 2005 年 | 2006 年 | 2007 年 | 2008 年 | 2009 年 | 2010 年 |
|---|---|---|---|---|---|---|
| 地方财政收入 | 43701 | 57112 | 71232 | 98975 | 108740 | 139453 |
| 地方财政支出 | 462323 | 604647 | 860776 | 1171001 | 1520849 | 2014808 |

资料来源：《甘肃发展统计年鉴 2011》。

**表 4—5　2007 年青海藏族各州财政状况**

| 地区 | 财政收入 | | 政支出 | 地方一般预算收入 | |
|---|---|---|---|---|---|
| | 国家财补贴 | 地方收入 | | 占收入比重（%） | 占支出比重（%） |
| 海北州 | 95710 | 10302 | 104533 | 9. 7 | 9. 9 |
| 黄南州 | 93188 | 8090 | 101099 | 8. 1 | 8. 0 |
| 海南州 | 122648 | 15951 | 147255 | 11. 5 | 10. 8 |
| 果洛州 | 91926 | 3098 | 89543 | 3. 3 | 3. 5 |
| 玉树州 | 126226 | 3514 | 123399 | 2. 7 | 2. 8 |
| 海西州 | 154525 | 127272 | 263755 | 45. 2 | 48. 3 |

资料来源：《青海统计年鉴 2008》。

甘青藏区是中国贫困比例最高、程度最深、脱贫难度最大的地区之一。甘南藏族自治州有5个国家级扶贫工作重点县，1个省级扶贫工作重点县，99个乡524个村共计44.64万人被列为扶贫对象，占当年农牧民总人口的83.86%。截至2012年底，甘南州农牧民人均纯收入在625元以下的绝对贫困人口有11.81万人，纯收入在625—865元之间的低收入人口有11.77万人，占农牧村总人口的45.28%。由于农牧村医疗卫生条件差，自然灾害频繁发生，因灾因病返贫现象较为普遍。常年返贫率15%左右，灾年高达30%以上，全州返贫人口达12.31万人，包括绝对贫困人口、低收入人口和返贫人口，甘南州农牧村贫困发生率高达67.78%。

青海省藏区30个县中有国家级扶贫开发重点县8个，省级扶贫开发重点县8个，占青海省藏族区县总数的53%；贫困人口37.6万人，占藏区农牧民总人口的30.3%。贫困群众的生活条件十分落后，尚有11多万户农牧民未解决定居问题，一些群众还住在地窝子、帐篷里。玉树州是全国30个少数民族自治州中主体民族最高、海拔最高的国家级贫困密集分布区，贫困县村分别占全州、县、村的100%和91%，产业结构单一，基础设施薄弱，社会发育程度低。全州有102个贫困村没有小学，青壮年文盲率达50%以上；162个贫困村没有卫生室，群众就医十分困难，因贫致病现象十分常见；167个村看不上电影电视，听不上广播。

如果从当前发展经济、促进藏民增收致富的角度看，当地传统文化观念在一定程度上与现代市场经济文化对接有一定难度。重农牧轻视工商业、重节流轻开源的经济思想积淀为一种文化心理之后，表现为相当一部分人不适应现代社会飞速发展的工业、商业，只熟悉农牧业生产，增收致富渠道窄，经济增长速度慢。显然，在西北社会已经进入现代转型阶段的大背景下，甘青藏区贫困问题长期以来解决速度慢，虽然受到多种因素影响，但是当地长期形成的传统思维方式和价值观念难以为经济，特别是现代社会工商业经济发展起到促进和推动作用。这是一个值得关注的方面，也是民族经济发展过程中值得深入研究的问题。

宗教传统文化一定程度上影响着农业劳动力向外部的转移。藏传佛教依旧在藏区社会生活的各个领域有着很大影响力，寺院成为当地的社会生活中心。基层群众最怕的是脱离宗教生活或者违背宗教禁忌后孤立无援，如果信仰不纯粹、不坚定，很可能会导致亲戚、朋友以及邻里关系的疏远。如果离教，会导致众叛亲离。他死后寺院僧尼不会给他念经，更不会为他送葬，会给人以极大的精神压力，进而产生羞耻感。宗教对于增强民族凝聚力和认同感具有重要作用，而人们一旦离开居住区域，便会感到孤独和不适。所以，宗教活动和宗教文化也是对当地人们形成巨大拉力的重要因素，吸引他们留在当地生活，在一定程度上遏制了人口的迁移。①

课题组在卓尼县X村进行田野调查时，碰见一位21岁藏族男青年，自称叫才让，赋闲在家，帮父母干一些农活。他操着半生不熟的汉语说：

> 你们从哪儿来的？兰州啊，好地方，大城市嘛，我去过。以前我不会讲普通话，我的普通话就是在兰州学的。3年前跟我们村的人去打工，啥都干过。刚去的时候，找不到工作，在一家牛肉面馆干，汉族人开的，老板凶得很，每天叫我干很多活儿，没有闲下来的时候，我的腿走路，整天走路，疼得要命，累。在家里哪有那

① 朱凤霞：《反推拉理论与西部民族地区本土化就业》，载《四川行政学院学报》2006年第1期。

么累，从来也没有四点半起床的，起床那么早，生气不干了。后来到一家我们藏族人开的商店干，卖甘南土特产，虫草啦、蕨麻啦、青稞酒啦那些，主要是虫草，你们汉族人最喜欢了，卖得好。我当时可高兴了，老板是藏族的，会照顾我。老板在外面见的世面多了，嫌我们没见过世面、人蠢，我用计算器算账老是算错，给顾客包装东西动作慢，我没出过门嘛，这些事情我要慢慢学才行嘛。我有时候闲下来跟他讲卓尼寺里面的事情，他不耐烦，笑话我死脑筋，根本不想听。他满脑子就是想着挣钱！挣钱！我看不惯他，一直生气、生气，心情不好。兰州有一个地方不好，不像我们这里有很多寺院，我心情么（不）好就去寺里转经筒，心情就好了。有一天，我很高兴，听说五泉山那边有一个玛尼寺，给老板说带我去，很久没有去寺里了，心里一直空空的。老板笑话我，说去撒（啥）寺里呀，耽误做生意。我生气自己跑去了，没上班。回来老板发火儿，不叫我干了。阿木（怎么能）这样呢，我去寺里，那是大事，一个人阿木（怎么能）为了挣钱一年不去寺里。没转经桶，没拜佛，那日子过着有啥意思？我一生气，就回来了。再也么（不）想去大城市打工了。今年有人叫我一块儿去西安，说挣钱多。我没去。那里肯定没有寺院，不习惯，在家里多好。

才让的话，很典型地反映出宗教因素对于劳动力外出转移的影响。藏传佛教文化作为千百年来藏民族日常生活的精神核心，影响力深远。藏族村落的年轻人外出务工，原本就面临着城乡文化的落差，农牧业经济与市场经济的落差，再加上宗教文化的落差，种种文化不适应很大程度上阻碍了藏区劳动力外出参与市场经济的广度和深度，社会交往面窄，接受新思想、学习新技术的机会少，进而在市场经济竞争中处于弱势地位。

### （二）宗教文化差异促使经济上形成互补与合作的民族关系

青海民间有句俗话："汉民攒钱、回民赚钱、藏民散钱。"它生动形象地说明了三种不同民族文化下的民族经济行为的显著差异。这一特点在甘肃甘南地区也表现得很充分。藏族是甘南的土著民族，回、汉民族从内地逐渐迁入甘南。三个民族在长期的历史互动中，以藏传佛教文化为内核的藏族文化、以伊斯兰文化为核心的回族文化和以儒家文化为基石的汉族文化，在这里接触和交流。伊斯兰教没有重农抑商的观念，充分肯定各种产业的价值，鼓励教民通过勤恳诚实的商业活动致富；而藏传佛教文化、儒家文化则贱商、轻商，没有商品意识。基于不同的价值观念，甘南的藏、汉、回等民族在相同的地理历史条件下产生了不同的经济行为。藏区地处高原地带交通十分困难，当地的农畜产品需要运出去，生活用品需要运进来，汉族又不习惯在高原地区走动，回族就充分当起商品交易的桥梁纽带，是甘南地区商业活动的主体民族。藏族人信仰佛教，一般不会轻易杀生，屠宰业一般是由其他民族人来从事，而且卖肉的也大多是回族和汉族人；在传统藏族社会里，藏族人很少有从事商业活动的，主干道两边的商铺也以汉族和回族的商铺较多。即使有藏族人开店，出售的也大多是与藏传佛教和藏族居民生活有关的器物，比如酥油灯、唐卡、藏袍等；而汉族人和回族人开店，主要经营的都是服装、餐饮、五金、文具等。这样一来，各民族之间大体不存在商业上的竞争，回族与藏汉之间民族经济上形成了互补与合作关系。

课题组对甘南地区的社会调查发现，当地的建筑业、餐饮业、畜产品加工业和其他个体摊位70%以上都是回族在经营。譬如，甘南地区很多饭馆都是回族或者撒拉族人开的清真餐馆，里面大多是做面食，最多见的就是牛肉拉面、炒面片、烩面、炮仗面等，而到此类饭馆来消费的除了穆斯林之外，还有很多藏族人和汉族人，调查中就曾见到有很多拉卜楞寺的僧人也去夏河街头的清真饭馆吃饭，其主要原因是回族的面食较之于汉族的饮食，更适合当地藏族人的口味。

尽管也有藏族涉足商业，但是所占比例很少。藏族仍然是以传统的畜牧业为主，为当地各族人民提供畜产品、毛皮、乳制品等初级农副产品。回族以商业为主导产业，兼营农业，主要从事餐饮、运输、皮毛贩卖、畜产品加工等。两个民族所涉足的经济领域具有鲜明的互补性。甘南当地的汉族主要经营农业，经营商业则大多集中于水电、矿业、旅游开发、家庭装修、家具加工等领域。这种职业分工体现出民族间的互惠、互补和协作。

### （三）利益上的竞争与冲突

甘青藏区长期以来形成的各民族之间经济结构上的互补与共生关系，在当前急速社会转型大背景下，面临着新的挑战和考验。由于市场经济体制打破了计划经济的僵硬模式，各民族都自觉或不自觉地参与到市场竞争中来，经济利益上升到前所未有的高度，各民族对于经济利益的争夺导致了矛盾增加，并逐渐发生变化，而竞争则更为凸显。回族善于经商，藏族群众通过回族的经营实现与外界的商品经济交流。而藏民一直以来都采取以货易货的传统交换方式，商品经济不发达，货币观、价值观十分薄弱，对商业行情不熟悉。在贸易交换中，常常会发生在买卖双方看来物非所值现象。尤其在个别文化程度低、不熟悉市场经济交易行情的藏民看来，贸易交换中都存在着不同程度的欺诈成分。为此，民族间日常买卖纠纷时有发生，原本一直良好的当地民族关系逐渐在市场经济冲击下变得有些敏感。

随着西北市场经济快速发展，市场贸易形式日益多样化，藏民也逐渐加入到了自由贸易的过程中，直接与外界交易，而并不是像从前通过第三方的贸易链进行商品流通。与此同时，回民也开始直接经营畜牧养殖业。这样一来，以前的互补合作性经营模式渐渐变弱，市场的自由竞争开始出现。市场竞争初期，在规则和交易方式不太成熟的情况下，往往会使民族关系受到影响。譬如，甘南藏区盛产药材、蕨麻和发菜等土特产。受到市场高价的诱惑，近年来，大批的外来人员进入甘南藏区，进行随意挖掘，破坏了当地的地表植被保护层，大大小小的坑随处可见，牧区生态迅速恶化，引发了藏民的很大不满。

现代性意味着市场在经济运作、资源配置中起基础作用，一切经济活动都要遵循现代经济运行的基本原则，这已经成为国人耳熟能详的一个共识。但细细一想就会发现，这样就导致原本由于历史原因形成的各民族社会发展不平衡性短期内凸显，对各民族和谐相处带来了一定程度的困扰。在汉藏杂居地区，由于历史积淀汉族整体受教育程度相对较高，凭借其先进的科学文化及便利的信息渠道，往往能在同等资源条件下创造更多的产值。藏民在市场经济竞争中缺乏现代科技、市场运作、管理学等知识，加之自然地理环境的不利影响，人流、物流都存在着现实的劣势，容易产生抵触情绪。就目前中国国情而言，遵循社会公正公平的法治经济分配体系尚未真正成熟完善，经济快速增长和规则缺失的现象依然存在，市场经济大潮的冲击使国家关于少数民族的一些优惠政策和扶持措施受到影响，法律、民族政策的调整常常滞后于市场经济的发展速度，不能及时满足少数民族经济发展的需要，加之藏族由于历史原因，社会发展程度较落后，会产生心理的失衡。在这种情形下，生活在民族地区的民族成员都对本民族的利益问题十分关注，民族间利益关系变得敏感，认为当地的自然资源都被外来人员占据了，与其他民族成员间的经济利益冲突也就成为无法回避的现实，经济问题容易引起社会问题。

在甘青交界处，不同民族间草山纠纷、矿产资源纠纷、土地纠纷、水资源纠纷近年来频发，影响该地区民族关系的和睦。其中固然存在着历史缘由，但也存在少数民族人口短期内不适应现代市场经济发展、现实经济利益得不到较快满足等因素。

一个典型的例子，改革开放，尤其西部大开发以后，市场经济冲击着甘南地区原有经济结构，善于种地的汉民族陆续进入甘南，进行大规模土地、资源的开发，无形中挤占了草场资源，而多民族杂居也导致各民族对于土地和资源的争夺。随着人地关系的紧张以及区域内人口的增长，土地和资源的争夺情况慢慢加速，再加上本区内各民族所占据的自然环境及资源分布不尽相同，民族间经济利益冲突在所难免。另一个典型的例子，回民通过贸易从藏民手里获取的原材料经过流通与加工后，最终有可能再次回到藏族群众手中，这个流动过程中的价格差异是显而易见的。这一市场经济规律运作过程，被视为对资源、原材料的低价掠夺，让他们在心理上产生一些被剥夺感，一些地方的民族关系逐渐变得敏感而焦虑。

市场经济对甘南地区的旅游业影响巨大，到藏区旅游成为时尚。甘南地区趁势大力开发民族风情旅游资源，大部分的旅游项目是回族、汉族依托公共草场、森林为基础建设的，回、汉族群众依托这些公共资源提高了个人的经济收入。藏族人口尚不能运用市场经济运作规律经营旅游业，无法从旅游业中获取丰厚的经济收入，民族间经济收入差距扩大，利益分配不均衡引起了藏族群众的危机感和不平衡感，尤其是在民族大杂居、小聚居的地区，这种问题具有一定的典型性。

课题组在甘南藏区夏河县桑科草原看到，这里草原风光景色如画，森林松涛神韵幽远，民族风情绚丽多姿，人文景观特色浓厚，是著名的旅游胜地，旅游经济一片火热。桑科草原旅游经济主要有三大部分，提供民族风情餐饮住宿、出售旅游纪念品和出租马匹。利润最为丰厚的民族餐饮、帐篷住宿都由精明的温州、四川、西安，甚至内蒙古等外来汉族、蒙古族商户经营。在这样一个藏区草原，蒙古民族特色风情帐篷一座挨一座，蒙古特色餐饮休闲餐馆鳞次栉比，藏式风情餐饮数量则少得多。旅游纪念品小店经营者90%以上都是外来的汉族人，偶尔有一家藏族人经营的藏式纪念品小店，生意也远不如其他店铺红火。只有价格低廉的出租马匹生意全部是由藏族人在经营揽客，每次收费10—30元，利润远不如其他商铺高。询问当地商户，他们不约而同地认为，造成这种局面，关键还是源于藏族民众不适应市场经济模式，不善于把握商业机会，市场竞争能力弱。

经济发展与民族关系相辅相成，缺一不可。只有加快少数民族经济发展，增收致富，逐步缩小民族之间的发展差距，民族之间才能实现真正的平等，民族关系也才能由此获得不断改善和健康发展的基础；同时，经济社会发展也需要以稳定、团结的民族关系为基础。在经济社会发展过程中，利益之争容易引起民族关系的严重波动，从而影响民族关系。因此，一个地区的经济发展程度直接影响和制约着该地区各方面的发展，也成为影响该地区民族关系的主要因素。

## 三、对社会政治生活的影响

“作为一种文化现象，宗教不仅对民族共同体产生心理作用，同时也是宗教组织或社会团体利用宗教信仰、宗教情感、宗教制度、宗教活动等社会存在来促使民族社会生活发生变化的一种政治手段。”① 按照上述观点，民族关系是民族发展过程中民族之间的相互交往和相互作用的关系，是双向的、动态的，突出

① 陈纪、高永久：《论宗教与民族政治》，载《新疆社会科学》2008年第5期。

问题是民族权利、民族利益、民族发展问题。良好的民族关系需要在政治生活上维护民族权利、促进民族全面发展。那么，如果民族关系叠加宗教因素，作为民族重要的心理文化素质组成部分的宗教，不可能完全绝尘于现实政治生活之外，或多或少都有一定的民族政治性，因而也就不可避免地与民族权利、民族利益紧密交织在一起，呈现出复杂多变的面貌。

藏传佛教的兴起与传播，从一开始就主要借助于当时统治者的政治权力，走的是自上而下的传播路线。自松赞干布皈依佛教并大力推广佛教开始，蒙古族统治者扶持萨迦派统领西藏，到格鲁派仰仗着蒙古统治者取得绝对优势，藏传佛教一直与政治结下了不解之缘，最终由格鲁派推动形成了独具特色的神权政治体系，“处理政治、经济、社会、军事、法律以及民间事务都以佛教的教义为基本准则，并把服从宗教领袖，遵循佛教教义当作是最高的原则”①。七世达赖以后，西藏长期实行政教合一的封建农奴制度，直到民主改革才改变了这一状况。

藏传佛教在其发展史上，远远超越其应有的承载精神世界的功能，变成了藏区社会的主要支配力量，以致藏区地方政权也成了体现佛教意志的主要工具之一，在多元一体的中华文化圈内出现了一个典型的“政教合一”的僧侣贵族专政地方政权，在相当程度上左右着藏族社会的发展进程。它对政治的依存和参与程度相当高，基本上走的是“以宗教为表、政治为里，以宗教为手段、政治为目的的发展轨迹”②。藏传佛教在藏区社会现代化转型过程中，政治上对民族关系的影响是多方面的，既有积极的，与社会发展相适应的一面，也有不适应的一面。

---

① 多杰才旦：《西藏封建农奴制社会形态》，中国藏学出版社2005年版，第112页。

② 罗润苍：《西藏佛教史上的政教关系》，载《中国藏学》1994年第2期。

### （一）与社会发展相适应的一面

藏传佛教的社会理想以追求社会太平为目的。这种宗教理想对于长期维持藏区的社会稳定起到了至关重要的作用。佛教经典《大正藏》为人们描绘出了一幅太平盛世图景，把七宝的出现作为太平盛世到来的标志。主张在政治上人们只要推行正法，就会民性慈仁、布施忍辱，行十善、守五戒，五谷丰熟，人民欢喜，四方云集，上下和乐，遂致太平。藏传佛教的理想政治是以理想君主为中心的政权组织方式，理想君主是统一天下的转轮圣王。他既要有信得过的道德素质，又要具有行得通的治政能力，这些内容在《大正藏·究罗檀头经》和《大正藏·大萨遮尼乾子受记经》中都有详细的论述。

与其他类型的宗教相比，藏传佛教与政治的关系相当突出。它在相当长的历史时期内直接参与了藏区社会的整合，承担了社会稳定与族群认同的文化核心作用。长期以来，政权与寺院特权紧密相连，活佛扮演着政治领袖与宗教领袖的双重角色，僧众往往是文化和政治的精英，号令信众，对地区的社会安定、部族团结发挥作用。寺院协调着家族部落的意志，代表部族与地方的利益与外部势力交流、谈判等。寺院也往往承担着社会福利、社会保障的功能。由于从前地广人稀，不存在资源纠纷问题。很多地方是寺院最先做限量的开垦，召集各处的一些流民，分给他们部分土地，寺院再留出部分土地让他们租种。这样既安置了流民、稳定了地方，也使双方互利共存。《鞑靼旅行记》中对这种过程有精彩的描述，情况极其相似。①

从社会治理成本上看，藏传佛教的政治功能的积极作用是结

① 阿忠荣：《佛教政治理念及藏传佛教政治功能》，载《青海师范大学学报》（哲学社会科学版）2011年第3期。

束了西藏的分裂割据，维系和稳定了西藏乃至国家的统一。西藏原有多个地方势力各统治一域，直到萨迦派同蒙古政权结合建立起政教合一制度之时，才结束了西藏的分裂状态，基本上统一了全藏。尽管此后又有各大军事力量的角逐，但最终还是统一在格鲁派的政教合一政权之下。此后，无论是清朝，还是后来的民国政府，都是通过承认达赖、班禅在西藏的特殊地位和权力，以藏传佛教为纽带，用其特殊的政治体制间接地控制了西藏，大大小小的家族部落、宗派寺院，始终保持着稳定和统一，始终承认西藏是中国的一部分。

从社会整合角度看，藏传佛教以宗教教义来教化、约束信众，劝解他们加强自身道德修养，洁身自好，与人为善。藏传佛教的戒律主要是“十善业”，即不杀生、不偷盗、不邪淫、不妄语、不离间语、不恶口、不秽语、不贪欲、不慎患、不邪见。这十项基本要求，既符合现代法治的基本理念，又符合道德规范的基本要求。它要求信徒去除心中一切恶念，不搬弄是非，心怀善念，众生平等，严守戒律。这些宗教理念都对稳定社会秩序、顺畅民族交往、促进民族关系有着良好的导向作用。例如，藏传佛教中有“恩田”思想，即要求对自己有恩德之人，应该知恩、感恩、报恩，不能置之不理，更不能恩将仇报。课题组走访了甘青藏区的信教群众。他们都说，现在生活这么好，都是国家的恩情，都是大家相互帮助的结果。藏传佛教六大缘起论教导信徒，一个人要想成佛，就必须依靠他人帮助，依靠社会支持。凡是以成佛为目标的众生，都应该向别人伸出帮助之手和求救之手，给别人以快乐，给自己以喜悦。显然，这些教义对于促进各民族间相互扶持、相互支援、同舟共济、紧密合作有着重要的导向意义，为促进社会整合提供了宗教理论基础。

### （二）与藏区社会现代化发展不相适应的一面

1. 相对封闭性与单一性

甘青藏区整体上地势崎岖，自然条件严酷，交通状况落后，经济贫困，基础设施匮乏，信息闭塞，众多不利因素叠加，导致雪域高原历史上长期保持着相对封闭、隔绝状态。外界的多元新思想、新文化难以真正进入藏区，当地文化类型单一，经过长时期的演化，形成了独特的相对封闭型文化特质。

这种相对封闭的地域型文化最突出的特点是单一性。它体现在与外界多元文化对话交流机会少，缺乏对不同文化思想具体深入了解，缺少接受和吸纳不同民族文化、不同地域文化滋养的机会。同时，在应对人类社会发展进程中，面对层出不穷的新文化所主张的多种社会规范和多元价值体系时，这种封闭型文化也缺乏实践经验。从另一个角度看，长期缺乏外来文化作为“镜中我”的参照物，雪域高原本地文化难以有机会从他者的角度去反思本地文化，在积极主动吸收外来文化中的合理成分上行动缓慢，常常表现得因循守旧、消极被动，不习惯做到在继承中发展、在发展中创新、在创新中弘扬。很多生活在相对封闭、偏远落后地区的农牧民，仍然只熟悉静态、不流动、熟人模式的乡土社会文化规则，不了解现代社会文化多元化、多层级化和流动化的整体发展大趋势。在面对当前市场经济的激烈冲击下，在与不同民族的相互经济利益竞争中，面对纷繁多元的外来经济、政治、法律、文化，农牧民常常无所适从，容易错失很多发展机会。这样一来，藏区农牧民对本民族生存、发展、权利、荣辱、得失、安危、前途和命运更加关注。在不能有效应对外来文化的迷茫中，过分强调自身的特点，不太考虑大局，不利于西北民族关系的和睦，不利于当地经济社会的全面发展。

在政治文化方面，藏地雪域高原文化所塑造的价值取向、行为方式，由于历史悠久、影响力深远，民族个体成员和民族共同体不熟悉现代政治思想，日常生活中的政治行为短期内难以与现代政治互动模式做到有效对接。譬如，藏传佛教教导信徒要忍让、与世无争，要善恶分明，不要讨价还价。这种为人处事的理念，强调通过个人自省升华道德境界，舍弃局部小利益而顾全大局，是传统的以德治世思维模式的折射。无可否认，在一定的领域内，这确实有净化社会风气、提高公民道德素养、稳定社会秩序的良好作用。在全球化的今天，政治互动模式的内涵发生了很大改变，各民族之间展开对话协调、谈判协商、合作共赢是当今现代社会人际互动的基本规则。在不同民族间的政治利益协调过程中，由于不适应现代社会的多元协作的政治理念，遇事往往习惯于单纯从传统伦理道德角度判断是非，也不熟悉运用法律武器来维护自身的合法权益。

由于历史原因，每个民族经济发展水平不同，参与政治生活的能力也参差不齐，民族成员内部参与政治生活的能力也有很大差异。随着市场经济体制不断在甘青藏区建立和快速发展，竞争机制使社会分层和利益分化日趋明显。民族成员内部，或者不同民族成员之间，为维护自身利益，都努力争取民族区域自治政策能在一定程度上对本地区、本民族有所倾斜与扶持。在多民族参与政治事务的情况下，每个民族都想在政治事务的决策中更多地发挥作用，这样就使所属民族的政治人物成了本民族在政治事务上取得话语权的代表。

历史上，藏传佛教长期垄断藏区的文化教育，僧人成为社会的宠儿和文化的精英，长期扮演者精神导师、学术权威、政治领袖的角色。“作为宗教政治形态的民族政治参与，不是对民族政治体系与政治生活的支持、配合与服从，而是把宗教作为一种政治手段，通过积极或消极的参与来达到影响民族政治决策的目的。"① 在争取更多的政治权利博弈过程中，藏传佛教僧职人员常常会自觉不自觉地利用宗教教义、宗教情感与宗教仪式等方式吸引信徒和鼓动信徒去参与社会活动，以此来影响民族社会的政策取向，利用多种多样的参与方式来影响民族社会政治生活。

2. 延缓现代法治的深入

历史上，藏传佛教形成浓郁的神权政治观，在日常政治生活中突出地表现为"以法治化"，即人们的日常行为主要是用佛教教义去规范，处处都体现出它的巨大影响。其佛教教义、戒律以及佛寺规章都具有最终的法律效力，以至于历史上原西藏地方政府的一切决议，没有拉萨三大寺代表的同意就难以生效。历史上佛法高于国家法律，不管是君主还是臣民都应当遵守。

新中国成立以后，中国藏区各地政府普遍废除了部落制度。由于历史原因，广大牧民的人生观和价值观短时期内难以发生较大的改变。改革开放以来，农村牧区相继实行了土地—草场家庭联产承包责任制度，原来的公社、大队、小队三级基层组织对发生新变化的农牧区社会无力控制，使其处于无序状态。加之血缘关系所提供的便利，很容易使农牧民把一向寄予行政领导的信任转移到同宗、同族、部落及具有号召力的人士身上。虽然经历了几十年的发展，但藏区仍然是传统的农牧业经济社会，乡土气息依旧比较浓厚，人们过着相对封闭、稳定的生活。于是，在近20年的时间内，藏传佛教在西北农村牧区逐渐复兴，并逐渐成为基层社会的重要影响力量之一。

课题组在青海囊谦县觉拉乡驻那索尼村调查中，被问及"你愿意听从政府，还是愿意听从寺院"时，44.3%的人选择听从政府，40.5%的人选择听从寺院，剩下15.2%的人选择不

① 陈纪、高永久：《论宗教与民族政治》，载《新疆社会科学》2008年第5期。

知道。

在藏区，法律纠纷在绝大多数情况下首先考虑的因素是社会稳定问题，它被提升到政治的高度，冲突的解决方式往往会影响到多方面的利益，处理不当在某些情况下可能会演变为民族问题。在当地具有较高威望的长者、部落头人的后裔、宗教人士等（民族传统文化的代表者）依据当地和解赔偿习惯法来解决冲突。他们主持的调解不仅从法律和政治上，而且从文化传统和宗教上约束着冲突双方，往往能够达到彻底解决冲突的社会效果。

课题组在青海玉树藏族自治州囊谦县的尕尔寺地区做田野调查时，尕尔寺的一位僧人说：

> 我们这里，出了事（纠纷）都是先找阿科（寺院僧人）解决。为撒（啥）呢？这里离政府远，100多千米，太偏远了，山路不好走，特别是刮风下雨，开车到这里，起码5个小时。老百姓本身也不习惯和政府打交道，都习惯到寺里来。我们这周围，只要有事，都是找到寺里，要求给调解。去年一个西安娃偷藏民的摩托车，藏民把西安娃打得很重，快没命了。西安娃的家里人跑到这里闹得凶，到州里闹，到政府闹，政府头疼得很，当官的也管不下。越闹越厉害。后来，政府派人专门找我们，客气得很，请我们寺里出面调解，最后这个事情解决了。实际上藏民就要出一口气，非得让西安娃承认自己是偷摩托车，不是没打招呼私自借车。只要西安娃承认这个事实，医药费藏民答应全包。我们给调解的，西安娃虽然没承认偷车，但是承认自己有错，至于错在哪里没说。藏民就让一步把医药费全掏了。让他们两边自己闹下去，找政府、找法院，太慢了，弄不好事情还扩大了。

这个访谈让课题组讨论和思考了很久。一方面，宗教力量参与民间冲突的解决，节省了司法成本、平息了社会矛盾、方便了周围群众的生产生活，也符合“充分调动各方面力量”构建和谐社会的理念，对于节约司法成本，快速化解纠纷具有积极意义。但是，另一方面也不能忽视，应当由国家司法管辖的刑事冲突（本案实际上已经构成故意伤害罪）却因国家司法实际上没能管辖，最终导致人们通过当地的宗教力量主持和解了。从形式上看，这种和解与国家司法体系毫不相干，国家司法的权威性和有效性受到影响，甚至受到挤压。长此以往，藏区在依法治国的道路上将会停滞不前，长远来看是不利的。当然，法学界近年来对以“董加哇”制度为代表的藏区本土性调解制度有了更深入的研究，随着研究广度和深度的不断拓展，其利弊会有一些不同的看法和评价。

除此以外，不少寺院和宗教人士互相攀比，大兴土木扩建寺院。有的还热衷于维修经堂和搞大型的宗教活动，不仅增加了信教群众的经济负担，严重干扰了当地的社会治安、影响了群众正常的生产和生活秩序。

目前，宗教活动场所管理组织尚未发挥应有的作用，内部管理有待完善，违反教规教义的现象时有发生；社会游散僧尼不断增多，对之缺乏有效的管理措施；一些寺院自养能力低，给境外宗教渗透提供了可乘之机；对各类僧尼和新转世活佛的教育培养跟不上形势发展的需要，影响党的民族宗教政策的贯彻落实。

3. 影响民族团结和社会稳定

十四世达赖喇嘛·丹增嘉措 1959 年出逃国外，至今已有半个世纪，在以美国为首的某些西方国家的支持下，长期进行分裂祖国的活动。达赖歪曲事实，编造了大量诋毁中国的谎言，蓄意挑拨民族关系。达赖频繁“出访”“游说”西方国家，公开制造民族分裂，恶化民族关系，吸引国际社会关注。

正是达赖集团在国外反华势力的支持下，近 20 年来，除了在西藏藏区发生多次骚乱之外，在甘肃的甘南地区、青海藏区，也发生了多起民族分裂活动，骚乱、打砸抢事件不断出现。藏传佛教的少数僧人在多次骚乱活动中起了极坏的领头作用。僧人中仍有少数人尚未与达赖集团划清界限，不能自觉地用宪法和法律规范自己的行动。境外敌对势力利用藏传佛教加大对藏区宗教界和信教群众的渗透力度，影响藏区稳定。

青海藏区成为达赖集团分裂势力进行渗透的重点地区之一，迷惑了很多信徒。原本属于社会急剧转型引发的社会矛盾，诸如征地拆迁、移民安置、企业改制、劳资纠纷等，因为青海藏区少数民族成分多、风俗习惯各异、语言文字不同、宗教信仰多种多样，加之涉及多元主体和民族宗教人士，致使基层群众上访、聚众静坐事件不断发生，利益冲突激烈化。

2008 年 3 月 14 日，拉萨发生的打砸抢烧事件迅速波及甘南藏区，他们煽动不明真相的僧人及群众，大肆进行打砸抢烧等严重暴力犯罪活动，制造冲突矛盾，破坏甘南藏区的社会政治稳定，更对民族关系造成了巨大创伤。

## 小　结

宗教文化实际上是一种精神秩序，用卢曼的话说，就是宗教能在一定程度上克服现实世界的“偶在性”，维系着社会整合。藏传佛教非常能够体现宗教的上述特点。在藏区行走，与信徒打交道，每个人都会深切地感受到，一切社会关系，小到诸如婚姻家庭、亲朋好友之间的个体社会关系，大到社会群体之间、个人与国家之间，甚至人与大自然之间、物与物之间，都包含着深刻的宗教因素，形成了立体、网状的复杂精神结构秩序。藏传佛教所赞颂的无私与奉献、执着与不屈、稳定与真诚等高度抽象化、理想化的神圣情感因素成为藏区社会秩序的基调。这样一来，被宗教的神圣性所引导，藏区那些原本属于人与人之间、人与物之间的世俗社会关系，那些原本因生命纷杂的多元性所产生的矛盾，都基于恭顺佛祖的需要，熄灭了让冲突爆发出来的冲动。因为如果那样做，会破坏心灵在神圣的幻象下所能获得的安全感。这样一来，客观上使得世俗矛盾得到表面上的消解。

也正是源于宗教的情感性因素过于深厚发达，非情感的理性因素短时期内难以在藏区这片广袤土地上快速发育并壮大。科学主义、理性主义，这两面作为曾经开启了启蒙运动引发西方社会现代性转型并随即席卷全球的理论旗帜，并未在藏区的社会现代性转型现实发展中引导出现人们所预判的画面，并没有出现西方社会所经历的由张扬“人性”而导致“人类中心主义”和“极端个人主义”，由张扬“理性”而导致工具理性至上、唯科学主义泛滥的情况。可以说，藏传佛教在现代性转型过程中，出现了中心与边缘的分化。一部分藏区信徒的宗教信仰，在现代化市场经济冲击下有不同程度的弱化，当代的青年僧人不仅学习宗教知识，也比较注重对非宗教知识的掌握，似乎出现了西方宗教社会学家所言的“世俗化”倾向。但是应当看到，这种情形基本发生在交通便利、自然地理条件较好的平原农业藏区或者杂居地区。在青海青南、甘肃甘南、临夏等高寒山区藏族人口较为集中的地区，寺院教育依旧发达，宗教信仰气氛依旧比较浓厚。整体上看，藏传佛教世俗化的进程并不是那么显著。

不仅如此，在西北地区发生急速现代性转型的大背景下，藏传佛教继续以超验的知识体系对信徒的个体生存和社会发展产生广泛的影响。西北社会现代市场经济的冲击，竞争机制的引入与被广泛推广，都给藏传佛教信徒造成了诸多风险社会的精神危机。他们需要一种固定的精神标尺来维持精神世界的秩序，也需要情感安慰来消解竞争带来的焦虑感，需要某种具有神圣性的非理性因素来主导他们的生活。因为他们千百年来习惯了先安稳心灵之需，后稳定现实生活。于是，藏传佛教就展现出它在现代性面前新的聚合能力。信徒个体之间并不因对他人的透彻了解、充分理性判断而撤下陌生个体间的藩篱，而是仅仅因为共同的宗教情感就能迅速建立起信任和忠诚的非理性关系。这样，藏传佛教的现代性转型便成了一项独具个性的案例。因为它尚未经历理性主义、科学主义所引发的大规模世俗化阶段，或者说即使有世俗化也只是局域世俗化，并未出现因现代性转型明显的社会以及宗教的现代性异化，而迅速陷入了反现代性的危机与困境。宗教民族主义、民族分离主义就是现代性异化发展的表现。藏传佛教实际上再一次借助于反思现代主义思潮登上信徒精神生活的中心舞台，在一定程度上继续扮演对现代性的批判者、超越者的主导角色。

现代化浪潮对藏传佛教信徒的冲击，主要体现在外在的物质生活现代化。至于内在的精神信仰现代化转型，还是心存一定的疑虑，抱着比较谨慎小心的态度，在一定程度上不太愿意彻底否定传统，不大可能迅速接受，并且改变自己的文化认同。因此，藏传佛教信徒之间因共同的宗教信仰而形成的信任关系，经过现代性的冲击、风险社会的压力而升华凝聚。一些人表现为与现代性形成一股对抗张力，在本民族内部强化认同意识，在不同民族间成为划分民族社会群体的心理边界。一些人表现为对传统与现代的纠葛抱着无所谓态度。对他们而言，神圣世界是否真实存在并不要紧，他们也不怎么去花费精力去展开理性逻辑判断。传统也罢，现代也罢，信仰宗教就是为了安稳自己的心灵秩序，满足对生命意义的精神探索，满足现实生活中人与人之间的顺畅互动。

# 第五章　基督教对西北民族关系的影响

唐朝时期，基督教被称作景教已经传入西北地区，但影响力微弱。主要的传入时期在鸦片战争以后，英、法、瑞典等西方国家的宣道会、神召会、内地会、协同公会、安息日会等陆续派出了传教士来到大西北“拓荒”，传播“福音”，为这片少数民族交错杂居、多元宗教文化并存的广大区域增添了新的文化因素。起初，传教士并不考虑民族因素，面向包括汉族在内的西北各民族中传教，投入了大量人力、物力、财力后不得不承认，面对众多信仰伊斯兰教、藏传佛教的少数民族人口，基督教几乎没有多少影响力。最后累积下来并加入基督教的基本上多是汉族人口，逐渐形成了稳定的信仰村落和信仰群体。

改革开放以后，内地基督教信仰急速增长，汉族流动人口把基督教再次带入到西北地区，西北汉族人口中的基督教信仰者快速增长，形成了西北三大宗教共存的格局。汉族基督教信徒在与信仰伊斯兰教、藏传佛教的少数民族社会交往过程中，因各自不同的宗教文化背景对民族关系产生了一些影响。但是，就课题组目前的考察结果来看，影响程度总体上有限，西北地区整体上保持着三大宗教多元共存的局面，即使历史上发生一些冲突，也发生在当地人口与基督教传教士、信徒之间，并未演变成大规模的民族间的冲突。总体上看，民族关系的主旋律是和睦的。

# 第一节　基督教与汉藏杂居地区的民族关系

## 一、基督教与藏传佛教在西北的相遇

在西方18世纪末期至19世纪兴起的“基督教福音第二次大觉醒”运动推动下，中国成为海外传教的重点地区之一。“在那些日子里，中国就是目标，就是指路星辰，就是吸引我们所有人的巨大的磁铁。”① 位于大西北的甘肃、宁夏、青海、新疆地区，被教会、传教士们认为是考验基督徒信仰程度的重要目标地区，陆陆续续派出了大批传教士来到当时荒凉、偏僻、保守、落后而又多民族人口众多的中国西北地区。

被认为是“西藏门户”的甘肃南部，居住着藏族、汉族、回族、东乡族、撒拉族、土族、裕固族、保安族、蒙古族、维吾尔族等多民族人口，成为传教士们计划实现福音传播突破口的首站。基督教内地会最早派遣伊斯顿和帕克来到甘肃南部汉藏杂居的卓尼寺台子一带传教，受到藏传佛教信徒的抵制，只得无功而返。后来，又曾经先后两次来到此地传教，都收效甚微。1887年，宣道会来到甘南地区，传教士克省悟、席汝珍采用与当地土司主动交好的方式，尽管受到了当地人的抵制，仍然在洮州建立了第一座教堂，发展了以大夏河流域为中心的信仰地点，辐射卓尼、拉卜楞、迭部、舟曲等藏族聚居地。稍晚还有基督教神召会于1908年前后进入岷县传教②，1924年在洛大建立“甘南藏族

① 碌曲县县志编纂委员会：《碌曲县志》，甘肃文化出版社2006年版，第46页。

② 中共甘肃省委统战部：《甘肃宗教》，甘肃人民出版社1989年版，第297页。

会”，1928 年在舟曲建立藏族会[①]。自 19 世纪中后期至 20 世纪 40 年代，甘南临潭、卓尼、迭部、夏河、合作、碌曲、玛曲、舟曲等广大藏族主要聚居区都有基督新教传教士进行各种形式的传教活动。

近代基督教开启西北第一大藏族人口省份的青海传教历程，最早开始于 1875 年和 1876 年，基督教内地会分别派传教士义世敦、巴格道来到青海。此后，经过陆续到来的其他传教士努力，于 1885 年建立了西宁传教站。开办了“福音客栈”，对来往住店的汉人、藏人、蒙古人以及穆斯林客人宣讲基督教，在街头演讲宣传，售卖藏文福音书。尽管当地藏人以及蒙古王公对传教士总体上态度友好，但是由于青海当时特殊的政治、经济、宗教原因，基本上收效甚微，很难真正进入藏传佛教、伊斯兰教信仰氛围浓厚的少数民族人口中。汉族人口要想在当地生存，也不得不顾虑当地少数民族人口的宗教情感，所以史料记载，基督教在青海传播的状况极少，显然传教活动基本失败。

基督教在甘南、青海地区的传教活动，遭到藏民的反对与抵制。美国传教士孙守诚在临潭旧城所建的福音堂曾三次被当地藏民焚烧。[②]“1898 年，德国人赫尔德乐由贵州到碌曲拉仁关、西仓一带活动，被当地群众驱逐。同年，英国人僖得生一行三人，由青海同仁到达夏河活动，立即被驱逐出境。1898 年，克省吾一行三人到夏河，受到当地藏人以及寺院僧人的棒子、土块、石头的猛烈驱赶，不让居留。”[③]“1902 年，常汝珍、克省吾一行四人赴卓尼活动，受到当地数十僧众的乱石追打，后疏通当地土

① 舟曲县县志编纂委员会：《舟曲县志》，三联书店 1996 年版，第 163 页。

② 中共甘肃省委统战部：《甘肃宗教》，甘肃人民出版社 1989 年版，第 297 页。

③ 参见青海省档案馆查阅的西宁府循化厅光绪二十五年（1899）特谕、谕文（档案号 7—2092、7—2165）。

司，才立住脚跟。”① “在洮州新城——甘肃的西南部，政府官员和宣传家们站在街道上做反对外国人的演讲，鼓动人们把外国人赶出去。”②

这些抵制活动从一个侧面间接折射出基督教在当地传播，影响了当时藏人社会的内部民族团结以及与汉回等其他民族的关系。宣道会在卓尼发展出一批藏族信徒，这些人受到了本村藏民的疏远，不得已迁出卓尼，移居洮州禄巴寺附近，被当地人视为汉人。汉族人口原本就是传教士们宣教的重点对象，如果加入基督教成为基督徒之后，就必须遵守教义不得跪拜偶像，不可以有其他信仰。这样一来，拜祭祖宗、给菩萨烧香、进关帝庙、捐钱修祠堂等传统民俗活动统统不能进行，引起了不信基督教的汉族群众的反感，同时也受到了同样具有佛教文化传统的藏族村民冷落疏远。杂居村落中平时原本能够和谐相处的汉藏私人交往关系，也不得不中断。信仰了基督教的汉人村落往往孤独地存在着，很难与藏族村落展开多方面的交往。原本属于普通的土地、草场、水源、牲畜纷争，由于双方不同的信徒身份很容易演变成为汉族与藏族之间的民族冲突。

传教士的到来，还加剧了当地藏人社会内部的不团结。基督教之所以能在藏传佛教文化氛围浓郁的藏人社会立足，除了采取常用的免费医疗、免费教育、赈济穷困、结交头人贵族等手段之外，还巧妙地利用了藏传佛教内部各寺院及属民之间的矛盾。《西藏的地平线》一书记载，正是由于利用了郎木寺的两座藏传佛教寺院色曲寺和古尔都寺之间的矛盾，埃克瓦尔得以在郎木寺

① 甘南州州志编纂委员会：《甘南藏族自治州州志》，民族出版社 1999 年版，第 1730 页。

② Roek, J. F. unpublished Manuseript: Exit From China in l927, Arnold Arboretum library, JP.

居住。埃德温能在最彪悍的迭部藏族中居住，也是因为租给他们房屋的男主人正与其他村落人发生冲突，为了报复，男主人将房子租给外国人居住以显示自己所怀有的最大恶意。① 基督教洋教士们的传教活动以及与当地人的社会交往，使得藏族内部原本存在的一些敌视冲突加剧，派系、寺院纷争愈演愈烈。

新中国成立以后，洋教士回到自己的母国。1950 年起，甘肃省开始了基督教三自改革运动。到 1966 年前夕，甘肃全省仅有基督堂 6 座，教牧人员 100 多人。② 在这样的政治大背景下，基督教与藏传佛教因两种宗教文化差异而导致民族间矛盾冲突几乎鲜有发生。

改革开放以后，由于中国较为宽松的宗教信仰自由政策、现代化思潮的迅猛冲击以及人口流动加速，在汉藏杂居的甘宁青地区的基督教信仰者人数迅速增长，主要的信仰人口仍然为汉族，自治自养自传，藏、回民族仍然保持着传统的宗教信仰，极少有加入基督教者。

## 二、基督教对汉藏杂居地区民族关系的影响

1964 年，美国社会学者帕克提出了衡量民族关系的变量，包括居住格局、社会交往、通婚、族群意识、偏见歧视、价值观等。民族关系和谐是民族关系的一种类型，目前国内外并无评价民族关系的成熟测量指标，故此考察一个地方民族关系状况，也可以参考帕克的变量。然而，民族关系受到多种因素的影响，宗

---

① ［美］罗伯特·彼·埃克瓦尔：《西藏的地平线》，刘耀华译，西藏人民出版社 1992 年版，第 1—14 页。

② 中共甘肃省委统战部编：《甘肃宗教》，甘肃人民出版社 1989 年版，第 305 页。

教因素只是其中的一个因素，况且民族与宗教二者之间并无直接的因果关系，上述变量也只能作为初步评价民族关系的参考。并且，鉴于基督教本身并无民族性特点，世界七大洲、五大洋都有信教人口，本研究并不打算对这些变量逐一采取调查问卷式指标测量。本研究尝试以甘南地区汉、藏、回杂居的某个村落为样本，只考察居住格局、社会交往、族际通婚、族群意识四个方面，来管窥当今社会转型时期西北地区基督教是否因其宗教因素会对民族关系产生影响。

课题组于 2014 年暑假前往甘肃临潭县的一个藏族、汉族、回族多民族杂居的村落 Y 村进行了田野调查。该村落居住着藏传佛教、伊斯兰教和基督教三大宗教信仰者。全村 75% 以上的人口为藏族，藏式的土木结构平房上到处飘扬着经幡，经济条件稍好的家户院墙、门楼上雕刻着藏传佛教传统的吉祥图案，时常可以看见院墙门楼飘出煨桑的烟雾。汉族、回族、东乡族村民住房多是较为现代的砖瓦结构，时不时可以看到各种半新不旧的小汽车、小型客货两用车停放在院门口。藏民则多半还是传统的上下两层杆栏式建筑。鉴于语言以及村民文化程度整体偏低等因素，本次调查以访谈、观察为主，调查问卷为辅。

### （一）居住格局

Y 村历史上是一个以藏族为主要定居人口的村落，藏族基本上都居住在村子的中央地带，房屋稍显古旧一些，院落面积比较小。汉族、回族大多是后来迁移来的，大多居住在村子的外围边缘，房屋和院落面积大一些，建筑样式新一些。也有一些世代居住于此的汉族、回族、东乡族插花状居住在藏族群居的中央地带，有些藏族也搬入村里统一在村子边沿开阔地带新建的小康房，不同民族比邻而居，整体上属于典型的大杂居、小聚居、各民族交错居住的格局。由国家投资扶持建设的村级柏油公路，贯穿全村，四通八达。沿着此路行走，可以随意到达任何一户村民的院门口。显然，该村的居住格局并没有因民族身份不同而刻意有所分离，现有的居住格局主要由历史以及国家经济政策因素形成的。在问及居住小康房的藏族，离开了村子中央的藏族聚居区与其他民族比邻是否觉得不方便时，藏族村民回答无一例外都觉得住进新房很好，没有觉得有什么不适应的。

宗教建筑的分布格局也是影响民族关系的一个因素。村子里有一座古老的小型藏传佛寺，位于村西头通往乡政府的交通要道上，藏民们日常的宗教活动都在这座佛寺里进行。在问及“回族、东乡族是如何进行其日常的伊斯兰教礼拜仪式”时，一个穆斯林家庭回答说，村子里穆斯林人口数量不多，没有能力筹资修建清真寺，平时一般都是在自己家里进行，主麻日去乡里的大清真寺做礼拜，完成重要的仪式。还有两户姓杨的汉族家庭是基督徒，平时就在自己家里做仪式，有时也会到乡里其他基督徒家里举行大礼拜仪式，但全部以家庭聚会为主，附近并无基督堂。只有县里有基督堂，每逢重要的节庆才去县里参加。Y 村通往乡级主干道路有一新一老两条路口，走老路口必然要经过这座藏传佛寺。由于旧路口距离居民近一些，方便一些，汉族、回族绝大多数情形下都是走老路口，并不会刻意绕行这座古老的藏传佛寺，有时还会与佛寺门口遇见的熟人热情打招呼。显然，该村的民族关系并未因宗教信仰不同而受到影响。各民族已经普遍形成了尊重他人宗教信仰的包容心态。

### （二）社会交往

社会交往是考察民族关系的最重要指标之一。社会交往虽然出发点基于民族成员个人与其他民族成员之间的私人交往，但是累加起来就构成了当地民族关系的重要组成部分，能够反映两个民族之间的整体交往程度。

是否能够进行日常的闲聊、文娱活动，可以折射出当地不同民族间的社会交往程度。根据社会学符号互动理论，人与人之间的互动主要以符号为载体来进行，行动者之间互动越频繁，彼此之间越能理解相互发出的互动符号；互动的频率越高，互动的范围越大，人与人之间的感情越深。在Y村，不同村民之间相互闲聊交往互动十分频繁。这一天下着毛毛细雨，气温骤降，笔者在村里道路上行走，碰见一位藏族大妈端着一碗面走着。我问她下雨天怎么还出门，要往哪里去？她笑着打招呼解释说，早晨做的稠面，儿子没有回来，饭剩下了，去看看王×家媳妇在不在家（汉族），端给她家的狗吃。于是笔者就随她一起来到村东头的王×家，进行走访调查。王×家的媳妇说：

> 我们两家关系一直都很好，经常串门。我们这里经常下雨，一下雨就不出门了，闷家里，经常那个互相串串门，大事小事都互相帮忙。我家的狗，是她家大狗下的娃，送给我的。我家院子里种的菜，她经常来摘，新鲜，我们没啥客气的。

如果对民族风俗习惯有较多了解，那么跨民族日常交往就会顺畅得多。调查问卷统计结果显示，当问及“你对藏族的风俗习惯有多少了解”时，Y村90%以上的汉族、回族家庭都明确回答“了解”。那些声称自己不太了解的村户，往往是平时在村子居住时间短、常年外出务工的年轻人，或者平时人际关系淡薄、与他人交往少，也不参加村里藏族人的红白事的边缘家庭。笔者观察发现，回族一般不到汉族、藏族家里去串门。汉藏交往则普遍得多，基本上没有多少风俗文化禁忌障碍。妇女们相互到对方家里去小坐聊天，家务活上相互请教，孩子们在一起嬉戏打闹，都很普遍。大部分藏族村民的穿着打扮，与汉族并无二致。

只有上了年纪的老人，才会着传统民族服饰。饮食上，基本都体现了西北民族饮食大杂糅的特点。藏族村民日常饮食喜欢食用西北地区常见的羊肉面片、手擀面、馒头、烤饼等面食，也炒菜、炖肉，受回族饮食文化的影响较深。当然，也会食用传统的糌粑面、酥油茶。

结婚在各民族中都是一件喜气洋洋的大事，村民们家里办喜事都愿意宾客满座，热热闹闹。Y村自古以来就是多民族杂居村落，彼此熟悉少数民族的婚礼风俗。无论哪个民族的村民上门道贺参加婚礼，主人都会觉得有面子，笑脸相迎。目前，婚宴也都跟城里人学在饭馆里举行，全部为清真餐馆，藏族年轻人如今也穿上了时尚的婚纱。葬礼方面稍有区别。婚礼和葬礼一般最能表现民族传统文化特性，维持民族边界文化符号。在Y村，我们可以明显看出，村民们更看重个人间的社会关系，注重维持社会人情网络，并不太在意民族身份，藏、汉、回族村民日常交往程度比较深，互动范围比较广，整体上形成了和谐、包容、开放、多元文化共存的民族关系。

值得关注的是，村子里仅有的两家基督徒的社会交往面比较窄。课题组第一次来到Y村，向村干部打听村里的基督徒住址。村干部说，这两家人紧挨着住邻居，平时不太与村民来往，只跟县里基督徒走得近。他们家里有大事小事都不请别人（指村民）参加，住得也离大家远，在村子的最边上。课题组一边走一边向村民打听去这两家方向的路。来到其中一家基督家庭，男主人用略带惊讶的表情接待了我们。课题组进行了无结构访谈，男主人说：

> 我们家到底是汉民还是藏民，自己也搞不清楚。老辈人说祖上是卓尼那边的藏族，一直住在S村。后来曾经招了一个汉族女婿，打那时候起，我们家里人祖祖辈

辈都有和汉族人结婚的。老辈人在新中国成立前信了教，在那村住不下去了，那里全是藏族，看不惯我们家，就搬到了这里。我们觉得自己是汉族的，户口上也写汉族，藏语一句不会。我正想着改回藏族，眼看着大姑娘要考大学了，藏族可以享受民族政策。去县里问了几趟，人家说不给改。

我们从小就入了基督教。其实也没啥，我觉得跟其他人生活没啥不一样的。村里人不理解呀，老是看不惯，觉得我们中国人怎能信洋人教。他们藏民能信教（指藏传佛教），回民能信教（指伊斯兰教），我们为啥就不能信教？我们这里算好的。

上述访谈从一个侧面折射出基督教在西北多民族杂居地区的状况。史载基督教在甘南地区传教曾多次发生教案，中西文化的冲突造成它一直未能真正得到当地少数民族群众的接纳。加之藏传佛教、伊斯兰教信徒人口数量庞大，面对有限的信徒资源，基督教只能在汉族中发展信徒。基督教在多民族杂居的当地被视为汉人的宗教，在汉人中又被视为洋人的宗教，处境比较尴尬，对当地民族间进一步交往有一定的影响。

一个典型的例子可以说明基督徒的尴尬情形。临潭县罗卜沟村先后于1995年、2005年两次发生当地群众与基督徒冲突事件，起因是为了举办社火、翻修戏台，该村向每家收取赞助费。基督徒认为这是搞偶像崇拜活动，违反教义，拒不缴纳。矛盾爆发，村民们以基督徒是外国人为由不让基督教家庭用村子里的水源。后经临潭县民族宗教事务局出面调解，才平息。

课题组访谈的Y村这两个基督教家庭，虽然没有与其他民族村民发生过冲突，日常村民节庆仪式的捐款捐物活动也都参加，但是可以看出他们属于有意无意被孤立的小群体。他们平时独来独往，不串门聊天，不参加村里的公共文化娱乐活动，家里的小孩子不跟其他村民的孩子玩耍嬉戏，婚丧嫁娶等重要公共礼仪事项都是邀请本县基督教内群体的教友参加。显然，基督徒在汉藏杂居地区，在当地强大藏传佛教文化氛围下，很难跟当地藏族村民展开日常互动交往。不信仰任何宗教的汉族村民在汉藏杂居地区的藏族人口众多的村落，原本就属于少数群体，为了拓展社会关系网络，在村里立足扎根，也都不太与汉族基督徒的进行日常交往，主因还是中西方文化、本土文化与外来文化的冲突。从这个意义上说，这并不会对少数民族与汉族之间的社会交往产生必然的阻碍作用，宗教冲突与民族关系两者之间并无直接的因果关系。

### （三）族际通婚

穆斯林家庭、基督教家庭村民不会跨越族际、跨越宗教信仰通婚。然而，并不能就此得出宗教信仰成为跨族际通婚的障碍进而影响民族关系的结论。因为宗教信仰与民族关系之间并非直接的因果关系，其中还会受到其他多个中介变量的复杂影响。

其一，婚姻的缔结，受到很多因素的影响。双方的民族成分、宗教信仰固然是一个重要指标，但是，经济条件、社会身份、文化程度、感情基础等都是重要的影响因素。尤其在当今市场经济浪潮冲击下，即使信仰同一宗教、属于同一民族，经济条件也往往成为两家缔结婚姻的考量因素。因经济条件达不到女方要求而闹退婚的纠纷也不少，宗教信仰差异并不是唯一的影响族际通婚因素。其二，在一个村级单位讨论异族通婚问题，显然不符合实际生活情形。即使双方家庭都属于同一宗教群体、同一民族身份，本村人相互通婚的状况也不多见，更多的情形是适龄男女青年与外村人结婚，尽可能扩大自己的亲属群体范围，增加社会关系网络。其三，藏传佛教并不禁止信徒与其他民族结婚。课题组与村民闲聊，听说村子里就有两户汉族小伙子和本村的藏族姑娘结婚。其中一个汉族小伙子不信仰任何宗教，从小就和藏族妻子是村里小学的同班同学，相互熟悉了解，有一定的感情基础。小伙子初中毕业后进城务工赚了些钱，买了一辆小货车跑货运，家里经济条件不错，藏族姑娘的父母也乐意把姑娘嫁给他，并不介意小伙子不信仰藏传佛教。另一位汉族小伙子是在兰州饭馆打工时，与同在兰州务工的藏族姑娘相识，自由恋爱，愿意到姑娘家上门落户。俩人结婚以后，又返回兰州继续打工。显然，这两个案例的共性是，年轻人追求以感情为基础的婚姻，宗教信仰、民族身份并没有成为族际通婚的主要障碍。

在当地人的访谈也印证了这一点。在问及“是否同意自己的孩子和汉族、回族结婚”时，一位藏族老大妈说：

> 现在的年轻人，都讲究自由恋爱，我们当老人的也不管了。找藏族的可以，找汉族的也行，不信教（指藏传佛教）也行。现在都看经济条件，条件好，人品也得好。回族的不行，生活习惯也不一样。不同意结婚不是宗教问题，还是要考虑生活。平时村里我们跟回民关系也好，大事小事都互相帮忙。

当地的藏民、回民信仰其本民族宗教，不在基督徒缔结婚姻的可行范围之内，这就基本上阻碍了信仰基督教的汉族与藏民、回民之间的通婚可能。甘南、青海汉藏杂居地区，信仰基督教的汉族人口本来就很少，家族内传承的封闭性、历史以及现实宗教格局情形决定了它在这一地区发展空间有限，信徒数量短时期内不太可能有快速增长，即使基督教在现代文化冲击下呈现出明显的世俗化特点的情形，汉藏杂居地区的基督教反而继续维持着封闭性、滞后性和保守性的特点，对跨族际通婚产生了比较明显的影响，但是我们也不能由此得出其影响了汉藏民族关系。因为信仰基督教的汉族人口数量在当地汉族人口总数中所占比例总体上还是很小的。汉藏之间民族关系和谐与否，还是要看整体民族关系，而不能仅凭数量很少的信教汉族人口不与其他民族通婚来得出片面结论。

### （四）民族意识

民族意识，概括地说，“就是综合反映和认识民族生存、交往和发展及其特点的一种社会群体意识，包括了对本民族特点、历史传统、生存发展条件与其他民族交往环境条件的认识，分为民族自我归属意识、民族认同意识和民族分界意识三个层次”①。民族意识的正功能在于能够产生民族内部的凝聚力、向心力、推动力和协调力。负功能在于其具有一定的狭隘性、保守性、排他性和利己性，对民族间正常交往、民族文化融合可能会产生一定的阻碍作用。

课题组在甘南地区汉藏杂居的多民族村落进行实地田野调查，发现在物质利益、市场竞争和民族精神文化复兴的大背景下，各民族都有民族意识增强的趋势。西北地区整体上自然条件相对恶劣，适宜人类可居住生存的土地资源十分有限。10 年西部大开发，最重要的影响是把市场竞争观念强力注入封闭落后的西北地区，市场在资源配置中起到基础作用，优胜劣汰的竞争格局形成，引发了一定程度上的族际间关系紧张。在精神文化领域，宗教占据民族文化的核心部分，日益孕育激发民族意识，成为强化民族意识、清晰民族边界的最简单工具。

基督教在甘肃、青海地区，被当地少数民族群众认为“汉人学洋人的宗教”，意指只有汉人才会去信仰，实际生活中演化

---

① 图道多吉：《中国民族理论与实践》，山西教育出版社 2004 年版，第 67—68 页。

为民、汉之间社会群体划分的标志之一。虽然基督教教义本身并不刻意区分信徒身份，面向各族人口传教，但是在西北多民族杂居村落，基督教却在一定程度上激发了当地少数民族的民族意识。当然，应当客观地看到，这种现象主要通过社会生活间接产生，属于事先没有预料的后果。一个典型的例子是，近年来西北地区大批汉族青年农民工外出务工，一部分人加入了东南地区的基督教，返乡时又带回了家乡。一些藏族、回族老人原本就对这些穿着时尚、举止前卫、花钱大手大脚的年轻人颇为看不惯，加之听说汉族年轻人入了基督教，往往会连连摇头叹息，认为是年轻人被“洋人的宗教”教坏了，禁止自己家的孩子与汉族青年有密切交往，“以免学坏”。这就意味着，少数民族村民的民族意识在某种意义上被强化了。

民族意识的增强，还表现在当地群众对本民族的发展状况颇为关心，对国家实施的少数民族优惠政策耳熟能详，对当地基层干部的民族身份颇为看重。课题组任意跟一个藏族人闲聊基督教，他们都会以轻松的语气说：“我们藏民，就算不信藏传佛教，也不可能去信基督。我们是藏族地区嘛，国家优惠政策肯定会考虑优先支持我们藏民。要是去信基督教，那成啥了？处处都不方便。我们到政府办事，找藏族的领导，一个民族的，交流方便；信了基督教，就不好办了。我觉得，我们民族地区选拔、培养、任用基层干部应该多培养少数民族的，便于开展工作。”

民族意识增强，一方面是当地少数民族群众追求政治、经济、文化平等发展地位的表现，显示出西部大开发时代民族地区强烈的加速发展意愿，是进步的表现；另一方面，当地的一些少数民族干部群众，民族优越感过于强烈，只愿意听别人对本民族的赞扬，听不进别人任何一点儿对于本民族的善意批评，尤其没有耐心听对方详细解释，强烈的民族意识往往会导致当场发火或与他人争吵，不利于民族关系和谐。

## 第二节 基督教与汉回杂居地区的民族关系

### 一、基督教与伊斯兰教在西北地区的相遇

基督教与伊斯兰教在中华大地的相遇，大体源于清末鸦片战争以后。部分西方传教士被教会派遣到中国西北地区，打着旅游、探险、游学的旗号尝试接触当地民众。

基督教进入甘肃和青海藏区向藏民传教，也同时向穆斯林人口、汉族人口传教。基督教进入穆斯林人口数量庞大的宁夏，始于1877年，义士顿、巴格道等传教士经甘肃进入宁夏，但只是初来此地，稍作停留，并没有与穆斯林接触。后来又于1883年再次来到宁夏。这次他们向当地穆斯林售卖圣经书籍，多次讲经布道。一开始，穆斯林并没有被当作特殊的传教对象，跟其他西北民众一样，传教士向他们售卖福音书籍，街头宣教，到穆斯林家里做客闲聊。[①] 他们发现，虽然当地穆斯林客气礼貌地对待他们，一旦谈到基督教教义，当地穆斯林就转身而去，拒绝再交谈，传教工作很难展开，最终只得放弃。

基督教进入新疆，分别由甘肃和中亚地区东西两路传入。东路开始于1888年，基督教内地会传教士巴格道经甘肃沿着河西走廊第一个进入新疆传教。西路中亚线则发端于1892年，瑞典行道会派出了传教士豪伊杰尔初进新疆。1906年，英国传教士何洁经中亚地区进入新疆喀什，建立了第一个基督教传教站。当

① From. “The Diary of Mc G. F. Easton”. China’s Millions. Vol. 2，No. ll，November，1877：141.

时新疆军阀混战，基督教被看作是洋人势力深入疆内，引起了军阀的高度警惕，随后展开了一系列打压活动。盛世才主政时期，累次制造“阴谋暴动案”，基督教被牵连。“瑞典教堂在新曾作反对政府，进行密探工作之事。实当南疆事变时，叛首伪第六师代理师长阿不都尼牙孜曾致函驻莎车福音教堂，内容系感谢该牧师此次查出对政府忠实人员及帮助计划等云，又查出冯祥者给教堂报告莎车驻军兵力、军官姓名及户口等。新省政府认为该中国籍人员给该教堂作密探实属危害，当即将充密探人员逮捕。”[①]外国传教士全部被捕入狱，教会财产充公。到新中国成立之时，全新疆的基督徒数量不超过1000人。

青海省的河州地区是穆斯林主要聚居地，传教士投入了很大的热情和精力。特别是1895年爆发的河湟起义，河州地区到处都是战乱造成的病人和伤员。传教士们积极开展慈善医疗，抢救病人，赈济饥民，种种善举尽管受到了当地穆斯林以及士绅官员的感谢，对于他们的慈善工作给予了高度肯定，甚至为了回报，从传教士手里购买了数千册福音书籍。但是，基督教在这里遭遇的情形，与在西北其他穆斯林地区十分相似。当地的穆斯林“对于外来的福音，恒抱反对的态度，拒绝的心理，虽然河州是穆斯林聚居区，是中国的‘麦加’，但宣道会却只负责汉民工作，而由内地会负责穆斯林工作”[②]。显然，从历史上看，基督教在西北回族地区传教，虽没有遭到明显的抵制，但收效甚微。与上一节向藏人传教结果类似，传教士最终都基本放弃了向少数民族传教，集中力量主要发展汉人加入教会。

---

① 《盛世才就瑞典教堂在新行密探事致军事委员会的电稿》（1938年2月7日），新疆维吾尔自治区档案馆。

② Rev. C. F. Snyder. “The Work in Ho—chow”. The Alliance Weekly, Vol.68, No.4, January28, 1933: 58.

从基督教在西北穆斯林地区近百年的传教情形来看，总体上是和睦友好的，几乎很少发生大规模的宗教流血冲突教案。两大宗教教义上的分歧，并未演化为成规模的民族间矛盾对立。这与当时的政治背景、两种宗教文化上的亲缘性、以慈善为载体的传教方式等密不可分。这里再一次证明了，宗教问题虽然与民族问题密切相关，但并不必然有因果关系。

## 二、基督教对汉回杂居地区民族关系的影响

回族是中国最大的散杂居民族，与其他民族社会交往对象，主要就是汉族。回汉民族关系和谐与否，直接影响到西北地区的社会稳定、西部崛起、经济可持续发展及国家安全。西北地区汉回两个民族已经有着悠久的杂居历史传统，总体上形成了和谐共存、相互包容、频繁互动的格局。

新疆昌吉回族自治州自古以来是一个多民族交错杂居的地区，现在境内居住着回族、汉族、哈萨克族、维吾尔族、蒙古族、乌孜别克族、塔塔尔族、东乡族、满族等 36 个民族。2010 年，自治州总人口 1428587 人，其中汉族 1075852 人，占总人口的 75%；少数民族人口 352735 人，占总人口的 25%。各民族的人口构成比例如表 5—1 所示。当地流传有伊斯兰教、基督教、佛教、道教，是一个较为典型的西北多宗教、多民族地区。

本研究以新疆昌吉回族自治州为例，对昌吉市区及其所辖农村进行实地调研，来尝试探讨基督教这一新异域文化的传入，对社会转型新阶段的西北地区回汉民族关系是否会产生影响以及产生怎样的影响。

表5—1　昌吉回族自治州民族构成（2010年11月）

| 民族名称 | 人口数 | 占总人口比例（%） | 占少数民族人口比例（%） |
|---|---|---|---|
| 汉族 | 1075852 | 75.31 | / |
| 回族 | 136013 | 9.52 | 38.56 |
| 哈萨克族 | 133286 | 9.33 | 37.79 |
| 维吾尔族 | 63606 | 4.45 | 18.03 |
| 蒙古族 | 5214 | 0.36 | 1.48 |
| 东乡族 | 3176 | 0.22 | 0.90 |
| 满族 | 2264 | 0.16 | 0.64 |
| 乌孜别克族 | 1727 | 0.12 | 0.49 |
| 藏族 | 1502 | 0.11 | 0.43 |
| 土家族 | 1171 | 0.08 | 0.33 |
| 其他民族 | 4776 | 0.33 | 1.35 |

资料来源：《中华人民共和国全国分县市人口统计资料2010》。

1. 推动杂居地区民族经济向市场经济转型

新疆处在西北边陲，市场经济发展受到历史和现实因素双重影响，一直步履维艰、困难重重，少数民族经济尤为落后。昌吉州有23个自治区级扶贫开发重点村，绝大多数都具有少数民族人口多，具有位置偏远、土地贫瘠、干旱缺水等特点，农牧业生产条件恶劣，基础设施建设滞后，抵御自然灾害能力薄弱。虽然少数民族人口勤劳努力，但是农业生产长期在低水平徘徊；虽然有众多质优价廉的民族特色农产品，但缺乏市场竞争的意识和能力。1992年以后，中华大地掀起了新一轮从计划经济向市场经济剧烈转型的热潮，昌吉州的少数民族经济仍然步履艰难。关内大批的江浙商人精明地发现昌吉回族自治州距离乌鲁木齐很近，属于乌昌经济圈，公交车不到30分钟即可到达。于是抓住有利时机，迅速来到昌吉州开拓市场。与此同时，基督教借助商贸活动也在昌吉当地快速传播开来。随后，大批从关内进疆的务工、经商人口也迅速涌向新疆，一部分人在昌吉州沉淀居住下来，其中就包含相当数量的基督徒。

这些来自关内的基督徒走南闯北，见多识广、眼光开阔、社会交往面宽广，为推动昌吉州当地少数民族经济发展起到了促进作用。一方面，新教所推崇的勤奋劳动乃基督徒之天职的观念，精打细算、勤俭节约以成为荣耀上帝的教民之观念，给当地少数民族带来了新的经济观念，对于推动少数民族转变传统的经济观念，了解、认识市场竞争的意义，改变过去粗放式的经济模式，从而为接受市场竞争、参与市场竞争打下了基础。同时，这些基督教的宗教经济伦理，也与社会主义市场经济秩序所要求的经济道德基本一致，受到了当地各族人民的认可。另一方面，基督教教义倡导的爱人如己、宽恕、慈善、不撒谎、互助友爱等伦理观念，在这些基督徒身份的汉族商人、务工人群中得到了一定程度的外在行为表现。比如，不卖过期变质产品、不缺斤短两，童叟无欺，这在一定程度上更容易展开民族间经贸往来，对于减少因激烈的市场竞争所造成的矛盾冲突具有较好的引导、缓解作用。

2. 服务社会，为农民工、困难户排忧解难

昌吉州常年有数量庞大的外省进疆务工群体，多数为甘肃、宁夏、青海等地的农民工，由于学历低、缺乏专业技能、年龄偏大，又因为在东部发达地区用工市场缺乏竞争力而转移到新疆寻找就业机会。每年还有数量可观的秋季进疆采摘棉花的短期季节工，他们来源地域复杂，有中老年人、低保户、失业人员等。另外，昌吉州下辖的区县，市场经济发育程度仍然不高，本地尚有为数不少的城市下岗失业人员，靠打短工、政府救济、亲友资助以及再就业安置为生，他们普遍收入不高。

昌吉州当地的基督教组织坚持爱国、爱家、服务社会的精神，经政府批准，可以参与对弱势群体的慈善救济工作。在有基督教组织的县乡，他们积极抓住这一有利时机，主动关心生活困难的外来务工人员，为其提供必要的生活物品；遇有疾病、子女上学、老人去世等实际困难时，还捐款捐物，四方奔走联系，排忧解难；遇到外来务工人员心理压力大时，主动与其交谈，以基督教的仁爱精神疏解弱势群体的心理障碍。此外，本地基督徒还为外来务工人员讲解民族风俗习惯，介绍新疆本地民族特色饮食、手工艺品等。由于双方同为汉族，很快消除了外来务工人员的隔阂心理。外来务工人员能够较好地融入当地的生产、生活中去，近年来几乎没有发生过民汉之间由于文化冲突导致的纠纷。基督教在一定程度上发挥了社会润滑剂作用，为防止民族间产生矛盾冲突、减少犯罪做出了一定的贡献。

3. 稳固了多元民族文化交融并存的格局

昌吉州地区的常住人口，多为清朝以后逐渐迁徙来的，历史上自然而然形成了多民族混居的格局。加之西北大开发的强力推动，该州在城市实施了老城区危旧房拆迁改建扩建工程，在农村实施了小康村建设工程，在牧区实施了定居富民工程，又在团场实施了小城镇工程，原本一些历史上形成的回族聚居区正在被加速散杂居化，民汉之间混居的格局日益突出。根据社会学互动理论，社会互动越频繁，人们之间的感情越深。顺利开展互动的条件之一，便是居住得近，即所谓“远亲不如近邻”。“群体关系的空间是一个包含了意义生产的物理和文化的结晶，这种意义生产则是一种以某种方式将人们与空间相联系，同时使得人们之间相互支持与信任的过程。”① 在昌吉州，无论城市还是农村，基

① 陈福平、黎熙元：《当代社区的两种空间：地域与社会网络》，载《社会》2008 年第 5 期。

本上见不到回族人口高度聚居的单一穆斯林社区。从总体上看，这种日益交错混居的格局对于民族间日常社会交往、民族文化的交融，产生了一定程度的积极影响。

昌吉州当地的回族与汉族一起，吸收了当地维吾尔族词汇。比如，“海勒买斯”（总共）、“巴郎子”（小男孩）、“亚克西”（好）、“皮牙孜”（洋葱）、“巴扎”（集市）等，当地的基督徒也使用上述方言进行交流，演变成了各民族通用的词汇，显示出很强的民族文化交融特点。同时，昌吉州的回族虽然通用汉语，但是这种具有浓郁陕西方言、西宁方言的昌吉普通话里，仍然保留着大量阿拉伯语、波斯语词汇。如阿拉伯语的“顿亚”（世界）、“塔里布”（学生、学员）、“阿林”（有知识的人），波斯语的“多斯体”（朋友）、“拍热”（神灵）等，在族际文化交融之时，仍然保留本民族的文化特征。

在饮食文化方面，长期的交错杂居，使得汉族居民也十分喜爱牛羊肉。回族人喜爱的三炮台盖碗茶也常常出现在汉族人招待客人的桌面上。粉汤、油香、馓子、油果子、手抓肉受到汉族群众欢迎。昌吉市街头清真饭馆鳞次栉比，里面挤满了就餐的汉族人。举办婚礼也都喜欢邀请本单位的汉族同事参加，目前年轻人也热衷于请婚庆公司的专职司仪主持婚礼，基本流程与汉族婚礼大体相似。昌吉州当地正月十五有举办社火的习俗，在舞狮子、划旱船、踩高跷、扭秧歌等汉族民俗艺术里，每每会出现回族的“花儿”游行庆典队伍的身影。

一定程度上的民族文化融合，有利于民族间交往，有利于建立和谐友好的民族关系。但是也应该看到，尽管当地多民族文化交融的特征十分明显，但是伊斯兰教文化仍然在当地占据着非常重要的地位。基督教作为一种主要在当地汉族中传播的新外来文化，无意间进一步清晰了回汉之间民族文化的边界，加大了回汉之间进一步文化交融的难度。当然，凡事都有两面性，从另一个角度看，客观上也有利于保持民族文化多样性。

4. 基督教对汉回杂居地区民族关系的影响

目前，昌吉州当地的家庭教会发展速度很快，形成了所谓"河南队""浙江队""东北队"等，以外来务工人员、本地老年人、下岗失业人员为主要成员，文化素质普遍偏低，生活窘迫，相当一部分人患有不同程度的疾病，加入教会的目的，多为期望保佑家人平安、寻找精神慰藉。在一个昌吉州下辖的村，笔者通过各种社会关系，得以进入一处家庭聚会场所。它位于一家农户院子里一处闲置的房子里，地面铺了廉价的瓷砖，屋顶安装了数盏电灯，照明效果差，光线昏暗。它被农户以每月 150 元的价格租给了该家庭教会群体。课题组在现场看到如下场景：

> 屋子正中间摆放着耶稣的石膏塑像，身上被丝绸包裹住大半个身体。塑像前摆放着塑料花、水果、馒头、五谷杂粮作为贡品，两边摆放着小香炉，但实际上并不燃香，只是插着几炷香当陈设。到场的成员大约有十二三人，正在坐等仪式开始。他们高声闲谈，三两个男人抱怨这几天气温骤然升高，水管站迟迟不给开闸放水，地里的庄稼快要旱死了。一个妇女在抱怨家里的穷亲戚又上门借钱；邻座另一妇女让她帮自己用胳膊撑毛线卷，一边缠毛线团一边随声附和。
>
> 仪式开始了，领头人先代替大家向耶稣塑像致敬。他先是站直了身子，表情庄严肃穆，然后上半身稍前弯，呈 15°鞠躬状。随后又站直，小声地启唱，领着大家集体唱圣歌。唱了约三首歌之后，接下来的程序应该是领头人讲经说道、个人信仰表白见证等。令人诧异的是，此时领头人拿出两大袋炒瓜子，给大家分发。众人嬉笑着一边噼噼啪啪嗑着瓜子，一边听着领头人讲经及

信徒个人信仰表白。每当一个成员上前讲述自己的身心感受前，都必须先到耶稣石膏像前磕头跪拜一次，上一炷香，然后才转身来讲述。一位老年妇女反反复复描述自己健康状况很糟糕，全身如何不停地难受疼痛，甚至把医院的病历、X光片拿出来展示，底下的听众已经显示出颇为不耐烦的神情。嗑瓜子、交头接耳闲谈的声音愈发嘈杂了。

很明显，昌吉州当地家庭教会的情形与新疆其他地、州情形相似，掺杂了大量民间迷信，“实际上是鬼神观念普遍的中国老百姓在信仰对象上的一种转移或移情”①。与领头人的闲聊也证明了这一点。领头人坦言，自己大半时间都花在帮着群员看病历、做心理安慰方面。每天都有群员登门向他诉疾病之苦，打听哪家医院技术强、哪些医生技术好、哪个私人关系熟，不胜其烦，但是也无可奈何。因为前些年发生了一件事，改变了他对群员高标准、严要求的态度。领头人说：

两年前，我们村刘×家里来了一位甘肃亲戚，叔伯堂兄弟，在老家（指甘肃）已经信主了，来新疆打工，到我们这里做礼拜。肺癌晚期，谁也不知道。没钱看病，经常禁食跪拜，一祷告就是几天几夜。那时候我还心里很高兴，终于来了一个真心信主的人。结果呢，没多久死了。他家属一趟趟到我们这里闹，说是我们给害死的。这屋里都给砸了个稀巴烂，叫了一大帮子老乡来打我们。唉，那时候天天头疼死了，很多事情，我也不想管，得罪人。

① 汪维藩：《谈基督教的现状问题》，载《宗教》1991年第1期。

近年来在昌吉州出现的冒用宗教类邪教组织，社会危害性大。[①] 它们四处传播与法律、法规相违背的邪教材料，宣称“只要信教、信神，有病不用吃药打针，有病治病，无病保平安”等谣言。事实上根本不懂得基督教常识。

实地调研中发现，昌吉州的基督教发展速度很快。昌吉市的一座教堂，上下三层楼，建筑面积达 1400 平方米以上，耗资 100 多万元，全部由外来经商人员以及本地信徒集资募捐修建。在基督教重要的节日诸如感恩节、圣诞节、耶稣受难日时，这里成为当地很有名的信徒常聚之所。但是，到教堂做礼拜并不是主流的信仰表达方式，主要组织方式为家庭聚会，以至于这座教堂平日里并没有多少信徒前来，变成了当地婚庆公司拍艺术婚纱照的外景地以及观光游览的景点。

家庭教会主要以家庭为基本活动单位，向熟识的亲朋好友传教。他们基本不去教堂过公开的宗教生活，也没有固定的崇拜程序和仪式，而是以某个家庭聚会点为主要活动场所，在共同的血缘、地缘以及共同的心理意识影响下，往往极容易形成小团体、结成小帮派，特别是在流动人口、外来人口多的地区，这一特点在当地某小商品批发市场十分突出。

这个小商品批发市场聚集着大量来自市场经济起步较早的东部沿海 W 省的人。他们白天务工经商，晚上就去老乡家里从事宗教活动，形成了“老乡”加“基督徒”双重身份强化叠加的小群体，内部关系十分紧密。该省商人在批发市场抢占优势地盘，结成价格垄断联盟，挤压非基督徒正常的商业活动，多次发生集体殴打生意上具有竞争性的其他商贩。种种破坏正常商业活动的行为让其他商贩十分反感。当地的汉族商贩也尽可能回避与

① 王慧敏：《新疆维吾尔自治区昌吉州各界合力抗邪教》，http://www.sina.com.cn/0/2006-06-01/01272678942s.shtml，2004 年 6 月 1 日。

他们的接触，以防发生事端。这种帮派意识，如同无形的篱笆，不仅阻隔了商贩之间的互帮互助，也十分不利于当地市场经济健康秩序的发展，事实上还阻碍了民汉商贩间进一步交流互动，干扰了民族关系。

从古至今，新疆因独特的地理位置，一直是各种力量渗透、角逐的重要地区之一。西方基督教会在香港、韩国设立了专门的传教机构，专门研究向包括新疆在内的中国西部少数民族传教。

西部大开发战略为新疆提供了广阔平台，也同时为疆外各种基督教渗透势力推行“福音西进”计划提供了机遇。如果是符合中国法律政策的正常的宗教活动，也无可厚非。可是，一些所谓的“自由传道人”，以探亲、务工、扶贫、旅游等为名，秘密走家串户，散发宣传品，讲经布道，以体弱病残、下岗职工、失业人员和少数民族青少年群体为重点发展对象，利用诸如免费发放洗衣粉、卷筒纸、牙刷牙膏等廉价日用品反复进行物质引诱，拉拢群众信教。他们巧妙利用基督新教家庭教会的活动特点，不去公开的教堂进行礼拜活动，而是私设聚会点秘密活动。他们的非法传教活动非常隐秘。一般情况下，在一个地方停留一周就悄然离去，只留下境内外基督教网站的网址、个人的网名和电子邮箱。当地人连他们的姓名、住址，电话号码都不知道。

昌吉回族自治州距离乌鲁木齐仅仅 38 千米，距离乌鲁木齐国际机场仅 18 千米。那些在乌鲁木齐活跃的境内外基督教组织也逐渐发展到昌吉州地区。他们以家庭聚会活动为存在方式，向少数民族青年学生传教，在当地的回族、维吾尔族、哈萨克族、蒙古族群众中发展了一些信徒。在传教过程，他们普遍对新疆当地宗教怀有明显的排斥心理，极易成为引发不同宗教信徒之间的矛盾的隐患。各种不同的外来进疆传教势力还常常为争夺发展信徒轮番登门游说，指责其他传教组织如何如何，甚至动员那些已经加入某一宗教组织的当地群众退出来重新加入自己所极力宣扬的组织，不仅造成当地群众思想混乱，造成教会内部不正常发展，还破坏了当地群众的团结。

尽管从总体上看，当前基督教还只是初步尝试向新疆少数民族传教，并未出现明显的宗教、民族冲突，但值得警惕。

## 小 结

基督教在西北地区的迅速传播，基本上主要发生在改革开放以后，大体与西北地区社会的现代性转型同步进行。与伊斯兰教和藏传佛教相比，由于传播历史较短，它缺少了与旧有基督教传统的反抗、犹豫抑或坚守过程。与西方基督教艰难的现代化过程相比，缺少了西方传统价值体系、现代价值体系和后现代价值体系共时性呈现。中国西北地区的基督教，不仅存在一个时代落差，也存在一个程度落差，基本上就是一个被当作西方现代性文化潮流之一输入并且落地生根的外来异质文化。换句话说，改革开放后，基督教一落地中国西北地区，就被视为天然具有现代性，不需要经历西北地区宏观社会结构发生现代性转型，然后再推动宗教发生现代性转型日趋世俗化这一历史进程。在西北一些偏远落后的地方，信仰基督教甚至成为当地年轻人追求现代时尚的表现。当然，它更不需要经历西方发达国家的基督教的反世俗化历程。因为中国社会从来就不存在一个全民信仰基督教的传统社会时期，基督教在中国西北地区缺少一个科学主义、理性主义过度泛滥对传统社会宗教权威的瓦解以致使得信徒丧失精神家园，进而反思、批评现代性的过程。

由于基督教在西北缺乏现代性转型进程，也就缺乏转型过程中的冲突、博弈、紧张对峙等内在非理性情感张力，就不可能成为现实社会整合的重要工具，也无法真正安顿信徒的心灵秩序。

在西北它是一个主要面向汉族人群传教的宗教，而汉族人一向没有把宗教文化当作民族文化的历史传统，基督教并不能成为民族心理意识的核心组成部分，也就不可能引发因宗教认同而产生的民族认同。至少从目前的发展情形看，基督教并不是引发西北地区一些地方民族关系紧张的因素之一，即西北民族关系的和谐与否，宗教因素确实起到了很大的影响，但这里面很难包括基督教。

当然，在西北地区产生的一些邪教组织，他们实施的一些反科学活动，危害到一些人的健康和安全。这里面的受害者就可能包括少量少数民族人口。但这并不能被看成是基督教现代性的异化，只能是名义上打着基督教的旗号，实则类似于外来文化与中国本土民间保守落后文化相结合的封建迷信变种而已。因为其消灾避祸、求医问药、升学加薪等功利主义色彩极为突出，谈不上有多么深的宗教情感、多么虔诚的信仰。这不是基督教世俗化发展到一定阶段的反世俗化倾向体现，也不是基督教发生现代性转型不足的体现，而是一股新的社会思潮的出现，与基督教本身没有多大关系。相反，可能会对基督教的现代性转型造成冲击和障碍。当然，抛开邪教之外，确实在西北地区也存在一些类似于西方社会的新型基督教群体，譬如家庭教会大量存在，宗教活动方式日趋小型化、社区化、地下化，但其数量和影响力都不算很大，是否算作基督教的后现代发展方式还有待进一步考察。

即便基督教在西北对民族关系的影响并不显著，仍然引发了人们对西北地区现代性的反思。西北地区的现代性转型问题，虽然使用了外在强制力的推动，但说到底毕竟还是源于其主体的内在需求。西北地区长期封闭、保守、落后，对新事物接受慢，对新变迁反应慢，各少数民族多数都习惯于过着宗教群体的集体生活。现代性转型需要张扬个体的主体意识，需要注入一种新的精神气质，一种直面现代风险社会的勇气以及接受多元文化的心理承受力。因此，西北地区的现代性是一个主体生成的历史过程。

# 第六章　现代性背景下妥善处理宗教与民族的关系

宗教与民族属于两个各自独立而又紧密联系的范畴。要妥善处理好民族关系，增进民族团结，就必须高度重视宗教因素在民族地区经济社会发展中的多方面影响。目前，西北民族地区正在经历现代化浪潮的迅猛冲击，伊斯兰教、藏传佛教和基督教也正在经历现代性转型。在此背景下，民族与宗教二者之间衍生出更为复杂的牵连关系。要做好民族工作，就需要拓宽视野，把民族宗教问题放在全球化的现代性变迁高度上加以全方位反思。

## 第一节　全球化时代的民族宗教关系

### 一、全球化对民族宗教关系形成的双重效应

尽管全球化最早发端于经济层面，随着卷入的程度越深，其内容日益向着科技信息全球化、政治全球化、文化全球化等更为广泛、更为复杂的领域拓展，全方位地震撼着人类社会。在世界体系的不断建构和动态调整中，由民族成员以宗教为纽带建构起来的区域社会不断被重构和整合，衍生出复杂的形态，对民族关系产生复杂的影响。

如果考察宗教对民族关系的影响，宗教作为一种文化现象，民族主义作为一种意识形态，我们都可以从文化的全球化视角来切入。全球化对民族宗教关系的影响，可以简单概括为“宗教全球化”“民族问题全球化”。其过程可以分为两个阶段：第一阶段是在全球化的冲击下，民族地方性知识、传统生计方式、宗教文化传统都将不可避免地遭到渗透、破坏，引发失序和混乱。第二阶段是全球等级制中各种地方性知识在动态的博弈中日益整合成更大的体系。这一整合过程就是民族地方文化知识、传统宗教文化与外来文化的交流、互动、吸纳与改造，最终实现不同层面上的整合。

上述过程对于民族宗教关系产生双重效应。

一方面，体现为全球化对民族宗教关系的负面影响。主要体现在文化全球化意味着多元文化在全球流动，相互影响、相互渗透。意味着不同的民族宗教文化相遇时，文化碰撞容易使人们迷茫，之后容易滋生出仇恨情绪，试图采用极端暴力手段抵御外来文化的侵袭。最为典型的是极端民族主义思潮、极端宗教主义思潮、民族自决等在民族地区传播扩散，形成跨越国界的民族认同和宗教认同。西方国家把自己扮演成救世主，把西方的“民主”“平等”“自由”看成是“普世价值”，致力于向全球扩张，激发民族国家的民族意识，并常常以宗教为载体进行民族意识的唤起和凝聚。另外，暴力恐怖势力、民族分裂势力、宗教极端势力在全球制造了一个又一个的分裂事件，民族关系在全球化时代也陷入新危机。

另一方面，全球化所描绘出来的也不仅仅全是负面的图景，更有着许多积极的内容。可以说，全球化给我们造成了新的挑战，然而更提供了前所未有的契机。在全球化之前，不同的人们受到地域的禁锢限制，全球化迫使人们不得不破除狭隘和偏见，以更开阔的视野进行动态调整，与形形色色的人类文化一起打破各种阻碍，如涓涓细流汇聚成大海，在动态的流动中共建共荣和谐的更广阔深厚的人类文化。这种在动态博弈中形成的文化全球化，从整体上看，将来的发展趋势，必然是以和谐共存、共生为主旋律的，各种文明交汇，各种文化交流，凝聚成气势蓬勃的大合唱。各种宗教文化被全球化紧紧拉在一起，迫使不同民族在摸索探究过程中日益敞开胸怀，保持必要的客观理性，不断进行沟通交流、理解合作，民族关系也会不断向着和谐的方向发展。

## 二、经济全球化促使民族认同不断加强

经济全球化已经成为一股不可阻挡的汹涌大潮，猛烈涤荡着人类社会各个角落。它迅速拉近了各个国家、各个民族的经济联系，促使资本、资源、物流、科技、信息等在全球范围内灵活流动，人类社会的物质产品极大丰富。在这一过程中，不同的民族占有资源和参与市场竞争的能力有一定的差异，资本的天然属性是对于利润的疯狂追求，这就决定了其在全球流动的过程也是一个劫贫济富的掠夺过程，可能会导致民族间贫富差异拉大，民族内部也会分层。这样一来，富者愈富，贫者愈贫，很可能会引发民族间的不满甚至是冲突。目前，这种冲突日益呈现出复杂的态势，愈演愈烈，对多民族国家的民族关系产生深刻的影响。

对于本民族利益的诉求会激活民族意识，并使民族宗教问题日益国际化。民族主义者往往陷入一种疯狂，醉心于建立自己独立的民族国家，常常会得到敌视本国政府的国际力量支持，而在某些多民族国家已经引发了民族分裂、国家解体的局面。而拥有独立主权国家的民族主义者蓄意将自己的民族性强加给在领土范围内的其他民族，很可能导致毁灭性的国内、国际战争。民族分裂主义者唤起民族意识的觉醒最为常见的手法是以宗教为精神纽带，以宗教认同加强民族认同，激发民族情感，致力于把宗教问

题国际化，以国际化来影响和推动国内民族关系的改变。中国西北多民族地区位居西北边疆，周边与多个民族国家为邻，一些少数民族是跨境民族。在共同宗教的感召下，一些民族的民族意识不断强化，更强调民族认同。西北多民族地区的“三股势力”不断抬头，活动频繁，制造了多起爆恐事件。可以说，已经在一定程度上对西北民族关系、社会稳定产生了深刻复杂的负面影响。

## 三、文化全球化催生宗教回归热潮兴起

20 世纪末约瑟夫·奈博士将文化定义为“软权力”。它是一个国家、一个民族的软实力，牵扯到国家利益和民族利益，“文化安全”也就成为国家安全、民族生死存亡的重要内容之一。文化的全球化，说到底，其本质是各种文化长期动态博弈的过程。当一个民族认为自己的文化安全正在或者将要遭到其他文化的威胁时，他们就会倾向于反对全球化来保护自己的本土文化安全。一个民族往往根据其他民族的文化影响力来确定是否对自己构成威胁，一旦确信，就会以强烈的“民族文化回归”现象来进行反击。所以，文化全球化在某些方面刺激了文化反全球化的诞生，并且以本土文化回归浪潮兴起为主要反抗形式。对于这种本土文化回归现象，亨廷顿在《文明的冲突与秩序的重建》一书中有着精辟的论述：“在 20 世纪，文明之间的关系从受一个文明对所有其他文明单方向的影响支配的阶段，走向所有文明之间强烈的、持续的和多方向的相互作用的阶段。”“在变化的早期阶段，西方化促进了现代化。在后期阶段，现代化以两种方式

促进了非西方化和本土化的复兴。”①

宗教作为一种典型的民族文化、本土文化，也无可逃避地卷入到这场全球文化大博弈中，并且成为文化反全球化的典型代表之一。宗教反文化全球化的表现是宗教信仰回归热潮的兴起。信教人数持续攀升。据统计：1990 年，世界信教人口 41.91 亿，占全世界总人口的 78%；1997 年，全世界信教人口 47.81 亿，占全世界总人口的 81%；2000 年信教总人口 51.37 亿，占世界总人口的比例为 84%，而此时世界总人口 60.55 亿。②

宗教的传播区域不断突破国家与民族、种族界限，七大洲、五大洋都有分布。世界各大宗教也对教义做了适当的调整，做出了符合现实社会需要的解释，试图衍生出新的文化内涵，扩大影响力，以防止宗教淹没于全球文化大融合的汪洋大海中。近年来，各大宗教都积极投入到社会事务中来，参与社会活动，关怀社会生活，世俗化趋势越发明显，吸引了大批信徒加入教会，这其实是一种以变应变的文化反全球化策略。另一个文化反全球化的策略是宗教极端势力的急剧兴起。20 世纪 80 年代以来，面对全球化的猛烈冲击，许多人感到巨大的压力，又无法找到有效化解内心矛盾和痛苦的良方，于是传统宗教成为人们精神载体。强烈的民族宗教情绪，致使出现了宗教激进主义运动，力图对抗全球化，特别是西方发达资本主义国家文化的侵袭。

## 四、宗教民族主义持续高涨

宗教民族主义（religion nationalism），就是指民族文化缺乏

---

① ［美］塞缪尔·亨廷顿：《文明的冲突与世界秩序的重建》，新华出版社 2010 年版，第 6 页。

② 胡昌升：《21 世纪中国宗教的演变趋势新探》，载《中华文化论坛》2002 年第 1 期。

自我认同意识，在受到威胁时，通过宗教文化来进行民族自我认同的创造、维系或强化，重塑民族共同体的活动。目的在于解释全球化时代宗教与民族主义的不可分性。

世界绝大多数民族文化类型都有明显的宗教文化底色，宗教传播的广泛性和作为民族共同体纽带的特性，也就使得民族的概念泛化。在全球文化大博弈时代，“泛化民族”往往愿意寻找对自己最为有意义的事物来界定自己的身份，分清敌友。亨廷顿认为，在所有界定文明的客观因素中，最重要的通常是宗教。人类历史上的主要文明在很大程度上被基本等同于世界上伟大的宗教。没有任何一种文明能像宗教那样，成为最容易引起民族间的冲突的主要因素之一。这一论述对于我们考察当今全球化时代的宗教民族主义兴起具有很重要的意义。在后冷战时代，世界政治格局界限的重构，并非仅仅沿着经济、政治意识形态的传统界限，而是越发依赖于文化的界限，文化也愈发成为国家、民族分野的标志。文化相似的国家、民族极容易走到一起结成共同体，文化不同的国家则分道扬镳。

宗教民族主义强调通过宗教来突出一种本民族的独特性，以宗教作为动员的工具，以激发民族自我认同意识、民族的创造为目标，常常蜕变为过激的民族主义，带有无比强烈的排他性。譬如南斯拉夫，由信仰天主教、东正教和伊斯兰教的信徒推动，以宗教作为激发民族情感、民族凝聚力的工具，使得民族主义情绪急剧上升，分裂为六个国家。肇始于石油资源掠夺的海湾战争，后来演变为一场伊斯兰国家空前团结起来，结为伊斯兰文化共同体来对抗西方基督教文化的宗教民族主义冲突。宗教民族主义也会对宗教文化进行重构、强化和促进，将本民族的行为、思维方式、本国社会的独特性加以理论化。

宗教民族主义的兴起，使得民族问题宗教化，民族利益冲突有了宗教的背景；或者宗教问题民族化，宗教冲突有了民族共同体的推波助澜，原本并不直接相关的两个领域紧密地结合在一起，复杂交织，使原本可能是一些微不足道的小问题变得异常复杂和敏感，增加了解决的难度，甚至会突破现行国际关系准则，将国际秩序拖入灾难性的深渊。

宗教民族主义的核心是文化，涉及民族共同体的精神层面。物质利益的分歧可以谈判，并常常可以通过妥协来解决，而这种精神层面的纷争却很难通过妥协来解决，因为宗教信仰在信徒心目中是神圣的，不可能妥协退让。1992 年 12 月 6 日，印度古吉拉特邦爆发的 10 万印度教徒捣毁阿约迪亚清真寺事件，引起了印度教徒与穆斯林的民族冲突，在冲突中几千人伤亡，造成了全国性的震荡。这也是民族问题与宗教问题的复杂交织造成的，并非简单的宗教冲突。

## 第二节　对话与共生是解决民族宗教问题的最佳路径

各种宗教文化都源远流长、积淀丰富、体系完备，是人类社会最为成熟最为稳定的文化类型之一。全球化虽然会对宗教文化造成猛烈冲击，加剧民族之间的竞争和冲突，引发宗教民族主义浪潮兴起，但也为宗教对话提供了新的契机。这是因为全球化使得人们之间的关联比以往任何时候都更直接、更紧密。科技的日新月异、交通的日益便利、信息的飞速传播，使得世界正在变成一个地球村。

宗教之间的对话与共生，不仅必要，而且也有着现实的可能性。表现在：

其一，各种宗教的核心价值观是一致的。世界各大主要宗教都把教化人们行善积德视为宗教教义与宗教活动的首位，去恶扬善、修炼自我。佛教讲大悲为首、慈悲为怀、仁者爱人、普度众生。道教倡导回归自然、万物平等、世界和谐、济世利人。伊斯兰教讲爱人、仁慈，讲究吉庆、和平。“圣训”中说：“最高的宗教是这样的——你自己喜欢什么，就该喜欢别人得到什么；你自己觉得什么是痛苦，就该想到对别人来说它也是痛苦。”基督教倡导博爱、宽恕、谦卑。《圣经》中说：“你要别人怎样对待你们，你们也是怎样对待他们。”可以看出，尽管各宗教的道德伦理条款很多，但其价值的核心和目标追求具有高度的趋同性，都符合与人为善的基本原则。由于各宗教的核心伦理原则的相同或相似，使得各宗教的教义、教规之间有可能调和矛盾冲突。

其二，各种宗教、教派之间有着共同的人类终极利益关切。尽管不同宗教有各自的信仰对象，但信仰对象的种种优秀品质基本上都大同小异，仁爱、宽容、智慧，凡此种种，其实都是基于对共同人性弱点的深刻洞察，然后加以弥补升华。总之，无非是对生物人严格要求，历练教化成更为美好的社会人，让人类过上更为美好、和谐、安宁的生活。其价值观和伦理取向都指向了同一的宇宙本原或终极神圣，其共同的信仰目标是救赎解脱、对人生的终极关切和祈福消灾，其共同的核心价值是全球化时代人类和合共生的秩序基础，其共同的最大利益是人类共同和平生存发展。这一切最终都指向共同的人类终极利益关切，为多元宗教沟通与理解，增进认同感提供了很好的基础。

其三，在宗教思想和理论认知上，宗教对话在全球化时代日益成为各大宗教的愿望。现代宗教信仰的发展趋势，是日益世俗化、多元化。不少宗教思想家和理论家不再死守古老的教条，变得更为开明、更加开放。在反思自己的宗教传统中深刻认识到，虽然其宗教得以依存的启示有着神圣来源，但宗教信仰的表述和宗教学说的形成却是由人实现的，人的理解和认知有发展的可能及空间，不会自古至今一成不变。在某种意义上，宗教学说应不断发展，而与之相应的信仰原则也可以随着时代的变迁、理论的升华而有所调整或改进。

“对话共生”应该是各宗教所追求的共同目标，也是各宗教生存与发展的重要条件。只有加强对话，破除各种藩篱，相互理解沟通，才能“共生”。从世界宗教史上看，各宗教传统的唯我独尊、排他对立，在过去和现在都造成过人类之间的冲突、对立和战争。如果各宗教不能放弃排他对立的态度，相互之间形成一种和合共生的机制，在将来全球化地球村的狭小空间中会造成人类的战争。当然，实现各宗教的对话共生并不是要求各个宗教及教派放弃各自的特点，而是要求各宗教及教派放弃对立排他等各种消极因素，包容和鼓励多元化和多样性的存在，使各宗教“相互尊重、相互包容、相互依存”成为常态。

近年来，有学者在对各宗教进行深入研究之后，提出了建立“人类宗教共同体”的概念，为宗教间的和谐与合作找到了理论依据。“所谓宗教共同体，并非标新立异的众多新兴宗教之一，而是人类所有宗教在信仰共同终极神圣的基础上交汇融合的共存体。共同体将有如下特征：在诸神同一、理性信仰的基本原则下，继承吸收各宗教的全部精华，消除摒弃各宗教对立排他等消极因素，求大同存小异，允许合理的各宗教传统的教义、教规、仪式、方法、组织形式等自由存在和发展，各宗教信众可以相互开放、交流、融合，所有宗教教派可以在此框架中和谐共存。”① 根据这一理论，如果各宗教能以积极、真诚的态度展开其内向、外向的双向探索，下决心调动多方智慧来打破现实障碍，那么，多元宗教和谐共生完全可以实现，尽管实现这一目标任重而道远。

① 安伦：《理性信仰之道：人类宗教共同体》，学林出版社2009年版，第23页。

## 第三节 处理西北地区民族宗教问题的原则与基本方法

### 一、基本原则

#### （一）与时俱进原则

长期以来，马列主义宗教观认为，宗教在阶级社会里是统治阶级麻醉人民的精神鸦片。应当说，这个论断一针见血地指出了19世纪资本主义世界宗教的本质，而且为解决当时的宗教问题提出了指导方案。列宁更进一步把它纳入无产阶级革命斗争理论体系中，作为第三世界民族国家反殖民主义争取民族国家独立的动员武器，对于当时的无产阶级革命，确实具有纲领意义。这也是现实政治斗争的需要，因为十月革命时，俄国东正教曾与反动势力勾结起来强烈抵制革命，不进行宗教革命，就不足以进行社会革命。

然而，我们应当注意到，列宁对宗教的描述具有鲜明的时代特征，是在当时的历史背景下提出的论断。时光荏苒，现在我们已经进入了21世纪，宗教存在的土壤发生了剧烈变化，旧有的帝国主义殖民体系已经崩溃，国内社会状况已经与半殖民地半封建时代的旧中国不可同日而语。对于宗教的认识，也应该随着社会现实及现代性转型发展的大趋势与时俱进。

文化全球化的时代背景促使我们应该采用更为开放、多元的视野来看待宗教，以及与宗教密切相关的民族问题。宗教既不是民族阶级斗争的产物，也不是私有制社会的垄断品。它并不固定随着某一种社会制度的兴亡而兴亡。宗教的功能具有多面性，具有很强的心理调节、精神抚慰功能。每个人在现实生活中都会遭遇到种种不幸与压抑，需要通过一定的途径来缓解。宗教抚慰人们的心灵，对于绝大多数普通人是一种低成本的途径。此外，宗教还具有很强的道德教化功能。它劝人向善，教化人性中的自私、贪婪，倡导扶困济危的慈善精神，避免功利主义泛滥等，对于构建和谐人际关系、缓解社会冲突具有积极的意义。应该认识到，宗教是一种社会文化现象、一种价值取向、一种认识人生和世界的方式，一个积数千年人类思维之精华的庞大体系，自身具有很强的延续性、独立性和可变性。我们应该以新的方式来管理宗教、解决民族问题，以宗教文化和谐来促进民族关系。

### （二）法治原则

中国的宗教事务管理正在逐渐从主要依赖政策手段向主要依靠法律手段推进，应当说，这是一个可喜的变化。但是鉴于宗教问题的长期性、复杂性，法治手段的推广应用还有一定的难度。一些民族地区相当多的民族宗教事务管理，在很大程度上依赖于政策手段。一个很重要的原因，是少数民族人口经济发展滞后、思想观念落后、受教育程度低、法治观念淡薄，推行依法管理有很大的难度。尽管如此，我们也不能松懈气馁，当务之急首先要做好普法教育，其重点又在于教育公民要遵守权利义务一致原则。21 世纪，民主、法治乃是人类社会发展的大趋势。每一位国家的公民，在享有权利的同时必须承担义务。每位公民都有信仰宗教的自由，这是公民依法享有的权利，公民也应当依法承担维护宗教信仰自由的义务。宗教信仰自由必须是法律规定范围内的自由，不能超越宪法和法律规定的范围。每一位信徒应当做知法、守法的公民，维护国家法制的统一和尊严，尽到自己作为国家公民应尽的义务。信徒要做到“四个维护”，即维护法律尊严、维护人民利益、维护民族关系、维护祖国统一。宗教信仰自由不得损害公共利益和他人的合法利益。公民在行使宗教自由的时候，不得损害国家、社会、集体的利益和其他公民的合法自由。任何人不得利用宗教进行破坏社会秩序、损害公民身体健康、妨碍国家教育制度的活动。一切国家机关和武装力量、各政党和各社会团体、各企业事业组织都必须遵守宪法和法律。在做好普法教育的基础上，也要做到严格执法。一切违反宪法和法律的行为，必须予以追究。任何组织或者个人都不得有超越宪法和法律的特权。“要高举两面旗帜”，即高举维护人民利益，维护法律尊严的旗帜。任何人、任何团体、任何宗教，一旦违反国家法律、损害人民利益、制造民族分裂、破坏祖国统一，必须予以严厉打击。

## 二、基本方法

### （一）具体问题具体分析

宗教有着自身产生、发展和消亡的规律。当前宗教还有存在的深层条件。宗教传统影响根深蒂固，尤其是在那些几乎全民族普遍信仰同一种宗教的广大农牧民中，传统影响和习惯势力更加稳固，宗教对这些民族的生活方式、价值观念和民族心理等方面有着深刻的影响。宗教问题总是同社会生活的许多方面发生错综复杂的关系，从而使宗教领域中的矛盾更显出多样性的特点。在社会现代性转型的新环境下，宗教问题和民族问题常常紧密交织在一起。由于国外敌对势力和国内极少数民族分裂主义分子不时利用宗教进行分裂和破坏活动，极少数别有用心的人利用群众的宗教感情蒙蔽一部分不明真相的群众参与闹事，引起局部地区程度不同的社会动荡。我们首先要注意把宗教问题、民族问题、政治问题三者区别开，根据实事求是和具体问题具体分析的原则，先分清楚属于哪些领域的问题，是什么性质的矛盾，然后采取相应的策略。虽然“民族宗教问题无小事”，但这只是表明了我们对于解决民族宗教问题的高度重视，并不是意味着一发生宗教问题就轻易地和民族问题扯上关系，更不意味着必然与政治问题发生牵连。那样只会使小事变大，简单问题复杂化，引起信教群众的恐慌和不满，破坏民族关系。当然，也不能把政治问题随意认定为只是文化问题，错误地放纵极少数分裂分子，降低打击惩治的力度。对于他们利用宗教欺骗群众，进行分裂祖国、破坏民族关系的各种犯罪活动不能睁一只眼闭一只眼，坐视不管。当然，我们要避免混淆不同性质的矛盾，首先要把宗教问题从民族问题、政治问题和其他社会问题中剥离出来，具体问题具体分析，争取把问题解决在萌芽状态，解决在当时，解决在人民内部。

### （二）教育引导

宗教本身具有的二重性，决定了在任何时候它都具有积极作用和消极作用，也容易沦为不同的阶级、社会集团和社会势力进行博弈和争取自身利益的工具。历史上，政教合一的阶级国家都是从宗教中寻找维护自身政权的神圣依据，世俗统治者与宗教界联手，用宗教作为麻痹人民反抗意志、维护政权合法性权威的工具。第三世界人民在反抗殖民统治、反对帝国主义世界霸权、争取民族独立时，从自己信奉的宗教中找到反对现有政权的神圣依据，宗教就成了凝聚民族精神、激发民族意识、团结民众的积极力量。可见，宗教能否发挥其正功能，关键在于掌握在谁的手中以及如何正确运用。宗教的文化层面，既包含着愚昧迷信、保守落后、封闭狭隘等不利于人类进步的一面，也包含着一些人类社会普遍适用的伦理道德和行为规范，体现人类良知的美好因素。我们要在趋利避害的原则下，最大限度地发挥宗教的正功能，把宗教引导到为社会主义现代化建设服务的道路上来。这就需要加强教育引导，耐心细致，不可急于求成。

### （三）从根本问题入手

宗教的存在和发展有其深刻的社会根源和认识根源，只要这些根源还存在，宗教就不可能消亡。我们解决宗教问题的根本途径只能是发展社会主义的物质文明和精神文明，逐步地消除宗教赖以存在的社会根源。当务之急是必须把经济建设搞上去，提高人们的科学文化素质。宗教问题涉及政治、经济、文化多方面，仅在文化领域里就宗教论宗教是不能从根本上解决问题的。我们应该抓住问题的本质，立足于发展经济、繁荣文化，调动一切积极因素，把信徒的注意力引导到这些方面上来，把民族地区经济社会发展摆在优先发展的位置上，加快民族地区经济和社会发展，促进各民族共同团结进步，共同繁荣发展。

### （四）循序渐进，多办实事

民族、宗教工作事关国家统一、民族关系和谐与社会稳定，是国家全局工作的重要组成部分。西北社会现代性转型的新阶段，民族宗教工作面临着更加严峻的形势和更加繁重的任务。从国际上看，民族宗教问题正在发生深刻变化：在国际冲突中，民族宗教问题往往成为战争的导火索；在综合国力竞争中，民族宗教问题日益成为较量的砝码；在世界多极化和经济全球化进程中，民族宗教问题日益成为一些国家实施霸权主义和强权政治的借口。从国内来看，随着改革开放的深入和社会主义市场经济的发展，社会利益关系不断变化，各种社会矛盾错综复杂，极易引发民族宗教方面的矛盾和问题。对于那些信仰宗教的少数民族来说，处理宗教问题的失当，又往往会成为民族矛盾和民族纠纷的导火线。在打击封建迷信、破除某些陈规陋习的过程中，要根据群众的实际接受程度分步骤地予以实行，周密考虑，讲究方法。

循序渐进，多办实事，强化服务意识，关心少数民族群众和信教群众的利益，帮助他们改善生产、生活条件，解决各种实际困难。满足他们宗教生活的需要，并帮助他们完善宗教设施，提高宗教活动场所的自养能力。通过多办实事，让广大少数民族群众和信教群众充分感受到党和政府的温暖，激发他们拥护党、爱国家的热情。积极引导，就是要改进工作的方式方法，坚持开展正面教育，做好耐心细致的思想工作，开展各种有益活动，把少数民族群众和信教群众的积极性调动好、保护好、发挥好，真正把不同民族、不同信仰群众团结起来，把他们的力量凝聚起来，共同维护团结、稳定、和谐的局面，共同致力于社会主义现代化建设。

## 第四节　处理宗教与民族关系的基本对策

### 一、引导宗教与社会主义相适应

宗教关注的是遥不可及的神圣世界，根却深植于烟火人间。无论是作为一种意识形态，还是一种社会组织，宗教都必然与现实社会发生紧密联系。宗教存在的自然根源、社会根源和认识根源难以在短期内消除，宗教与社会主义社会长期共存是一个漫长的历史过程，促使宗教成为社会主义和谐社会构建过程中的一个和谐因子是现实的理性选择。

引导宗教与社会主义相适应，我们不能用行政力量去消灭宗教，也不能用行政力量去发展宗教。我们的目的是促进宗教与社会主义社会发展相协调、相适应。当然，“这种适应，并不要求宗教信徒放弃有神论的思想和宗教信仰，而是要求他们在政治上热爱祖国，拥护社会主义制度、拥护共产党的领导，同时改革不适应社会主义的宗教制度和教条，利用宗教教义、宗教教规和宗教道德中的某些积极因素为社会主义服务”①。我们应当全面地、辩证地、用发展的眼光看待宗教与社会主义社会之间的关系问题，既要看到不相适应的一面，也要看到能够适应的一面，促进相协调、相适应。

坚持宗教与社会主义相适应，不仅是解决中国宗教问题的新思路，更是有利于西北民族问题的解决。西北地区少数民族信教人口众多，特殊的地理位置和悠久的多民族历史文化，使得这一地区民族问题和宗教问题极易交织在一起，非常敏感、特殊。宗教与社会主义相适应符合西北各族人民的整体利益。在政治上，使少数民族群众感受到国家对少数民族宗教信仰的尊重与温暖，有利于政治上团结合作，增强各民族之间的凝聚力，防止少数人以维护民族利益为幌子造谣生事，煽动民族分裂主义和宗教极端主义，制造事端，破坏国家统一和民族关系。在经济上，能够极大地激发少数民族群众的生产动力，情绪饱满地投入到社会生产中去，提高人民生活水平，增强国家实力。在文化上，有利于继承和发扬少数民族优秀传统文化遗产，保持民族文化的多样性，促进社会主义物质文明和精神文明建设。

引导宗教与社会主义相适应，是一个庞大的系统工程，需要因地制宜，多头并举。具体到西北地区的民族宗教状况，本着稳定、发展的原则，应当重点做好以下几方面的工作：

其一，加强信教要爱国的思想教育。

信教要爱国。每位信教群众首先是一个公民，是中华人民共和国的一员，国家的繁荣兴旺涉及每位信教群众的切身利益。如

---

① 《新时期宗教工作文献选编》，宗教文化出版社1995年版，第254—255页。

果一味地放大个人宗教信仰自由，只享有权利而拒绝承担公民应尽的义务，随心所欲做损害国家尊严和领土完整的事，甚至支持、参与分裂国家的活动，肆意利用宗教挑拨民族之间的矛盾冲突，企图破坏安定团结的政治局面，国家的不幸必然殃及信教人士的基本生存，皮之不存，毛将焉附？近年来，境内外敌对势力不断利用宗教进行分裂渗透活动，通过空中广播、互联网进行思想政治宣传，利用宗教领袖身份插手佛寺的管理事务，以提供免费学习、就业机会等为诱饵，诱使青少年非法出境。加强爱国教育是引导宗教与社会主义相适应的首要任务，在爱国爱教相统一的思想原则下，教育信教群众和不信教群众团结一致，共同积极参加社会主义的改革开放和各项建设事业，为建设有中国特色社会主义这一共同目标贡献力量。

信教要爱国，意味着也要守法。法律面前人人平等是现代公民社会的基本准则。信教群众首先是国家的公民，不能有超越法律之外的特权，一切宗教活动都必须在法律许可的范围内进行。当前，一些宗教人士置政府的管理于不顾，甚至在宗教场所以外化缘募捐，打着宗教高僧的旗号招摇撞骗、念经敛财，既违法又破坏了宗教的社会形象。一切宗教人士应当义不容辞地维护法律的尊严。

其二，引导宗教职业人员对教义的解释、宣讲应当符合当前实际，不要违背生存与发展、文明与进步、科学与民主的基本原则。

引导宗教职业人士大胆变革传统宗教文化中一些腐朽、落后的观念，把对虚幻世界的向往引导至对现实世界的建设中来，解除教徒的顾虑，用勤奋劳动建设美好家园，过上富足、健康、文明的生活。发挥宗教职业人员在信教群众中的优势，动员他们潜心研究、深入挖掘宗教思想、宗教道德和宗教戒律中的优秀成分，鼓励在这方面有所作为。如佛教的“自利利他”“五善五恶”“十善十恶”，基督教的“作盐作光、荣神益人”“爱国是天主的诫命”，道教的“慈爱合同，济世度人”，伊斯兰教的“两世吉庆”等，其基本伦理道德教化是一致的，都是劝人向善、远离邪恶、舍己救人、互爱互助、乐善好施、不偷盗、不奸淫，与社会主义文化所倡导的八荣八耻、社会公德、家庭美德、个人修养等并不相悖，都可以起到引导、规范、教育信教群众弃恶从善，遵纪守法，以适应社会主义社会的要求，有利于社会主义精神文明建设和社会秩序的稳定。

其三，突出宗教服务社会的功能。

宗教服务社会的功能具体表现在很多方面，针对西北地区民族宗教的实际状况，当前工作的中心应当主要聚集在以下几个方面：

引导宗教人士发展慈善事业，坚持扶贫济困，积极参与公益事业。鼓励、支持宗教人士兴办敬老院、扶贫救助组织，收养救助孤寡老人，为困难群众免费治病，捐款捐物救济贫困群众、受灾人口，捐资助学，助残助疾，心灵慰藉，兴办各种社会教育，普及现代文明知识（包括环境保护、艾兹病防治、戒毒宣传）等，可以覆盖到社会保障的方方面面。宗教组织和信教人士通过勇于担当社会责任、服务大众、造福社会来提升社会公信，这对于宗教的长远发展也具有很好的作用。

发挥宗教服务社会的功能，宗教界要从实现现代化的角度出发，发挥维护社会稳定的功能。宗教职业人士要经常教育信教群众珍惜目前的稳定局面，积极投身到当地社会综合治安管理中去，协助政府做好民族矛盾化解，调解草场、林权、边界纠纷工作。譬如，甘肃临夏州黄泥湾清真大寺阿訇积极配合政府有关部门调解各类民事纠纷多起；河西乡马家清真寺阿訇和张家清真寺学员在乡政府农电线路改造中，协助乡政府做了大量信教群众的工作，使农电线路改造顺利实施。这些事例都证明宗教服务社会大有可为。

引导宗教为社会主义市场经济建设服务，把全体信教群众的思想凝聚到发展经济、实现脱贫奔小康的道路上来，是发挥宗教服务社会功能的另一条基本途径。西北少数民族地区经济发展总量小，经济基础薄弱，自然环境恶劣，劳动力素质低，文盲、半文盲率较高，难以适应现代高科技生产技术，严重影响了生产力的发展。在社会主义市场经济条件下，引导并鼓励宗教组织和教职人员积极参与到经济活动中来，探索经济发展路子，主动服务经济建设。如，鼓励引导信徒兴办各种商业实体、零售贸易，从事民族医药种植加工、民族特色旅游、餐饮住宿、承包土地、开荒、植树、造林等生产劳动，保护森林草场、濒危野生动植物资源，制止滥砍滥伐、乱捕乱猎。引导宗教组织帮助信教群众积极扶贫致富，宗教界提出的宗教自我发展的“三自”（自传、自养、自治）原则，为宗教组织参与社会主义市场经济活动提供了理论基础和实践方向。

宗教与社会主义相适应的理论是中国民族宗教理论上的重大突破，但如何具体落实则涉及多层面的工作，是一个不断发展探索的动态过程。各地应当结合自身的情况寻找恰当的路径。课题组认为，至少我们要做到五个结合，即爱国与爱教相结合、利民与利教相结合、学法与学经相结合、做好公民与做好教徒相结合、求来世与重今生相结合。把握这五个基本点，才能较好地推进宗教与社会主义相适应的过程，不至于出现长短腿现象，造成制约全局协调发展的局面。

## 二、解决好西北少数民族的跨文化交往问题

西北地区民族成分众多、文化类型多样。从生计方式看，游牧文化、定居文化、混合文化共存；从生存环境看，绿洲文化、

沙漠文化、山地文化、草原文化并存；从宗教文化来看，伊斯兰文化、藏传佛教文化、汉传佛教文化、萨满教文化、基督教文化以及原始宗教文化并存。纷繁多彩的文化层层叠加，将西北众多少数民族归类为不同的文化主体。千百年来，西北少数民族共同在西北广袤的土地上繁衍生息，族际间各种文化类型频繁互动，不断交流融合，也不断冲突变异，在曲折中盘旋前进，共同创造了丰富灿烂的中华多元一体文化。

族际间在经济发展、社会整合、宗教信仰、风俗习惯等方面存在着诸多文化差异。这些差异一方面是各民族在漫长的历史发展过程中不断探索、凝聚本民族文化核心价值而积淀下来的，文化成为其民族性的“标签”；另一方面也是自然地理状况、生产力发展水平、其他民族影响等外在客观因素影响造成的。族际间文化差异对于维持西北各少数民族自身民族文化独特性、增进民族认同具有重要作用，但也在现实生活中一定程度上容易造成民族间误解、偏见，在跨文化交流过程中不可避免会产生碰撞、冲突。这种冲突更多的是一种思想意识、生活方式、价值观念等精神层面的冲突，法律作为广泛调节人类社会基本矛盾的工具在这一领域基本无能为力。从人类社会共有的真、善、美基本人性出发，发掘各民族文化中伦理道德中的基本共性，各民族成员自觉运用伦理道德规范一言一行，本着真诚、与人为善的原则，相互尊重、相互理解、不计小节、宽宏包容，加强交流沟通，才能和谐共处、共同发展、共创美好生活。

### （一）跨文化交流的含义

跨文化交流是指不同文化主体进行双向交流，达到相互理解、认识和共同进步的过程。它是人际间通过文化交流而进行的互动，是人与人之间建立、发展社会关系的过程。西北地区各民族共居于同一广大地理空间，很多民族在物质文化上有一定的相似性，但在精神文化方面，每个民族都有自己独特的文化理念和精神内涵。族际间的文化交流，指的是发生在异文化之间的交流。只有异文化之间的交流才会推动文化的变异、创新。同文化之间不存在文化差异，其交流产生的后果主要是促进文化的保存与传承。

如果用一个同心圆环来比喻，跨文化交流涉及三个层次：一是外层文化，主要指民俗文化，包括风俗习惯、生活方式、行为模式，是民族文化精神理念的外在日常表现；二是中层文化，主要指文艺、宗教、教育等民族文化成果的凝聚固结；三是内层文化，是指那些高度抽象的民族价值观、道德观、心理意识和思维方式，是民族文化的内在根基，对整个民族文化体系构成起着基础作用。由此看来，跨文化交流是一个庞杂的概念，它既可以是衣食住行的日常交流互动，也可以是人生观、心理情感、伦理道德的互动沟通；既可以是官方的，也可以是民间的；既可以采取正式的方式，也可以采取非正式的方式。

### （二）西北各民族跨文化交流特点

中国西北不同民族间文化固然有差异，但是由于长期共处、互通有无以及国家持续用政策推动建立各民族文化共同繁荣来促进民族关系，西北各民族间跨文化交流与国际跨文化交流相比有自身特点。

1. 文化对接有一定难度

西北少数民族地区各民族历史长短不一，族源复杂，生产力发展水平参差不齐，文化结构模式迥异，语言文字类型多样，甚至一个民族内部还有不同的方言，彼此交流起来存在一些困难。虽然长期以来互动频繁，文化上彼此有相近之处，但西北少数民族在跨文化交流中要真正实现完全文化对接，还是有一定难度的。

实现文化对接要求双方大致在相近的文化体系内，使用相近的文化符号，特别是语言文字符号，要懂得它们承载的文化信息以及背后的基础文化背景。有些人以为只要学习掌握民族语言，不同民族相互间能听能说，就能消除跨文化交流中的冲突，这只是主观臆断。如果不了解语言文字所生长的民族文化土壤，只知道表面意思，双方文化对接仍然困难。例如，汉族形容一个人踏实肯干、勤勤恳恳常常比作“牛”。而用同样的比喻夸赞维吾尔族青年，他会十分恼火，因“牛”在维吾尔语里一般形容此人笨头笨脑。再例如，汉族以血缘、男系为主轴形成了内外有别、长幼清晰的亲属称谓。维吾尔族亲属谱系称谓则没有内外区别，堂兄弟姐妹、表兄弟姐妹、外甥外甥女、侄子侄女都可以称为自己的兄弟姐妹。这类语言差异反映的是民族社会文化上的多样性。当然，这种文化对接，彼此文化的距离相比跨国交流而言要近得多，成本也低得多，只要多接触、多了解，还是比较容易建立起双方都能接受的沟通模式。

2. 无意识容易先入为主

每个民族成员都在本民族文化长期教化熏陶中长大，全面吸收本民族文化土壤提供的营养，久而久之会形成根深蒂固的价值观念和行为模式，随着时间推移会不断沉淀蕴藏并固化为稳定的无意识。这种无意识在族际跨文化交流中会自觉不自觉地随时表现出来，或许连当事者自己都没有察觉，甚至在当事者已经十分了解对方的民族文化特质的前提下，为了保持顺畅沟通也十分愿意去适应对方，时时理性地提醒自己，但传统习惯长期熏陶出来的无意识心理仍然会促使当事者按照本民族的传统习惯来思考和互动。具体到案例中，尽管平时回族、汉族同学坐同桌，日常关系亲密良好，彼此了解对方的习俗，尽管汉族学生尽量注意自己的言行，但是无意识在突发场合就会自然而然地冒出来。这种现象在跨文化交流中比比皆是，极易造成误会、冲突。

3. 敏感性极强

文化差异普遍存在于不同的文化主体之间，稍有疏忽，容易引发误会、冲突。如果各民族只是在日常生活和交际活动中因民族生活风俗习惯差异而引发的冲突，一般来说，只要真诚道歉，耐心解释清楚彼此的文化含义，加之每个人事先也都有一定的心理预期包容度，一般能够消除误会。比较难办的是如果涉及了内层文化，如宗教观念、人生观、价值观、心理意识、伦理道德和对权威领袖看法等高度抽象的文化，常常会引发剧烈冲突。这些内容作为民族文化的核心组成部分，从民族成员诞生之日起就开始规范其行为举止，指引生活目标，协调人际关系，成为“多数成员视为正常的、理所当然的、典型的和具约束力的一切感知、思维、评判和行为方式”①。在民族群体内部更是长久以来维护着民族群体社会秩序和社会规范，打造共同精神目标，培育民族认同，凝聚民族群体。天长日久，本民族成员习惯于以价值规范作为衡量对方社会互动行为是否合乎规范，并作为维系文化群体的手段，一旦精神内核崩溃了，民族文化的主要特质也就不存在了。在跨文化交流中，不同的民族文化有着各自不同的核心价值观念，一旦涉及深入交流时，每个人习惯性地用善恶伦理解读对方的一言一行，会感觉到对方与自己伦理价值观念差距很大，对方给自己造成巨大的精神威胁，这种情感常常难以忍受，矛盾冲突剧烈暴发，容易从个人矛盾演变成为两大民族群体之间的矛盾，破坏力极强。如果难以谈判妥协，长期紧张对峙，可能会诱发武装暴力或战争，危及国家统一。

4. 造成文化变异

跨文化交流的实质“就是交流者通过（语言或非语言）符

---

① 梁镛、刘德章：《跨文化的外语教学与研究》，上海外语教育出版社 1999 年版，第 179 页。

号扮演社会角色、表达社会身份、交流各自的文化取向、协调相互间的权势（power）或同一性（solidarity）关系、传递各自的信仰、价值观以及规范等”①。在这一过程中，既有因跨文化交流内容上的相互不理解而造成冲突，也有因交流方式差异而引发的文化冲突，更有因深藏在其背后的社会角色强弱博弈、明争暗斗而表现出来的所谓文化冲突。无论是什么原因，有了民族文化冲突，各民族才会在文化博弈中打破本民族文化的封闭状态，主动或者被动地去了解、研究对方文化，展开双向文化互动，将对方文化中易于接受的部分纳入本民族文化体系，更新本民族文化内容，拓宽文化视野，创新传统文化，使本民族文化获得新的生命力，再一代代传承下去。也只有具备强大的包容性、贯通性、灵动性和超越性的文化，才能在文化冲突中壮大生存能力，根据时移、事移的需要，常变常新。这是一个文化变异的过程，如同生物学 DNA 在遗传中由外界因素作用发生基因突变，产生新物种、新品质，有利于民族文化不断向前发展迈进。这也是一个艰巨的精神选择过程，民族文化的生生灭灭使得观念和心态需要不断调适、权衡和选择。一些西北少数民族正是在跨文化交流中无法适应文化冲突，无所适从，甚至固守传统文化，出现了一定程度的自我封闭、盲目排斥异文化现象，这种消极心态对民族文化的长远发展无益。

### （三）西北地区族际间跨文化沟通四个主要文化冲突

西北地区跨文化交流常见的文化冲突主要集中体现在思维方式、价值观念两个方面。尤为值得关注的是少数民族和汉族之间的文化差异，主要冲突集中在以下四个方面：

---

① 贾玉新：《跨文化交际学》，上海外语教育出版社 1997 年版，第 39 页。

1. 人与自然

少数民族和汉族文化都把大自然看作是人类生产、生活的基础。所不同的是，在对待大自然提供的资源上，汉族文化讲究努力奋斗，发挥人的主观能动性，尽可能汲取更多的资源转化为物质成果，光宗耀祖，方能显示自己在社会中的地位和价值，生命才有意义。所以，汉文化缺乏对大自然的敬畏，出现滥砍滥伐、涸泽而渔、挥霍水源、无节制捕杀幼兽等过度向大自然索取、挥霍的行为，而且不以为耻，反觉得自己能力强、技艺高，理所应当占有更多自然资源。其本质，就是以为只有人才是最高贵的生灵，大自然永远只是人类征服的对象。而西北少数民族普遍受到宗教因素影响，大自然崇拜意识历史悠久，把大自然看作是母亲，存在敬畏与保护心理。无论游牧民族还是定居民族，对大地山川、日月星辰、草木鸟兽、河流水源取用有限，多加爱护。其实质是认为大自然与人类是平等的，不存在谁征服谁的问题，人来自于大自然，只有回归自然，融于自然，生命才有意义。所以，在人与自然关系上的价值观念不同，造就了少数民族和汉族之间不同的民族性格，而且在待人接物、民俗文化等多方面也存在差异。譬如，西北游牧民族非常爱护草原，不在草原乱丢垃圾，不在水源附近大小便。有些汉族人来到草原，随意抛弃污秽物，践踏青草，被当地少数民族认为没素质，非常反感。

2. 稳定与迁徙

相当一部分西北少数民族是游牧民族，逐水草而居，马背上安家，四季转场，居无定所。这种不确定型的生活方式孕育出了与汉族农耕定居民族完全不同的民族性格。游牧民族大多没有储蓄观念，不擅长精打细算，“今朝有酒今朝醉”；待客热情，出手大方，非常乐于帮助有困难的陌生人；时间观念淡薄，生活节奏慢；活泼好动，擅长感性思维，喜怒哀乐都溢于言表，性格直率。汉族长期的定居与农耕生活造就了追求“稳定”的价值观念，习惯于在某处围绕着土地长年累月生活，精打细算，日出而作，日落而息，时间观念强，讲究效率，熟人社会迫使他们举止谨慎，精于算计，言语含蓄，轻易不与陌生人打交道，严格遵从古老的传统文化。这种性格特征在跨文化交流最初接触中，常常被少数民族误读为倨傲、冷漠、看不起人、有抵触情绪、藏心眼等，妨碍进一步深入交流。

3. 个人与集体

很多研究认为，汉文化是一种集体主义取向的文化，个人淹没于家、国之中，没有自我意识。这种说法是不全面的，至少在西北的汉族社会中，由于距离儒家文化发源地远，处于中心文化的边缘地带，三纲五常伦理的影响力被淡化，加之汉族多为迁移来的移民，受到家族势力影响较小，多数汉族过着天高皇帝远、男耕女织的一家一户个体生活。其思维方式多以“己”为中心，如一粒石子丢进池塘，一圈圈漾开涟漪。凡事都从个人主义出发，在社会互动中讲究依靠个人能力建构社会关系，一般考虑的是个人身份、特性，一般不考虑自己的行为会给整体民族形象带来多大影响。在跨文化交流中，汉族有过分看重人与人之间关系的心理特点，把“关系”看作是交流成功的必备条件。因此，可能会为了拉“关系”去腐蚀、贿赂对方。西北少数民族在宗教信仰长期熏陶下孕育出浓郁的集体意识，与没有整体宗教信仰的汉族之间有着比较清晰的民族意识心理边界。他们长期过着部落、氏族、家族群居生活，特别是游牧民族，离开了集体很难生存。西北少数民族文化提倡为大家舍自我，必须把个人纳入集体中，和他人融为一体，形成了整体主义取向的思维方式。他们习惯于把对一个汉族或者某几个汉族个体的印象扩展为汉族人的整体品质。常常在跨文化交流中，一旦某些个人修养不佳的汉族人表现出道德品行低的不当言行，会让他们误读为是周边汉族的整体不友好态度，进而产生抵触情绪。

4. 含糊与清晰

汉族人思维方式强调矛盾在对立中统一，和谐共生。对事物的评价会依据不同的时间、空间、人事背景做出不同的判断，没有绝对的是非善恶观念，如同一张富于伸缩性的网，“难得糊涂”“大象无形”就是这一混沌特征的简明概括。所以，汉族社会互动思想观点常常多变。在语言表达上委婉含蓄，顾左右而言他，喜欢让对方去揣摩意会自己的意图，常常让人摸不准其真实想法和目的。而西北少数民族广泛受到宗教思想的影响，善恶之间有明确的界限，只有通过多做善事才能消灭恶，善恶二者之间并没有可转化的、可谈判妥协的中间之道。这就熏陶出了西北少数民族非黑即白、非此即彼的清晰型思维取向。他们有话直说，直率明确、爱憎分明，凡事一定要分出个是非对错来，对的就一定要坚持。汉族人为了息事宁人放弃自己的观点在他们看来是虚伪、说假话的表现。这种差异常常使民汉间跨文化互动面临着矛盾无处不在的窘境。

### （四）推进跨文化交流道德建设

跨民族文化交流是一个复杂的动态过程，道德作为一种特殊的心理意识和外在的社会规范，对不同民族间良性互动起到重要的调节作用，是其他意识形态难以代替的，其重要性不言而喻。然而，道德具有民族性、时代性，如何将形形色色的道德应用于跨民族文化交流是一个现实而棘手的问题。当前，我们应当着重从以下三个方面入手。

1. 挖掘传统文化中的共性道德资源

每个民族都有自己的道德文化体系，道德也是其民族文化的核心组成部分，是其民族特性的最深刻体现。有多少个民族，就有多少不同的道德。“善恶观念从一个民族到另一个民族，从一个时代到另一个时代变得这样厉害，以致它们是常常互相矛盾的。”① 少数民族道德与汉文化道德具有很多共性，主要体现在：

道德本质相同。尽管不同的民族有不同的道德内容，但归根结底，它们都是一种上层建筑，由经济基础来决定。奴隶制经济基础上的少数民族道德一般都具有浓郁的人身依附性，封建制经济基础上的少数民族道德一般具有较为突出的宗法性，而进入了社会主义社会，新经济基础建构出了新时期的社会主义道德，适用于中国各民族。在跨文化交流时，抓住道德由经济基础决定而与民族、种族这些先赋因素无关这一共同本质特征，就能够触类旁通，引发共鸣。

传统美德相同。勤劳、勇敢、坚毅、善良、仁爱、平等、助人为乐、孝敬父母、尊重长辈等美德，在绝大多数西北少数民族文化道德中都有，这也是基本人性。面对自然灾害、外敌入侵时，爱国爱家、团结一致、共渡难关、爱好和平、反对流血暴力也是各民族传统美德之共同内容，这也是长期大杂居共生共荣的历史传统孕育出来的。在跨文化交流时，敏锐抓住基本人性作为情感连接纽带，专注现实利益作为突破口，以互补共赢作为最终目标，就能最大程度上减少文化差异带来的冲突，较好地实现跨民族文化交流。

社会主义道德普遍适用。推翻了阶级剥削和阶级压迫，建立新中国以后，少数民族传统道德文化中具有阶级剥削压迫内容的部分被摒弃，传统美德被保留并获得新的生命力，逐渐与社会主义道德相似。以社会主义、集体主义为基本原则的新道德文化成为各民族人民共同的道德标准。主要内容为：爱国守法、明礼诚信、团结友善、勤俭自强、敬业奉献。这其中很多内容都与各少

① ［德］恩格斯：《反杜林论》，载《马克思恩格斯选集》（第3卷），人民出版社1972年版，第132页。

数民族传统文化中的传统美德不谋而合。比如，讲究礼仪、礼节、礼貌，待人谦让有礼，落落大方，友爱互尊，文雅守纪；忠诚老实，有信无欺，说老实话，办老实事，做老实人；实事求是，襟怀坦白，言行一致，表里如一；同舟共济，精诚团结；勤俭节约，自强不息，努力进取。各民族间道德差异大大缩小，共性增多。在跨文化交流中，即使事先完全不了解对方的传统民族文化，只要遵循社会主义道德的基本规范要求，一样能够进行友好顺畅的交流。

社会主义核心价值观是一种新时代的伦理道德，以其强大的广泛性、包容性和基础性成为人们共同认可的社会交往行为规范。既具有很强的新伦理文化的时代性、与时俱进性特点，又具有传统伦理文化的权威性、广泛性、群众性特点，成为规范族际社会交往行为、实现不同民族文化对接、拓宽民族交往关系路径、丰富民族交往内容的最有效工具。

社会主义核心价值观能够担当起民族间沟通交流的桥梁和文化转换器角色。它把各民族道德文化精华中含义相近的部分，以国家文化的形式确认出来。其功能类似于一个电压转换器，整合四面八方传来的各种文化差异，明晰其含义及其适用范围，再统一输出，使得各民族间社会交往有了基本的行为道德规范，最大程度减少了文化差异带来社会交往的诸多不便，实现了不同民族多种道德文化的有效对接，具有很强的实用性。

任何一个民族的传统文化都不可能十全十美，都有精华和糟粕。时代的快速发展，使各民族文化越来越相似，少数民族传统道德文化正在经历深刻的转型与考验。古老与现代、异质与同质、开放与封闭，都将在当今跨文化交流中同时存在，但也更容易使跨文化交流产生矛盾冲突。发掘整理各民族文化里的道德共性，敞开心胸理性客观看待文化差异，把内心里对本民族文化的热爱、对其他民族优秀文化的吸纳、对时代新文化的追赶结合起来，保持文化自觉，才是当下适宜的对策。

2. 媒体正确引导

媒体作为一种具有广泛影响力、无时不在的社会力量，被认为代表着多数人的意向，能够制造出广泛的社会舆论，产生强大压力。无论个人是否愿意、是否相信、能否承受得住，舆论都会存在，都会铺天盖地袭来。通过多形式、多角度、多频率的反复刺激，最终将道德事件和道德价值观念强制传播开来。

当前，媒体存在着一些不良现象。为了吸引关注，增加收视率、点播率、发行量，采取不正当竞争手段，降低信息的道德标准，对跨民族文化交流中产生的文化差异故意歪曲解读，或者片面夸张、哗众取宠，散播一些低俗、愚昧、甚至歧视内容，将一些文化差异符号化、刻板化。例如，对于跨文化交流中产生的一些简单的社会治安、民事纠纷事件，原本平淡无奇，故意挖掘出所谓的关注点，刻意强调当事人的民族身份，放大其本来与纠纷无关的宗教信仰，反复播放西北民族地区所谓贫穷落后、封闭保守的形象，有意无意让社会公众误解误读。还有一些宣传报道，媒体人缺乏基本的民族文化知识，不懂民族语言，对少数民族群众操着半生不熟的汉语表达出来的内容大惊小怪，歪曲解读；不了解历史由来，不能够洞悉文化冲突背后的深层次内容；不了解最基本的民族风俗习惯、宗教文化常识，怀着猎奇的心态故意炒作。还有一些媒体，迫于经济创收压力，片面追求经济效益，炒作一些能吸引人眼球的低级趣味内容，对道德事件、道德内容漠视不理，不尽到媒体应有的社会责任；或者报道只是蜻蜓点水般一带而过，没有相关的道德评价，对公众发出的评论也不进行反馈，这样大大降低了媒体的可信度，影响了媒体的舆论导向和社会监督功能。长此以往，整个社会的道德水平、公民的个人道德修养都会滑坡，不利于搞好民族关系，更不利于社会稳定和国家的长治久安。

社会转型时期，中国族际间文化冲突也呈现出多发态势。在当今大众传媒发挥重要作用的信息时代，媒体在道德建设方面应当主动发挥其重要作用。应当关注到民族文化道德建设这一重要领域，承担起引导道德风向、传播道德文化观念的作用。要照顾到少数民族受众的心理意识特点，主动深入到民族地区，调查他们的视听习惯、视听兴趣以及视听需要。要下基层，转文风，深入细致地在少数民族地区进行调查研究，积极挖掘反映民族关系、弘扬民族优秀文化的题材。全面报道民族地区改革开放，特别是西部大开发以来取得的辉煌成就，积极稳妥地宣传党的民族、宗教政策，引导增强各民族的开放意识。对于一般的跨文化交流冲突，一定要立足于少数民族地区的实际情况，客观分析，全面调查了解，理性谨慎地对待其中的敏感因素。媒体从业人员更要全面提升自身的文化素养，主动学习民族、宗教文化知识，了解不同民族间文化的共性与差异。还应当熟悉国家的宏观民族政策，熟悉民族地区经济、社会、文化发展目标，倡导各民族相互尊重，相互吸收对方优秀文化，在保持文化多样性中共同发展。特别要树立起大局意识，在宣传报道中淡化民族身份，强化公民身份，多角度、多层次引导各民族人民树立起“你中有我，我中有你”的中华民族整体意识，增强中华民族的凝聚力。

3. 加强民族团结教育

西北地区自古以来就是东西方文化交汇之地，多民族、多宗教存在有上千年历史，民族间文化差异原本就长期存在。改革开放以后，经济发展要素汹涌而至，把原先相对比较封闭的少数民族人群纳入到新经济秩序中。民族间在行业、职业、收入水平等经济社会分层结构中占据的地位差异凸显。种种发展不平衡往往会引发一些民族焦虑心理，产生不公平感、相对剥夺感、受挫感和危机感，对其他民族产生抵触情绪，愤愤不平，认为是民族掠夺和压迫。其民族意识开始觉醒，宗教信仰回归热潮兴起，从心理上将“信徒身份”与“民族成员身份”双重叠加，试图缔造牢固的民族精神共同体。这种心理意识将会大大影响文化交流的效果，降低民族间合作共赢的可能性，影响民族关系健康发展，更谈不上建设互利互助的社会主义新道德风尚。所以，要意识到维护民族关系的重要性，加强民族关系教育，建构起新时期“五个认同”的国家观和民族观。有了共同的认同基础，民族间跨文化交流才能遵循社会主义道德顺畅、有效、友好交流，实现共同进步，两者相辅相成、息息相关。

民族关系教育应当努力创新工作方法、拓宽工作渠道、突出时代特色，在导向上应当坚持国家利益至上，把握好国家利益与民族利益关系，在保护和传承少数民族文化的同时，着力宣传中华民族共同体思想意识。突出实践特色，认真做好调研，找准民族关系教育宣传工作与保障和改善民生、社会稳定、文化发展之间的结合点，贴近群众、贴近生活、贴近实际，增强民族关系教育的感召力和亲和力。应当创新教育形式，发挥好主流媒体的主渠道作用，加大覆盖面，创作出一批宣扬民族关系核心价值观的文化精品，让群众看得懂、听得懂、能接受。以往天女散花般地向群众发宣传单、宣传手册的做法容易造成极大浪费，可以尝试以社区为载体，动员社区各族居民自编自演社区戏剧，社区也应及时表彰民族间互帮互助模范典型，寓教于日常生活。应着力加强城乡接合部、边远农牧区、多民族聚居区等地的教育宣传力度，全方位、全覆盖，彻底消除盲点盲区。应当突出少数民族精英的思想教育，多保持沟通了解，引导他们对本民族文化有客观、全面的评价，发挥好他们在民族文化交流中的引领作用。

## 三、依法管理宗教事务

自从中国正式加入 WTO 以后，仅仅十多年时间，中国与世界接轨的进程急剧推进。宗教界接受外界信息，与外国宗教组织往来的频率大大增加，对国内的信教群众产生了一轮又一轮的冲击。依法治国是当代主要的社会管理方式，也是中国今后社会管理改革的大方向。宗教理念本身具有双重作用，部分内容在本质上与自然科学基本规律相对立，宗教组织的特殊形式和传播方式，容易使信徒信仰上具有盲目性，当有的宗教或宗教性势力走向极端化时，会产生残害生命、扰乱社会治安、危害国家和人民群众根本利益等不良现象。只有坚持依法管理宗教事务，日常工作中经常进行常规性管理和引导，才能发挥其优势，限制其负面影响。宗教信仰自由是基本人权之一，依法对宗教事务进行管理，对于邪教、违法宗教予以打击，就是对正常宗教信仰活动的最好保护，也是对公民信教基本权利保障的有效途径。

### （一）增强法制观念，善用法律手段

广大干部尤其是宗教工作干部、宗教教职人员以及广大信教群众要认真学习宪法以及国家相关宗教方面的法律法规，掌握相关的法律规定，真正使学法、用法、守法成为大家的自觉行动。加强对政策、法律、法规等方面的宣传，尤其是要加大对科学文化的宣传力度，教育人民崇尚文明，克服愚昧；崇尚科学，破除迷信；普及高新科技知识，提高全社会的科学意识。

要按照依法治国的基本原则，根据不同情况，采用不同的教育、行政、法律的手段，因地制宜，特别是要善于运用法律手段解决当前中国西北宗教发展中出现的种种问题。譬如，部分地区还存在宗教活动场所管理不力的情况，如不经申请批准擅自新建寺院、扩建寺院、私自认定活佛的现象。存在对未成年人入寺和社会流散僧侣管理不严的情况，定员管理落实不到位，少数僧侣未经审批到异地学经甚至非法出境学经，有的寺院和活佛未经审批举办跨地区宗教活动等。要依法对上述宗教事务进行管理，既

要保护公民的信仰宗教、不信仰宗教的自由权利，保护宗教团体和宗教教职人员的合法权益，又要坚决制止和打击利用宗教进行违法犯罪活动。既要坚持宗教独立自主、以寺养寺的原则，在平等友好的基础上积极开展对外友好往来，又要坚决抵制境外敌对势力利用宗教进行的渗透破坏活动，决不允许宗教干预国家行政、司法和教育，进行破坏祖国统一、民族关系和社会稳定的活动。对借宗教问题煽动群众闹事、扰乱社会治安等非法活动，要依法予以惩处。将宗教活动纳入到宪法、法律、法规允许的轨道内，使其活动文明、健康、正常运行。

### （二）加强宗教工作干部队伍建设，明确权责界限，依法行政

宗教干部是依法管理宗教事务的主体，其依法行政的素质如何，直接关系到依法管理宗教事务的客观效果。因此，建立一支既能充分体现党的领导，又能坚持依法行政的高素质宗教工作干部队伍就显得十分重要。广大宗教工作干部应当深刻学习“宗教与社会主义相适应”的重要思想，学习各项宗教法律法规知识，不断提高依法行政、依法管理的水平。

当前，应特别注意宗教事务管理权限划分清晰，职责明确。宗教工作实践中，一些地方宗教事务管理权限不清晰，职责划分不明确。许多地方县一级的政府宗教事务部门相继与同级党委统战部合署办公，导致有些地方人员不足，缺乏经费。因合署办公导致宗教办的职能有所弱化，“对外虽然还保留政府部门的称号，但实际上已退出政府序列。这种情况下的宗教办已经不完全具备行政主体的资格。更令人担忧的是，由于不再被列入政府部门序列，一些区县宗教办的工作人员在行政执法时，往往只能出示统战部的工作证件。从依法行政的角度来看，宗教办的工作人

员还没有开始执法，其本身的行为就已经违法”①。

### （三）积极引导并支持爱国宗教团体加强自身建设

爱国宗教团体是党和政府联系、团结、教育宗教人士和信教群众的桥梁和纽带，在协助党和政府贯彻执行宗教信仰自由政策、帮助信教群众提高爱国主义觉悟、维护宗教界的合法权益、组织正常的宗教活动、维护宗教界的正常秩序等方面，具有无可比拟的替代作用。要充分引导他们自我教育、自我管理、自我解决问题。

要着眼于现代文明，着眼于社会主义精神文明的价值取向，阐释对精神文明有益的教义、教规，为社会主义精神文明建设服务。要把政治素质好、有一定宗教学识、有较强组织领导能力、年轻有活力、在信徒中有威望的教职人员选进各级宗教团体领导班子中来，使宗教团体和寺观教堂的领导权牢牢掌握在爱国爱教的宗教人士手中。经常对教职人员进行爱国主义、社会主义、时事政治、法律法规教育，促使爱国宗教团体自觉遵守国家的法律法规，发扬自我教育的传统，切实维护国家和民族的利益，自觉走坚持独立自主办教的道路。帮助宗教团体建立健全各项规章制度，用制度来规范宗教团体的职责权利和办事程序，规范宗教教职人员的行为，促进宗教团体的内部团结。

## 四、加强中华民族共有精神家园的文化建设

在历史的长河中，中国西北地区各民族的文化都有其独特的价值思想体系和结构模式，都对中华文化做出了重要贡献。毋庸

---

① 宋华忠：《依法管理宗教事务的几个问题》，载《上海市社会主义学院学报》2005 年第 6 期。

置疑，我们应该怀着开放和包容的心态，尊重这种文明和文化的多样性，欣赏和学习其他民族的传统文化，用费孝通先生的话来说，就是“各美其美，美人之美，美美与共，天下大同”，推进西北地区文化发展和各民族的共同繁荣。

但是，从文化的属性来看，它本身就是民族分野的重要标志，对民族成员的心理意识具有很强的涵化功能。多元文化共存的格局客观上使得不同民族文化、不同宗教文化上的文化差异长期存在，而这种差异常常会与政治、经济因素异常复杂地纠结在一起，极易引发民族间矛盾冲突，造成区域社会动荡不安，还很可能削弱国家的凝聚力和向心力，助长民族群体的分离倾向，衍生出新的地方民族主义。打造多元一体的主文化，发挥主文化的整合功能与涵化功能，对于国家安全和民族关系和谐具有重要的理论和现实意义。那么，我们应该推动建构什么样的主文化？应如何建构这种主文化呢？

其实，这种主文化一直都存在，就是由 56 种民族亚文化共同建构的中华文化。它的基本结构模式是多元一体，即它并不是 56 种少数民族亚文化的简单叠加堆砌，而是既保持了每一种民族文化在宗教、道德、文学、艺术、生活方式等多个层面的特殊性，又提炼出各民族文化的普遍价值内容，创造出绵延不断的符合社会发展趋势的核心价值体系，并以此为精神支柱创造了中华民族生生不息的精神家园。它丰富多彩、博大精深，像阳光、空气和水分一样时时刻刻滋润着中华民族的生命，成为中华民族发展过程中生生不息、团结奋进的不竭动力。在今天的全球化时代，民族文化越来越成为综合国力竞争的重要因素。打造中华民族的现代精神文化支柱，在保持民族性、体现时代性的基础上不断推进民族文化创新，提高国家文化软实力，是促进民族关系的必由之路。党的十七届六中全会也深刻指出，文化是民族的血脉，是人民的精神家园。这说明共同的文化是中华民族全体成员的精神支撑、情感寄托和心灵归宿；是增强民族凝聚力、推动民族进步的精神动力。

精神家园对一个民族而言，是一个民族在文化认同基础上产生的文化寄托和精神归宿，包含了一个民族经过长期的历史积淀所形成的特有的传统、习惯、风俗、精神、心理、情感和归宿等，是一种精神与文化认同，其核心是民族精神。民族精神是一个民族在长期共同生活和实践中逐步形成和培育起来的，并通过特定的社会行为方式表现出来的思想观念、价值信念、性格与心理的总和，被该民族的绝大多数成员所理解和信奉，为本民族成员广泛认同，共同拥有，是民族认同和归属的本源所在。正是民族精神的这一特性，使它千百年来成为一条看不见摸不着但实实在在存在于人们心灵和生活中的纽带，以超越时空的力量，不分地域、职业、性别与年龄，把民族成员牢牢地维系凝聚在一起。中华民族共有精神家园的核心是中华民族精神，以爱国主义为核心，以团结统一、爱好和平、勤劳勇敢、自强不息为主要内容。

汲取中国传统民族文化的精粹是打造现代中华文化精神支柱的重要途径。鉴于历史久远、当代社会迅速变迁以及西方现代文明的冲击等多方面原因，中华文化正在丧失其内涵和功能，出现了结构混乱、内容模糊、精神失落等现象。西北民族地区近年来发生的多起冲突事件，一再提醒我们，一定要做好中华民族共有精神家园建设，以共同的文化认同实现民族交流与融合。为此，要做好以下几个方面的工作：

一是以社会主义核心价值体系为统领，加强中华民族共有精神家园文化建设。社会主义的核心价值体系是社会主义意识形态的本质体现，是全党全国各族人民团结奋斗的共同思想基础。它包括四个方面的基本内容，即马克思主义指导思想、中国特色社会主义共同理想、以爱国主义为核心的民族精神和以改革创新为核心的时代精神、以“八荣八耻”为主要内容的社会主义荣辱观。坚持社会主义核心价值体系要求我们必须巩固马克思主义指导地位，坚持不懈地用马克思主义中国化的最新理论成果教育人民，用中国特色社会主义共同理想凝聚力量，用以爱国主义为核心的民族精神和以改革创新为核心的时代精神鼓舞斗志，用社会主义荣辱观引领风尚，巩固各族人民团结奋斗的共同思想基础。

二是推进各少数民族文化的现代化，培育不同少数民族文化的新共同点。每一种传统少数民族文化都不可避免地会受到现代化浪潮的影响。在现代化进程中，少数民族需要重新审视自己的传统文化，站在历史发展的高度去理解传统文化的内涵。改革一些落后的不利于社会前进、生产发展和人们身心健康的文化和习俗，积极继承精华部分，发扬优秀的文化传统；努力学习现代科学技术、科学思想和科学方法，促进不同文化特质的融合，形成适应社会主义市场经济要求的新文化体系，使民族文化充分体现传统与现代的结合，体现继承与创新的结合，体现民族特色与时代精神的结合，实现民族文化在创新中寻求发展出更多的共同点，实现更大范围内的、更高层次的文化整合。

三是大力加强对各民族文化的研究、挖掘和保护。要深入研究当今世界和当代中国的发展趋势，清醒认识时代发展变化对中国传统文化建设的深远影响，准确把握社会文化的新变化，使传统文化建设既不脱离现实又不迷失方向，既不落后于时代又不超越阶段，始终与时代发展同步伐，与人民群众共命运，与社会主义事业齐发展。要按照古为今用的原则，对丰厚的传统文化进行科学梳理、深入挖掘，取其精华、去其糟粕，使民族优秀传统文化得以传承，并不断发扬光大。要重视文物和非物质文化遗产的保护，做好文化典籍整理工作，切实保护好中华民族文化瑰宝，使之代代相传、荫泽后人。

四是着力推进中国优秀传统民族文化创新。进一步理顺行政管理体制，提高管理水平，增强管理效能，形成有利于传统文化创新的管理格局。要努力推动传统文化学科体系、学术观点、科研方法创新，促进传统民族文化的创新，使中华民族传统文化更好地适应经济、政治和社会发展的需要，使其具有鲜明的时代特征和强烈的时代气息。着眼于增强民族文化的吸引力、感染力，在遵循文化规律的基础上，博采众长、兼收并蓄、反复磨砺、精益求精，大力推进传统民族文化内容与形式创新。充分运用先进技术手段改造传统生产经营和传播模式，推进技术升级，不断丰富生产方式与表现形式，为传播优秀传统民族文化提供新阵地、新平台、新空间。

五是积极发展传统民族文化的事业和产业。制定和完善扶持传统民族文化的公益性事业和产业、鼓励传统民族文化创新等方面的政策，形成有利于传统民族文化繁荣发展的政策体系。坚持以政府为主导，鼓励社会力量积极参与，进一步加大投入力度，形成稳定的经费保障机制，确保对传统民族文化的公益性事业建设的财政投入逐年增长。在此基础上，大力发展传统文化的经营性产业，推动形成以传统民族文化为主体、吸收外来有益文化的文化市场格局。保护好、引导好企业投资传统民族文化的产业积极性，迅速壮大规模。重点实施重大传统文化的产业项目带动战略，加快传统民族文化的产业基地建设，打造具有核心竞争力的传统民族文化产品和品牌。树立现代营销理念，掌握市场规则，抓紧构建营销网络，做好传统民族文化产品的推介和营销。要建立健全传统民族文化的市场，健全传统民族文化的行业组织和传统文化中介机构，培育全国或区域性的大型现代流通组织和物流中心，发展传统民族文化的产品连锁经营和电子商务，促进传统民族文化的产品和生产要素合理流动。

六是广泛开展优秀传统民族文化的宣传教育。充分发挥民族传统节日的文化传承功能，把健康向上的传统民族文化产品和服务送到城乡基层，深入推进各种形式的群众宣传创建活动，组织丰富多样、健康有益的民间民俗文化活动，在各类精神文明创建活动中大力倡导优秀传统民族文化，让更多的人在多姿多彩的传统文化活动中了解传统民族文化、喜爱传统民族文化、享受美好生活，成为优秀传统文化的承继者、传播者。

16 世纪德国思想家、改革家马丁·路德说过，一个国家的前途，不取决于它的国库之殷实，不取决于它的城堡之坚固，也不取决于它的共同设施之华丽，而在于它的公民的文明素养，即人们所受的教育、人们的学识、开明和品格的高下。这说明建设中华民族共有精神家园的迫切性与重要性。中华民族共有精神家园的内涵十分丰富，既需要意识形态层面的宏大支撑，也需要植根于民族文化传统的现代创新，这既是一个理论总结和提升的过程，更是一个人民大众实践和探索的过程。中华民族共有精神家园应当体现时代精神的丰富内涵，反映当代中国人民紧跟时代、振兴中华、创造和谐的精神风貌，凝聚和团结中华各族人民激发创造活力，提高民族自信心。一个国家、一个民族，只有坚守共有精神家园，才会具有向心力、凝聚力和创造力，才会不断产生和强化民族自豪感与自信心，才会以巨大的合力创造时代的辉煌与人间的奇迹。

## 五、强化国家认同，强化公民身份

现代化浪潮剧烈冲击着中国西北多民族地区，使之进入一个剧烈变迁的时代。从传统的熟人社会进入到全面流通的陌生的市场契约社会，个体民族成员生活在一个充满了差异和不断变化的动态时空环境中。由于社会流动性的加剧，人们可能被划入几个或几个以上群体，其身份也在不断地发生着融合、淡化、扩展、重构，因而具有多重身份。在身份认同内容选择上，可能会发生冲突：一方面是从小耳濡目染的原属民族传统文化，另一方面是国家建构的政治文化。在涉及民族利益与国家利益发生冲突时，到底选择哪一个？对于自身身份的思考、对身份的谱系认同混乱，常常使得身处于中国这样一个多民族国家的民族成员在身份认同上，徘徊于民族认同与国家认同之间，不能正确认识民族认同与国家认同的关系，一定程度上影响了民族关系的和谐和国家的稳定。

民族认同与国家认同到底是什么样的关系？只有弄清楚了这二者之间的联系，我们才能进一步探讨多民族国家少数民族成员如何在二者之间进行选择的问题，国家制定民族政策才能有的放矢。学术界对二者的关系有两种截然相反的看法。一种是认为二者具有一致性，民族认同是国家认同的前提和文化根基。民族认同是局部的、游离性，具有不确定性。只有国家出现以后，由多民族国家对血缘、语言及地域特征等文化因素包容和正确引导，缩小各民族成员的心理距离，以体现国家一体的观念，民族认同才能真正形成并稳固下来。所以，民族认同其实是依赖于国家认同并成为后者不可或缺的组成部分。另一种观点认为，民族认同和国家认同在本质上是对立和矛盾的。因为国家整合要求放弃民族特性，为了打造统一的政治共同体，往往会忽视、压制其他民族文化存在的价值和意义。事实上，民族认同主要是一种文化认同，国家认同主要是一种政治认同。放眼全球，无论是政治安全还是经济依赖，没有哪个民族能够离开国家而独立生存，国家认同是一种更高层次的认同。在民族利益与国家利益发生冲突时，应该首先把国家利益置于第一位。

作为一个多民族国家，在民族政策的制定思路上，应当认真考虑如何处理好民族认同与国家认同的关系。近年来，有学者提出借鉴加拿大、澳大利亚等国家的文化多元主义模式，使少数民族在原有的民族认同的基础之上，形成“中华国族的一体感和自豪感”[①]。在多民族国家里，少数民族是有着自身利益诉求的特殊群体，如果过分强调民族身份、民族认同，在涉及民族资源利益纠纷时，有可能会助长民族主义情绪。“民族共同体而不是国家成为了民族成员效忠和归属的最高对象，在民族成员的认同结构中处于最高的级序；民族成员以本民族的利益为最高标准进行族际互动，无视甚至侵犯国家法律制度体系的统一性，挑战国家权威的合法性。”[②] 这对于维护国家稳定，构建社会主义和谐社会，实现各民族的共同繁荣昌盛和社会主义现代化建设的宏伟目标，都具有一定的负面影响。在中国，至少在现阶段，强调国家政治认同具有更重要的现实意义。我们当前制定民族政策的思路，也应当定位于尊重和保护少数民族传统文化和文化多样性的基础上，强化公民身份和国家认同。

那么，我们如何协调不同民族之间的关系，如何整合政治资源和文化资源，锻造56个民族统一的中华民族国家认同呢？

第一，加快发展少数民族经济，实现各民族共同富裕。

由于历史和现实的原因，中国各民族之间经济发展水平很不均衡，市场竞争越激烈，民族间经济利益的争夺越激烈，民族间经济发展水平越悬殊。这样很容易引发部分贫困地区少数民族的不满。要加快少数民族经济发展的扶持力度，建构少数民族地区改革开放成果的共享实现机制，实现全面的公共富裕，逐步缩小民族之间的经济差距，各民族群体内部的经济专业化、地域化与国家经济的一体化形成不可分割的利益纽带，提升少数民族对国家的归属感，从而实现民族认同与国家认同。

---

① 胡鞍钢、胡联合：《中华梦的基石是中华民族的国族一体化》，载《清华大学学报》（哲学社会科学版）2013年第4期。

② 高永久、朱军：《论多民族国家中的民族认同与国家认同》，载《民族研究》2010年第2期。

只有少数民族经济得到了实质发展，整体国力增强，少数民族国家意识与民族意识的权衡取舍才能相对容易。因为“取决于他们对自己的共同体利益的关注程度，取决于他们共同需求的强度及与环境的关系。只有那些被他们视为生活中必不可少的、重要的或至少是有用的东西，才能将他们紧密团结以抵御那些来自内部和外部的分解力量的影响”①。

第二，打造共同的文化价值。

文化是人们在精神领域内的某种价值共识，是一种精神信仰和行动的支撑点，是人类社会所有共同体最根本的维系力量。它“如同一个活的细胞膜，将共同体和个体与世界的其他部分联结起来，并使他们有了作为该共同体和个体的身份”②。价值共识是可以通过物化形式来营造培养的。中国有着悠久的文化，政府可以利用此优势，并通过各种物化形式和信仰来强化中华民族认同。

加强“中华民族多元一体”的认同教育。充分挖掘各种宣传资源，动员各方面力量，开展广泛的整体民族观宣传。对共同的历史、物质文化、非物质文化中的交叉、融合因素进行重点强调，发挥其强大的纽带作用，以缩小各民族间的心理距离，增强各民族的亲和性，强化“中华民族多元一体”的观念。挖掘政治文化、国家文化的内涵，使之从宏大抽象到微观具体，从遥不可及至深入生活，触手可及。譬如，多组织少数民族群众参观历史纪念馆；多制作关于全民团结的文艺作品，进行广泛展演等。总之，就是尽可能使56个民族的成员有较多的机会聚集在一起，

---

① Karl deuschw, wiliamfoltzj. Nat ion – Building, Athert on Press, A division of Prentice – Hall, Inc. NewYork, 1963.

② ［美］罗伯特・贝拉：《宗教多元论与宗教真理》，刘小枫译，贵州人民出版社1999年版，第7—8页。

强调他们的共性和共同传统，尽量缩小分歧，并促使他们共同思考、感受和行动，不断营造中华民族文化认同的心理基础，激发人们的爱国热情。

第三，加强公民意识教育。

公民意识主要包括三个方面内容。一是主体意识和国家意识。公民与市民、百姓、国民、群众的具体含义不一样。公民与国家是紧密联系在一起的，是国家主人和社会的主体，离开国家就无公民可言。在任何时候，公民都要认同国家和宪法，对国家有一种归属感和认知感，要以国家和民族利益为重，自觉关心维护国家、民族的利益、荣誉和安全。对国家要忠诚、要有信念和信心，要坚定地保卫国家和维护国家利益。二是公民的权利、义务意识。每一个公民都应该知道自己拥有宪法和法律保障的权利和基本自由。公民的权利和基本自由有很多，如生命权、健康权、受教育权、就业权、全面的社会保障权、就医权、人身财产安全权等，还有政治民主方面权利，如知情权、参与权、表达权、监督权等。知道自己和他人都享有这些权利，就会尊重他人的合法权利，拥有理性的生活态度。公民享受权利的时候，必须承担宪法、法律规定的政治、法律上的义务。三是民主法治、自由平等、公平正义等理念。包括了社会主义民主法治、自由平等、公平正义理念三大基本理念，涉及国家制度、个人权利、社会价值。在国家经济、政治、文化与社会生活中必须具有的道德规范意识，要正确处理个人与国家、个人与集体、个人与社会、个人与他人之间的关系。

从总体上看，民族身份是一个文化概念，而公民身份是一个政治概念。公民意识的强弱，与国家认同程度的高低密切相连。加强公民意识教育，将每个社会成员的心理提高到国家认同的高度，有利于激发爱国情感，提升国民素质，使人们更加自觉地履行法定义务、承担社会责任，使爱国主义、集体主义、社会主义思想得到大力弘扬，使社会公德、职业道德、家庭美德、个人品德建设得到大力加强。只有树立起强烈的公民意识，构建社会主义和谐社会才会真正成为人们的自觉行动。

进行公民意识教育，在民族宗教领域里，重点应当突出两个重点。一个重点是要进行国家与民族意识教育。公民是在特定的国家和民族中生存的人，国家与民族意识是萌发和养成公民意识的基础，两者之间应该是统一的。公民的民族意识应推动国家意识深化，促进各民族间的团结和祖国的统一；公民的爱国情感又应促使民族意识升华，有力维护各民族互相尊重、和睦相处。另一个重点是自由与法治意识教育。自由意识作为公民素质的一种反映，体现着公民对法律规定权利的自觉，体现着追求自由与高度自律的理性境界，体现着对社会的责任和对他人自由权利的尊重等。法治意识是公民依法管理国家经济社会事务的思想观念。通过加强法治意识教育，使公民形成法律至高无上的思想观念，可以提高公民依法行使权利和有序政治参与的能力，使公民在实践中感悟法治对公民自由权利充分实现的极端重要性。

## 六、创新宗教管理工作，走社会化之路

改革开放以来，中国的宗教状况发生了巨大的变化，宗教事务管理模式也先后经历了主要依靠政策的行政方式、政策与法制并用以及推行主要依靠法制手段三大管理模式的变迁历程。显然，这是一个可喜的进步。法律的进入非常符合国人孜孜以求的"依法治国"理想，符合现代社会政府角色由"全能政府"向"有限政府"的转变。然而，欣喜之余也应该看到，单纯依赖法制手段也有局限性，难以及时有效地解决许多现实问题。譬如在市场经济的剧烈影响下，"制度性宗教"为了适应现代社会人们

的精神需求，从过去所沿袭的集体性、公开性的偶像崇拜为主转变为以个体化、非公开的自我崇拜为主，“从他救转化为自我拯救，从而形成带有明显个性化特征的宗教”①。

宗教的精神功能渐强而组织功能渐弱的趋势，对于单纯依赖法制手段做好宗教工作构成了挑战。现代社会宗教管理工作不仅要做好宏观工作，把握大局，更要注重微观维度，更贴近人们的公共精神生活需求和日常宗教生活细节。法律本身的僵硬性、高度抽象性决定了宗教事务的许多微观层面无法涉及或者深入，并且在实践中多数地区宗教事务管理仍然以行政主导型管理模式为主。我们需要继续开拓思路，探索新的宗教事务管理模式，以适应社会的动态发展变化，满足宗教事务不同维度的需求。在当前情况下，宗教工作社会化是一个较好的新突破。

### （一）宗教工作社会化之含义

宗教工作社会化，是相对于以往行政主导型的宗教工作而言的。宗教在很长一段时间内正如赵紫宸先生所言的“群体中的群体”“大社会中的小社会”②，其特殊的敏感性使得与之相关的一切事务都要由宗教事务管理部门过问，别的政府部门不愿管也不敢管，而民间的社团组织、社会工作者更无途径参与宗教工作。宗教管理部门采用的主要管理方式是自上而下自成体系的单向行政管理体制，虽然起到了一定的效果，然而缺陷也是很明显的。宗教工作本身点多面广，信徒数量庞大，人员构成复杂且流动性强，崇拜形式多样。仅仅依靠宗教事务管理局一个部门

① 彭继红：《宗教政策与公共精神》，载《武汉大学学报》（哲社版）2005 年第 5 期。

② 赵紫宸：《基督教哲学·赵紫宸文集》第 1 卷，商务印书馆 2005 年版，第 154 页。

“唱独角戏”，用极为有限的人力、物力、财力去完成极为复杂的高难度工作，往往既分身乏术、力不从心，又容易采用一刀切的僵硬工作方法，缺乏鲜活性、有效性和针对性。社会也因此养成了一种习惯性思维模式，凡是公共事务只要与宗教沾边，就推给宗教事务局，常常小事拖延成大事而贻误了解决问题的最佳时机，一旦出了状况，宗教事务局总是被指责为工作不力，成为各方矛盾的焦点，陷入费力不讨好的被动境地。

宗教工作社会化，是指宗教事务管理部门在政府的领导下，采用经济、行政、法律等多样化的方式，充分挖掘和整合利用各种社会资源，增进社会各层面对宗教工作的了解认识，动员参与、支持宗教工作，动员宗教与社会主义相适应的一切积极因素来协调宗教经济、社会事业的各方面发展，同时自觉抵制各种消极因素，是社会转型时期宗教工作的一种新的管理方式。其基本特点有三：其一，将宗教工作“脱敏”。宗教事务只不过是诸多公共事务之一，在认识上不再将其特殊化或隔离化。其二，去单一行政化。既然宗教工作只是公共事务的一种，就应该顺应其公共性、社会性的本性，动员政府各部门和民间各方参与其中，特别要积极吸引民间社团、社会工作者、志愿者，而不再由宗教事务局包揽全部，由过去单一直线型行政主导模式变为多维度立体网络型社会共治模式。其三，充分放权。宗教事务局在宏观上负责宗教事务的引导、联络或动员，微观事务则充分下放管理权力，交给街道、社区、行业协会、宗教团体、社会公益组织等，一些发生在宗教活动场所之外的轻微事件则由治安、工商、环保等部门负责依法处理。总之，宗教工作社会化的主要优点是增强解决实际问题的针对性和时效性，便于动员各方的参与意识，突破条块分割的“瓶颈”，发挥“大部制”改革所确立的“大社会”理念中的聚力优势，整合各个领域的资源，适应了现代社会宗教发展的大趋势。

### (二) 宗教工作社会化的现实依据

宗教起源于社会生活，会随着社会的变迁而不断变化，宗教事务作为一种社会事务，对其管理模式也应该随着社会动态变迁不断进行调整，以适应社会发展的需要。中国正在经历全面的社会转型，宗教工作社会化是中国社会转型的现实要求。

1. 中国宗教信仰与表达的“非制度化”趋势

一种宗教包括精神属性和组织属性两方面的内容。在社会转型的潮流中，中国宗教在这两方面都呈现出非制度化、多元化的趋势。就精神属性而言，传统宗教里所包含的宏大、抽象的教义教规受到市场经济、社会分层的剧烈冲击，为了适应日益复杂化、竞争化的现代生活，人们不得不主动调整或者被动适应诸多物质文化、竞争文化的侵袭，宗教信仰难以坚守原有的教义教规，趋于碎片化。一些人追求浅薄的世俗利益、单纯的物欲享受，对宗教文化往往存在物质化、功利化的理解，把信教作为一种时尚。还有一些人在社会中处于底层，自身文化素质、生存竞争能力都较弱，在市场竞争和世俗化漩涡中挣扎。他们往往根据自己的精神需要对宗教文化进行片面理解，致力于消除心灵阴影，寻找精神依赖和精神慰藉，具有浓厚的个人消灾避祸的功利主义色彩。城市化、市场化和流动性使得信徒的来源构成日趋复杂，个人需求差异很大，宗教信仰越来越表现出游移性和脆弱性，每个人根据自己的需要各取所需，进而对宗教精神层面的理解内涵多元化和复杂化。

宗教信仰的表达也相应地趋于“非制度化”，其组织性不断减弱。一方面，市场经济的流动性、竞争性使得现代社会人们的生活节奏快、时间紧，很少有时间去公开的宗教场所过群体式的宗教生活；另一方面，当代中国宗教信徒越来越多地追求宗教的“精神性”，而忽略其“建构性”，宗教信仰变成了公民个人的私事。人们从过去以公开的、群体式殿堂偶像崇拜模式为主，越来越多地转变为以非公开的、原子化的个人崇拜模式为主。人们在自己家中，在附近小的聚会点就能满足个人的精神生活需求，信佛不进寺，信神不信教，自给自足，自我满足，制度性宗教变成了私人信仰。教内有派、教外有教的态势不断萌发并日益壮大，非制度性宗教公开挑战制度性宗教的合法地位，在一些地区二者之间形成彼此抗衡、对峙的局面。

宗教的非制度化发展倾向使得我们极力追求以法制手段进行宗教事务管理的方式遭遇到现实的打击。毕竟，法律手段只能有效适用于公开的“制度性宗教”，管理有形的宗教场所、公开的宗教组织、外在的宗教行为模式，而对于虚拟化、非公开化的宗教场所，譬如网络宗教生活、寺堂之外的信徒团契方式、农村私人聚会点等，则是国家行政权力、司法权力难以进入之空间，其他社会组织介入或许会更有效地对上述非制度性宗教予以引导和协调。

2. 政教关系需要社会介入作为缓冲带

文艺复兴、启蒙运动产生的政教分离理论本意是逐渐摆脱宗教礼仪和信念对社会和人的控制，源自于欧洲社会新型阶级建构公民社会来摆脱宗教控制，并且向世俗化发展的需要。其基本含义是政治与教会分离，教会不再干涉国家机构的运作。基督教发展历史表明，数次大规模教派分裂和冲突都源自于教会内部勾结政治力量进行争权夺利。只有剥夺教会接近政权的强制压迫的权力，同时剥夺政权干涉教会事务的权力，才可能取得不同信仰和教义的人们和平共处。可以说，没有政教分离就没有西方政治现代化，政教分离成为世界公认的主流趋势。

纵观中国历史，任何一种宗教企图长期控制中央政权的想法从来就没有实现过。但在具体的实践中，政教分离却会被理解为政治与宗教的分离。虽然二者有一定的联系，但是教会与政权分离和宗教与政治分离两者间有很大的本质上的差别。政治与宗教不可能完全分离。政治乃是管理众人之事，任何一种政体要想稳定地存在，没有广泛的群众基础是不行的。它必须要把社会中各个阶层、各个群体的代表吸收进公共治理的机构，把最广泛的民众凝聚在一起，必须要倾听广泛的呼声，吸收广泛的民意表达，这样就不可能抛开数量庞大、构成复杂的各种宗教的信徒。譬如在西方发达国家选举中，各党派为了争取有宗教信仰选民的选票，必须要慎重考虑宗教因素对选举的影响。在理论和实践中，我们既要做到把爱国爱教的宗教人士引导团结到政府架构中，让他们积极参政议政，又要确保宗教保持中立，宗教不得干预国家行政、司法和教育。宗教产生有深刻的社会根源，如果在政治、宗教中间引入社会这一元素，使三者形成一个三角关系，社会可以承担缓冲的职能，政教关系则变为持续稳固的三角形新关系。这样二者关系就容易处理得多，不至于因为制度张力过大而引发激烈的直接冲突。

3. 宗教冲突的深层次根源

中国宗教信仰的突出特征之一，是民族与宗教密不可分，许多民族信仰宗教。在市场经济竞争、开放的潮流下，少数民族流动人口日益增多，各民族之间在族际交往过程中，合作、交流与利益竞争、分化并存。族际竞争的领域全方位深入到经济、政治及文化等领域。各民族不仅在经济生产或商业活动中展开直接竞争，譬如对各种就业岗位、经营性场所的竞争，还在公共事务管理中展开竞争，其竞争的过程表现为各民族寻求自己的社会网络关系、社会资本，特别是凭借少数民族身份和宗教信仰，为本民族小团体或者个人争取利益。各民族竞争能力不同，导致不同民族人口在就业、教育、收入等方面都存在着不同程度的分化现象。随着市场经济的不断深入，民族分层和民族分化将会进一步加剧，对同等地位和利益的追求将会格外强烈。这又会提升、强化民族本位意识，使民族个体趋向于民族整体的内聚。宗教信仰作为民族差异的主要特征之一在民族竞争中被彰显与放大，并且被作为民族整体利益诉求的博弈手段日趋强化，极大地消解了各民族共生发展的意识，不利于社会的和谐发展与稳定。

归根结底，宗教赖以存在的根源在于社会，宗教是社会存在的反映和表现，民族之间的政治、经济利益上的冲突，常常在宗教领域里爆发。这也是为什么近年来一些宗教事务管理人员感到宗教问题越来越敏感的重要原因之一。想要妥善地解决宗教冲突问题，我们必须深入剖析其深层次的原因，在社会中去寻找解决问题的办法。抛开深层次的根源，就事论事，肤浅地认识宗教冲突，认为只要宗教事务管理部门兢兢业业工作就能做好宗教工作的看法是不现实的。

### （三）宗教工作社会化的思路

#### 1. 转换思路，推行“小政府、大社会”的管理模式

从“全能政府”向“有限政府”转变已经倡导了很长一段时间，各地政府也在一些领域做出了一些积极的尝试，获得了初步的成效，但是在宗教事务管理方面效果依旧不明显。究其原因，管理思路没有充分转换是其中一个很重要的原因。事实上，在市场经济环境下，宗教的面貌发生了很大的改变。过去，在计划经济环境下，一般的宗教事务由宗教事务管理部门出面协调就能解决，但是在市场经济条件下随着投资主体多元化、利益主体多元化以及新技术的层出不穷，仅仅依靠民族宗教事务局很难有效管理各民族宗教事物，必须要多部门的协调，多头行动才能收到实效。

建立“小政府、大社会”的管理模式有两层含义。从横向权力分配来看，要改变民族宗教事务局一家唱独角戏的局面，突

破宗教事务管理“条块分割”的瓶颈，公安、消防、环境保护、海关、通信、卫生、交通、规划、城建等部门都可以深入到与宗教事务相关的公共事务中去，形成宗教事务管理的社会网络。统战部门要牵头协调宗教管理中的重大问题，把握政策，加强指导，做好宗教界人士的培养教育，督促他们起到模范带头作用；宣传部门要加强党的民族宗教政策和形势任务的宣传教育；组织部门要调整年度考核办法，把宗教场所社会管理工作纳入考核范围；综治部门要把宗教场所管理工作纳入社会治安综合治理目标责任范围内；农牧、环保部门要以新农村建设的相关要求强化宗教场所周边的环境卫生治理；旅游部门要围绕总体规划做好宗教旅游开发整体规划；教育部门要会同有关部门解决未经批准擅自办学问题；广电、文化部门应承担对宗教场所广播电视、书刊、宣传品的管理责任；林业部门应做好宗教场所的林木管护以及绿化工作；水务部门应承担宗教场所的饮水、自来水管道的疏通、维护工作；建设部门要统筹安排各宗教场所的交通主干道的道路维护工作；卫生部门应当与乡镇、街道合作，将宗教教职人员纳入新型农村合作医疗范围；公安部门应加强寺院治安和户籍管理等工作；财政部门应当建立宗教工作年度经费预算制度，保障宗教场所社会管理工作的展开；等等。总之，将与宗教有关的事务不再看成是特殊事务，按照法律规定在权限内自主地行使一般公共事务管理职能，对于重大事务可以建立联席办公制度，整合多部门的力量集中解决难点问题。从纵向权力行使来看，应该逐步做到重心下移，实行“分级负责、属地管理”的原则，将宗教事务行政审批权逐渐下放到区县、街道、社区、乡镇。本着权利与责任相统一的原则，基层单位在享有越来越大的行政权力的同时，承担起基层宗教事务的主要监管工作，建立健全相应的考评体系，建立纵向联动机制。既各司其职、各负其责，又协作配合、齐抓共管，充分发挥“大部制”机构的优越性。

2. 引入社会工作者、宗教社团等民间力量

社会工作是一门新兴的学科，通过确定服务对象的需求与问题，争取各种外力协助，动员各种社会资源，有步骤、有计划地预防或者解决各种社会问题，调整、改善社会关系，减少社会冲突，本质上是为社会各类人群提供帮助，达到其自助目的。它的涵盖范围包括精神健康服务、卫生保健、教育资助、扶贫救济、流动人口的社区融入等十分广阔的领域。社会工作从宗教中发展而来，与宗教工作有着天然的紧密联系。将社会工作理念、方法和社会工作者引入宗教工作，就是将社会工作者、服务对象、问题、资源、社会环境等因素连接起来并有效地配合工作。

目前，民族地区专业社会工作者的数量还很少，能够熟悉使用少数民族语言和汉语、掌握法律政策、了解宗教文化内涵、满足多民族地区需要的专业社会工作者相当奇缺。在将来很长的一段时间内，能够满足多民族地区需要的专业社会工作者仍然匮乏，把这一角色交由宗教人士来担当将是一个现实的选择。在这方面，西北多民族社区具备一定的现实条件。譬如，多民族社区常常会建有清真寺，穆斯林往往有绕寺而居的习惯，宗教组织比较发达，对信徒的日常生活影响力很大。宗教本身就有服务社会的作用，爱国宗教人士早已扮演过慈善、救济等社会工作的角色。他们遵行“与人为善、扶危济困”的宗教教义，常常捐助困难家庭和弱势成员，调解成员之间的纠纷，在社会工作方面已经积累了相当多的经验，具有密切联系少数民族群众、服务网络覆盖面较广等特点，在慈善、公益活动、救灾扶困、心理抚慰等方面对信徒的帮助很大，成为一支有利于民生的社会力量。在信教群众相对集中的教区，宗教组织利用自身的组织优势，开展各种形式的活动来凝聚民心，在对外文化交流方面也能发挥窗口作用。同时，可以考虑从信教群众中引导建立一批民族宗教工作志愿者队伍，聘请专业的社会工作者为指导，进一步提升社会服务

的水平和实用技能。

3. 依法管理和依照政策管理二者缺一不可

在当前阶段，继续推进依法管理，提升宗教管理水平十分必要。在实际工作中，根据当前情况，重点应当强化源头管理，把好宗教团体的准入关。按照准入条件，认真审核宗教团体变更登记和注销登记事项。做好宗教教职人员的备案工作，对于跨区从事宗教活动的教职人员，根据权限做好备案工作，督促宗教团体和宗教活动场所依法为宗教教职人员办理基本社会保险。强化场所管理，规范宗教开放场所的管理，控制、抑制滥建宗教场所的势头。强化宗教活动管理，确保宗教动态监控到位，做好集体宗教活动的审批工作。一方面，确保集体宗教活动须由经认定的宗教教职人员或者符合规定的人员主持，保证宗教活动的纯洁性，严防外来非法宗教势力的渗透；另一方面，确保跨区集体宗教活动依法有序进行，对活动的内容、活动的场所、活动的能力、活动的应急预案进行审核，确保拟举办的活动不会对道路交通安全秩序和社会公共秩序造成严重影响。完善对宗教财产的管理制度，指导宗教场所建立和健全各项制度；建立联动机制，打击非法宗教活动。按照“疏堵结合、区别对待、分类处理、纳入管理”的原则，依法严肃处理。

坚持依法管理的同时，我们也不可忽视政策的重要作用。法律虽然有一定的权威性，但是也有高度的抽象性和滞后性。社会转型时期，很多新问题层出不穷，而立法程序又是一个相当严肃和漫长的过程，在一部法律出台之前，大量的现实问题必须要解决，以维护基本社会秩序正常运转。政策具有一定的灵活性，能够适应快速社会转型的需要，很多问题在没有明确的法律可依情况下，可以制定各种政策，用政策来过渡。我们对于宗教事务的管理，既要依法进行，体现法律的权威性，又要注意运用灵活的政策，以柔性的方法来解决许多现实的问题。

# 结语：宗教现代性转型进程中的民族关系图式

本研究大致以改革开放为基本时间起点，以 30 年来宗教面貌的变化为大区间，以 10 年西部大开发为核心小区间，探讨在中国社会整体宏观现代性变迁的条件下，宗教本身也在发生着现代性转型。西北地区的宗教现代性转型有何特点？全球视野下宗教的现代性转型又会对民族关系发展造成哪些影响？作为全球化的一员，我们又需从全球宗教的现代性转型汲取什么样的经验？进而探索西北地区宗教治理应当遵循的基本框架思路。这也是本研究对现代性视域下西北三大宗教对于民族关系的影响的总结和反思。

## 一、西北地区宗教现代性转型之特点

### （一）寻根的焦虑：主体性的迷茫

西北地区被卷入现代性转型狂潮之后，贸易、资本、资源、劳动力、信息、高科技不断跨区域、跨民族、跨时间进行飞速流动，不断被宏观大市场配置与再配置。现代性鼓励西北少数民族参与竞争，强调优胜劣汰，动员挑战极限，最大限度开发潜能，机遇之多似乎令人眼花缭乱。现代性使得原本保守、闭塞、缓慢的西北空间与时间无限延伸，人作为世界的主体似乎无所不能，可以在极大空间里自由地施展身手。国家又出台了一系列优惠扶持政策，专门向西部少数民族和民族地区倾斜扶持。民族间的发展差异受到高度重视，民族文化、宗教文化得到了法律层面的尊重与保护。

西北地区作为中国经济的边缘地带，与东部核心经济中心的落差不但历史上一直存在，而且进入现代性转型阶段以来，随着资本、资源和劳动力迅速向东南部流动，以及国民经济“三步走”发展战略的实施，西北地区很难依靠自身力量在同一时间内参与全国市场的激烈竞争，在相当大的程度上成为东部经济区的原材料供应地和廉价劳动力输出地。东部以资本、高技术和信息对西部实施事实上的技术、信息以及利润掌控。东部与西部之间、汉族聚居区与少数民族聚居区之间的经济发展水平落差随着越演越烈的市场竞争不但没有迅速缩小，反而被现代化拉大。现代化初期阶段所流行的评判标准，日益以滚滚而来的强势文化面貌，对西部少数民族文化造成强烈冲击，古老的少数民族宗教文化在以经济文化打头阵的现代文化初步冲击下陷入困境。

信教的群众发现，他们所面对的西北地区已经是一个被现代文化进行了结构改造、重新赋予了新意义的生活世界。“经济唱戏、文化搭台”，经济文化化，文化经济化。经济型文化鼓胀着经济扩张的野心，如洪水般四处泛滥，民族、语言、历史、文化、聚居区域等过去构成民族文化认同的纽带，如今都被经济文化日益打破和削弱。过去所笃信的传统文化的意义和价值，都要接受新评估，都要求人们做出主动或者被动的选择。在“与国际接轨”的激情幻象中，西方世界、中国东南部代表了进步、开放；西北的民族性、传统文化被贴上了保守、落后的标签，被演绎成富裕与贫穷的巨大落差，民族性与现代性一时间似乎难以兼收并蓄。以宗教文化为核心的少数民族文化正在陷入传统文化被打破、被肢解，以及不得不适应和接受现代同质性文化的艰难选择过程。民族人口很容易在这场表面丰盛的文化盛宴面前陷入文化焦虑。放弃传统宗教文化，意味着割裂传统、丧失民族性，在漫长的社会化历程中建立起来的价值体系轰然崩塌，意味着失去了精神根基；然而完全拒绝现代文化，又会与现代社会脱节，无力参与市场竞争，意味着与现实需求相抗衡，最终被边缘化。传统与现代之间，何去何从？究竟把民族性根植在哪里？表现出持续的“寻根”焦虑。

在这场由外力强制推动的社会结构关系变迁中，国家与民族地区、同一性与差异性里，其实存在着主体与他者的暗喻。作为由国家政策推动的被动型参与者，西北少数民族还来不及为传统文化寻找到合适的定位，就迅速被推入到市场竞争的茫茫大海中，素不习水的西北民族地区人口不得不学习摸着石头过河。

### （二）被动的现代化：宗教转型的部分异化

“现代性”“现代化”，都是从西方产生而引进中国的。西方的现代化进程，先是由生产力的发展、生产技术的突飞猛进引起了上层建筑的全面变革，最终引发了以基督教走向世俗化为典型例子的文化变革，从总体上看是内生型的，大体上是一个循序渐进的过程。从个体层面来看，起初，作为生活世界主体行动者在社会现代性转型实践中遭遇到了种种不适，感受到了现代化浪潮摧枯拉朽的力量和在传统社会自身长久以来累积的习惯的巨大差异。经历了一个或长或短的外部环境动荡和激烈复杂的内部思想斗争之后，行动者对于传统社会的幻想逐渐破灭，开始尝试不断打破传统日常生活中积累的信念，自发地或被动地面对全新的经验世界。从整体层面来看，西方社会对于现代性所产生的各种风险大体上能够主动保持着双重觉察和警惕，不断快速进行社会功能分化和再分化，一系列社会保障体系相继建立。从时间长度来看，西方社会现代化经历了上百年的时间，有相对充裕的时间来缓冲现代性转型带来的种种不适，重新考察人所处的生活世界的变迁性，最终通过反复思考和理论探索完成价值的再次建构，有可能把现代性风险控制在较小的范围内。

中国社会的现代性转型，总体上属于受到外力强迫而被动进行的外发型现代化。如果按照部分学者的观点，它最早起源于半殖民地半封建社会，是被西方列强用大炮军舰强制打开的，被迫睁眼看世界，被迫向西方学习。那么，作为改革开放以来的西北地区现代化就更具有外发型现代化的特点，混合过渡性、经济先导性、政府主导型、较大跨越性、文化裂变性等赶超的色彩分外突出。西北社会如同一个匆忙之间吃了形形色色营养剂，企图一夜之间变成大胖子的人，迅速进入了一个高度复杂的风险社会，各种不适的风险在短时期内集中爆发的可能性，似乎超出了人们所能意识到的范围，也超出了社会系统对其反应能力所及的范围。

现代性对于西北社会最大的精神解构，就是立基于传统社会非流动性社会结构所形成的熟人间的情感关系、信任关系。市场经济理性主义要求计算成本、效率，以最小的投入生产最大的收益。人际关系变得疏离，一切都以谋求利益最大化为目的，人变成了物质的奴隶。这些实践的结果会引导个体对自身所体验的经验世界不断自我反思，引发深度焦虑不安。他们怀念传统社会在宗教生活引导下静态、确定型的生活。信徒只需要终生坚定信仰，一切按照神的旨意行事，即在现实生活中一切都依赖于传统经验、按照既定的老套路来应对，就不会面对那么多未知的偶在性风险。在一些民族人口记忆中，那俨然是田园牧歌式的幸福生活。

于是，在西北地区宗教现代化转型过程中，一部分人走向了异化。他们虽身处现代社会，却无能力适应，也不愿意学习和面对现代市场经济，视优胜劣汰的商品经济竞争法则为万恶的魔鬼。这些人绝大多数文化水平低，缺乏专业技术，社会交往面狭窄，大部分为偏远落后地区的农牧民。他们原本已经淡化了的宗教意识又重新强化起来，把从知识库存里寻找到本民族千百年来信仰的宗教作为精神武器来驱赶现代文化，为自我建构起新的

“生活世界”。这一生活世界，并非是传统宗教信仰的简单回归的体现，而是在新时代语境下极力扩张宗教的功能，试图以宗教来解决所有不适应和困惑，用宗教权威来取代社会系统的不断分化和其他子系统的存在意义，取消社会各子系统之间的边界。于是，极端宗教主义、宗教激进主义在此种心态下陆续涌现，破坏西北民族关系。

### （三）对统一价值的舍弃

作为舶来品的“现代性”一词，在西方是与“前现代性”相对而言的。前现代性强调神的无上权威，即所谓的神权至上，神是社会文化价值体系的绝对主体，人在神面前无能为力，只能是被改造的对象，是社会总体型文化的客体。现代性则高扬精神解放的大旗，确立了人的主体地位。强调人作为世界主体，具有理性的思考和计算能力、自主选择能力。中国西北地区自然地理条件整体上比较恶劣，广大少数民族人口为解决基本温饱常年低水平劳作，四处辛苦游牧，辗转漂泊。现代性带来了高科技，大量资本、海量信息纷纷涌入，推动了民族经济快速增长，对外贸易不断扩大，无尽的商机激发了人们改变自身命运的强烈愿望，个人的自我意识不断增强。各种资源在巨大的社会竞争中得以重新组合，不断再分配。人们发现，获得丰富物质生活最重要的因素是努力奋斗。传统宗教文化“万物归于唯一整体”的大一统模式，似乎不足以描述当代西北社会秩序的发展，也无法解答现存的社会问题成因。宗教以往给全体成员所提供的价值标准和行为规范在部分民族人口心目中正在丧失神圣地位，生活世界变成了一个不规则的、多变的格局。不但人的宗教信仰日益世俗化，而且人们的一般价值体系、行为准则也日益多元化。

卢曼认为，差异性是现代社会秩序建立的最稳定基础。越是有差异，社会秩序越是稳定。因为，由差异性衍生的区别化可以使社会事实之实体与其背景环境得以分离开，不再因受到系统的统一控制而变得僵死，并使得系统获得自主性和循环的特质，从而持续保持生机勃勃。西北地区的社会在迈向现代化的历程中，功能日益高度分化。宗教已经从各个领域中大幅度退却出来，信仰已经演变成个人的私事，人类社会的政治、经济、文化、教育、社会保障、社会生活等都由专门的子系统来承担。社会系统不断地分化制造差异，差异本身又进一步分化出差异，差异又进一步催生出更加复杂精密的子系统。这些子系统各自在自身的领域内发挥功能，维护社会秩序，如有不适，可以在内部实施跨界调节，增加或者删减，从而避免了牵一发动全身之整体崩塌引发大规模社会秩序失范的可能性。应该说，差异性是维持社会文化生态多样性的最有效路径，也是社会文明进步的表现。

西北地区宗教的现代性转型状况也是如此。虽然它在西北社会生活的很多方面也都有所涉足，但是在高度复杂性和高度偶变的风险社会环境下，宗教文化那些具有普适概括性的文化理念显得不那么切合实际。宗教在西北地区现代化演进过程中，不但不可能复古回归到传统社会宗教神权全面控制民族人口的时代，还会在现存的宗教格局下越来越分化，教派、门宦越来越与所在的时空条件相结合从而衍生出各种新形态、新教义理论、新宗教组织形式，甚至出现了所谓宗教市场化的现象。在宗教信仰自由的政策宽松大环境下，各大宗教之间展开了类似商品经济的自由竞争，为了维护自身生存发展的需要，不断创造新的宗教产品来激发大众的宗教需求。现代性意味着创新，意味着挑战传统。创新的基本理念就是不断制造差异以凸显个性，创新的基本动力就源于竞争。只要存在竞争必然会有差异，竞争也会越来越催生制造差异，会引发信徒、宗教社会资源的不断再分配。无论如何，宗教系统都不可能再存在统一或标准化模式，只能通过不同子系统的沟通来完成宗教社会事实的同一性建构，而同一性的基础正是不同子系统之间的差异。正是在这种差异中，宗教系统不断地进行自我动态调整，从而产生多重的建构指向，更好地描述和解释社会事实，适应现代社会民族人口的多层级需要。也正是因为这种广泛的可能性，宗教从而得以在西北多元文化复杂环境中安身立命。

综上所述，西北地区宗教的现代性转型，与东南沿海发达地区相比，多了国家优先发展东部的后发现代化以及因西部大开发等特殊历程而更加复杂。它不仅意味着相对于传统的一次断裂，更意味着不断自我否定、不断自我断裂，是一个充满了冲突、碰撞的星团分化的动态过程。西北地区宗教现代化进程也并非单线进化发展，而是被多种因素裹挟，同时具有世俗化、反世俗化以及后世俗化特点，是一个多维度的多元现代化过程。

从宏观上看，西北地区宗教之现代性转型正在发生结构性分层，二重性特征显著。宗教信仰一方面日益变成“私人信仰”，日益个体化、碎片化、小型化，追求自我实现的自由，向着家庭式、社区型方向发展；另一方面却又急速向着民族宗教主义的群体信仰固化发展，整体化、规模化、跨国界化，个体主义与整体主义取向反复博弈，传统与现代的矛盾交锋或明或暗，两者之间存在着内在的结构性紧张。

从微观上看，西北地区不同宗教发生的现代性转型特点也不同。概览前文对于三大宗教在现代性冲击下所呈现出的民族关系样貌可以看出，藏传佛教、伊斯兰教大致兼具世俗化、反世俗化的特征，内部的二重性张力明显；基督教在中国则基本不具备西方宗教社会学所言的世俗化进程特点，直接与中国西北现代性变迁下的本土文化相结合，呈现出嵌入性、多元性和星团式发展特点。

三大宗教在西北地区现代性转型特点的基础上，本课题下文尝试进一步站在现代性理论视角，抽象地概括出全球视野下宗教现代性转型对于民族关系影响的一般宏观研究结论，这也是对建构宗教与民族二者关系理论的中国宗教社会学本土化研究所做的尝试。

## 二、宗教现代性转型对民族关系的影响图式

宗教的现代性转型，是指“宗教伴随着社会进步广泛地将现代自然科学新成果融入自身的教义中，并将实现宗教在物质上、管理手段上、生活方式上和思想内容上的现代性转型”①。作为宗教社会学重要的研究主题之一，三大社会学家都对此有过详细论述。韦伯的新教伦理与资本主义精神之间的关联，涂尔干的机械团结向有机团结的转变以及马克思之宗教与阶级革命的关系，实质上都预设了这一主线。然而，如此重要的主题却鲜有论及对民族关系的影响。尽管国内其他学科探讨宗教与民族关系两个概念之间联系的著作汗牛充栋，但无一例外都忽视了宗教本身的动态变迁属性而试图建构“大一统”型静态通用的理论框架。事实上，宗教、民族关系都具有显著的时代意涵和变迁特征，都需要从动态发展视角出发。宗教不同的历史演进阶段，对民族关系的影响不同，后者会相应呈现出不同风貌。脱离了动态大前提，大多数探讨只有理论上的分析性、思辨性，不具有多少实践性。从宗教动态变迁的视角看，宗教现代性演进历程，大体上经历了世俗化、反世俗化与多元化三大阶段。先是由制度性宗教向弥散性宗教转变，后又颠倒逆转了这一过程，随后又出现了宗教新世纪运动。宗教现代性的动态变迁进程，使民族关系在动态演进中充满了变数。

① 胡昌升：《21 世纪中国宗教的演变趋势新探》，载《中华文化论坛》2002 年第 1 期。

### （一）前现代性时期：宗教世俗化下的协作型民族关系

1. 世俗化是宗教前现代性时期的主要表现

宗教在前现代性阶段主要表现为宗教世俗化。尽管学术界对宗教世俗化的时间起点争议颇多，未能统一，但对其内涵却基本达成一致，即“去神圣化”“从附魅到祛魅”。[①] 从宗教社会学来看，它是指宗教与政治、经济、文化子系统相分离，从公共领域中大幅度撤退出来，从权威、垄断的社会地位逐渐退却到供人挑选的、边缘的社会角落；从行动者来看，宗教信仰日益私人化，成为个人主观选择的私人德行；从价值论来看，打破了总体上的宇宙神权中心主义，确立了人在世界秩序中的主体性，强调以人为本而不是以神为本，“高扬事物变化的多样性、差异性、零散性、特殊性和多元性，主张用多样性去超越统一性”[②]。

2. 宗教世俗化进程中的民族关系图式

宗教世俗化以后，对社会生活的影响力全面减退，其日益式微使得宗教在内部民族关系中难以胜任和担当民族共同体联系的纽带，在外部民族关系中不再成为民族分野的最显著标志，其对民族关系的影响力全面让位于全球化。全球化打破了长期以来相对比较封闭的民族地域经济环境，经济发展要素汹涌而至，把原先相对比较封闭的人群纳入到新经济秩序中。商品交易遵循价值规律，借助于经济要素各环节深入到民族日常生活世界。以往以血缘、地缘以及共同宗教文化缔造的伦理本位的静态社会关系渐趋被崇尚财富功利的物化本位的动态社会关系所取代。民族成员热衷于拜物取代了以往对神的崇拜，追求此岸世界“物质自我”

① 汪维钧：《论现代化条件下的宗教世俗化问题》，载《南京政治学院学报》2004 年第 4 期。

② 张广利：《后现代主义与社会学研究方法》，载《社会学》2001 年第 10 期。

的实现压倒了对彼岸世界“精神自我”的实现。人与人之间社会关系的发生、发展以及冲突调试主要从物质利益出发，使用商品交换价值规律来主导社会关系，理性选择实现自己的目标和手段。为了完成商品交易，交易双方都必须保持个人身份的相对独立性，对手中商品具有相对独立的所有权。为了尽可能减少交易成本获取最大限度收益，交易对象必须保持可替代性。交易一方的民族行动者并不在意对方是否属于本民族集团，交易的主要目的是否能够最大程度上维护本民族整体利益。激烈的优胜劣汰市场竞争不断刺激民族行动者自我奋斗、发挥才能、施展个性，个人主义倾向愈发显著，原本作为群体（群体的宏观民族关系）逐步解构为个人（个人的微观社会关系），同时，由共同宗教文化缔造的组织严密的民族共同体也被逐步瓦解解构为原子式堆积的机械抽象集合体。民族关系被物质关系、交换关系等一般经济社会关系所遮蔽，民族关系中的民族因素在某种程度上被弱化，民族关系个体化倾向日益明显，并蜕变为一般社会关系。

人们的主观精神世界不再受一元论权威控制，精神文化走向多元主义。宗教的社会基础也多元化了，宗教不得不打破封闭的神圣世界边界，向现实社会开放，其传播影响的空间日益碎片化。“各种宗教之间相互突破原有区域，淡化彼此的对抗，并且使自己的观念和方式更多地被世人接受。任何一种宗教企图完全影响、控制一个国家、一个民族变得越来越难，许多宗教跨越不同各民族的血缘感情壁垒而迅速扎寨。”① 原本作为民族文化核心部分的宗教首先模糊了文化边界，之后，民族的文化边界开始变得模糊。人们在一个开放框架体系内不断进行互动，民族文化

① 王仕国：《全球化与宗教的世俗化》，载《中国民族报》2010 年 4 月 23 日第 1 版。

无论在结构上还是在内容上都要进行大规模的转型。以宗教为核心的传统民族文化日益变成一种集体记忆，一种根据各种现实利益需要被建构的“社会事实”。“民族”的概念在多元文化作用下变得模糊不清，族际边界也就日益模糊，此群与彼群，此族与彼族难以清晰区分，进而“民族关系”也就变成了模糊的、复合的、多元的甚至是主观臆造的概念。

宗教原本先验地预设了以神为中心，人处于边缘地位的世界秩序。宗教世俗化之后，人本主义兴起，“人”回归到生活秩序中心，神丧失了垄断地位，连带宗教本身也从社会生活的核心地位退居一隅。原本由宗教所建构的确定性生活世界变得可疑、不确定以及不可预测。人们不得不打起精神从关注彼岸世界转向直面此岸生活，一个个漂泊的心灵不断地在现实世界寻找新的崇拜对象以精神寄托。人们在与日常生活联系最为紧密的经济子系统中找到了物质，在政治子系统中找到了权力作为新的崇拜对象，发现拜物、拜权也能满足人对于精神自我、人格自我的追求。因为较之于虚无缥缈的神，物质或权力更具有确定感，更能够缔造符合现实功利需要的工具型社会关系，更易满足绝大多数人自我实现的精神需要。宗教作为这样一种社群主义文化体系，曾经在左右传统民族关系发展走向中起到决定性作用，如今在宗教边缘化的背景下，牵连民族关系这样一种具有民族因素的社会关系不得不让位于经济社会关系、政治社会关系，它处于社会关系舞台的边缘地位。

人们的社会行动日益“理性化”，行动者身份及选择日益“多元化”，理性化深入到人们的精神空间，敦促人们在社会交往互动中摆脱对宗教路径的依赖，竖立起精神上独立的自我。人们的身份日益开放、多元、复合，也不再强调建立统一的精神秩序交往规则。以宗教为边界的民族社群之间的藩篱被打破，人们之间的经济互动必须遵循契约法则，不断通过谈判、协商、交流、对话来达到合作共赢；人们之间的政治活动必须遵守“科层化”规则，按照国家法律、政策办事，不再受到宗教神权支配；人们之间的文化互动必须遵循多元共生法则，“各美其美，美人之美，美美与共，天下大同”。开放多元、平等协商、交流对话等现代公共精神将成为各种社会关系的主流模式，民族关系更强调开放性、流动性和协作性。形形色色的民族关系在更大范围内互动及在更高层次上整合时，民族与民族之间，民族国家与民族国家之间的关系将日益趋于多重心、多层级、多领域、多类型。

### （二）现代性转型时期：宗教反世俗化下的封闭型民族关系

#### 1. 反世俗化是宗教现代性时期的主要特征

宗教现代性转型在此处是狭义上的与前现代性（pre—modernization）转型相衔接的第二个阶段，其主要特征是宗教出现了反世俗化趋势。宗教经历了世俗化的长期沉寂后，不断自我反思，从内容到形式都进行了深刻改变，努力适应新时代需求，以回归的姿态迅速走进人们的生活世界，掀起了反世俗化的高潮。主要表现为宗教信仰回归热潮兴起，宗教传播不断突破民族、国家界限，新兴宗教如雨后春笋般涌现，全球频频爆发的民族关系恶性冲突事件中处处可见宗教的影子，宗教在很多民族地区重新回归到社会关系的中心地位，民族关系与宗教因素紧密结合在一起，诱发宏观民族关系产生颠覆性逆转。

#### 2. 宗教反世俗化进程中的民族关系图式

在现代性转型进程中，各民族市场经济卷入的程度越深，族际间在行业、职业、收入水平等经济社会分层结构中占据的地位差异则越凸显。种种发展不平衡往往会引发一些民族焦虑心理，产生不公平感、相对剥夺感、受挫感和危机感，对其他民族产生抵触情绪，甚至将不满情绪归因于其他民族掠夺或压迫。其民族意识开始觉醒。全球化使得时间与空间分离并处于不断流动中，行动者得以从具体化地域中抽离出来，政治、经济、文化都能跨越广阔的时空距离去重新组织社会关系，产生跨越国界的行为。互动、权力运作等一系列交流为民族组织渗透扩张遍及整个社会结构提供了物质基础。他们将宗教、民族原本并不直接相关的两个领域紧密地结合在一起，形成一种跨越种族、跨越民族国家疆界的政治动员力量。它在信仰同一宗教的不同民族之间建立起群际联盟型民族关系。民族关系重新回归到群体性层面，即大多数民族成员介入民族关系，成员内部基本立场、基本目标一致。他们在处理民族共同体外部事务时，个体成员、部分成员与其他民族的和解、协商无效。一旦发生族际冲突，会出现卷入人口多，持续时间长，波及地域广，协商谈判难，破坏性极强等后果。可以说，宏观民族关系颠覆性地从个体性逆转为群体性走向。

在现代性转型进程中，拜物主义导致文化子系统发展空间被大大挤压，人类社会结构发展失衡，人变成了物质的奴隶。过分理性、科层制的行政体系限制精神人格释放，人被殖民化关进了“铁笼”。浩如烟海的科技信息以“尖端文化”名义轮番轰炸人们的生活世界，克隆人技术、转基因技术、核技术等直接瓦解了传统知识带来的确定感和理性精神，将人类社会带入了一个高风险文化盛行的时代，颠覆了人们日常生活中传统的生态、伦理、价值观念，人们的精神世界陷入恐惧和混乱，怀疑、否定、解构一切，需要新的精神寄托载体。

“宗教信仰是宗教信徒群体对生命意义和生活目的的集体关切，对于超验价值的共同体验和群体承诺。”① 在集体意识这个层面上，宗教作为民族群体的精神纽带，所勾画出的群体边界比一般的社会群体往往更加牢固和清晰，群体成员的归属感往往更

① 方文：《群体符号边界如何形成》，载《社会学研究》2005 年第 1 期。

加强烈，经历了民族情感动员之后形成的民族认同其共同价值蕴含也往往更加饱满。为争取民族利益，民族成员纷纷回归到宗教信仰者行列，一些民族国家强化了传统宗教所形成的群体认同，构筑强大的心理防御机制。宗教扮演了清晰族群边界的工具性角色。

在反对现代文化霸权过程中，宗教以地方性知识、本土性文化的名义重新被挖掘出来并发扬光大，卷入到全球文化大博弈中。宗教文化相似的民族国家、民族群体极容易结成强大的文化共同体，来对付异民族或异文化。宗教重新主导了人们的精神世界，在发展群体民族关系中起到重大作用，民族关系借此一跃登上社会关系舞台中心。在相当多领域，宗教民族关系的重要性甚至超越了经济民族关系、政治民族关系。

每个民族参与政治生活的能力有差别，弱小民族参与国际事务的平等话语权处处被削弱，在国际政治环境中的地位步步恶化。在多民族国家内，教职人员在争取更多的政治权利博弈过程中，往往会利用宗教教义、宗教情感与宗教仪式等方式吸引信徒和鼓动信徒去参与社会活动，以此来影响民族社会政治生活。宗教重新卷入政治系统，冲击多民族政治体系。当前，最典型的是宗教民族主义的出现与持续高涨。它强调宗教的普世性及突出本民族的独特性，从心理上将“信徒身份”与“民族身份”进行叠加，缔造更为牢固的民族精神共同体，使得我群与他群的边界区分更加严密且僵化。同时坚持以宗教的“理想国”价值观作为判断社会现状的标准尺度，难以谈判、妥协，常常蜕变为过激的民族主义。以不同宗教信仰作为民族边界划分的符号，宗教充当着激发民族情感，凝聚民族战斗力的工具。民族仇恨与宗教纷争紧密交织在一起，民族主义情绪急剧上升，在外部政治力量的支持下，暗杀、爆炸以及武装进攻此起彼伏，对世界民族关系造成了灾难性破坏。概而言之，宗教反世俗化诱发民族关系日益走向群体性、清晰性、主导性和冲突性的轨道上来。

### （三）后现代性转型时期：宗教多元化下的星团化民族关系

1. 宗教多元化是后现代时期的主要特点

宗教后现代性转型大幅度解构了宗教传统价值观、运作模式，教会内部日趋复杂和多元，派系林立，信徒身份差异大，信教人口从聚居到向全球扩散，教会领导权从神职人员向草根转变，教会结构从制度性向自由性转变。各种新的教义和学说风起云涌，流变性强，令人眼花缭乱。仅就基督教而言，就出现了“危机神学”“辩证神学”“过程神学”“新正统派神学”“革命神学”“生态神学”等。[①] 一些新兴宗教出现，“新纪元运动”“灵性运动”就是这方面典型的例子。它们尝试超越过去上千年宗教传统的范式，“借助于自然科学技术与东方神秘智慧，在方法上却又借助传统的占星术、巫术等崇拜手段，在实践上则倡导超常的心理体验和心理治疗活动，尤其追求对人体特异功能的发挥和灵性所达到的奇效，倾向于信奉自称具有超凡能力的宗教领袖——人间的神——教主”[②]，本土性、跨国性、自发性、多重心性的特点日益突出。

2. 宗教多元化进程中的民族关系图式

宗教多元主义对民族关系的影响，呈现出比上文所述世俗化、反世俗化阶段更为复杂纠葛的多侧面样貌。因为后现代社会关系、交易空间和组织变革的过程，产生了更大范围的跨区域的流动以及交往、权力的网络化。传统以主权为疆界的民族国家将不再是民族文化的主要承载者，以宗教为纽带的跨空间民族组织

---

① 国家宗教事务局研究中心主编：《当代世界宗教问题》，宗教文化出版社2007年版，第135—140页。

② 卓新平：《宗教理解》，社会科学文献出版社1999年版，第39页。

会使民族关系不断经历解构与建构的螺旋式发展过程。加之局部区域的宗教世俗化与反世俗化在当今世界同时共存，交织缠绕，三者对世界民族关系都产生影响，促使世界民族关系宏观上呈现出多重化、碎片化、星团化特征，不确定性越发明显。这种不确定性在当下突出表现在以下方面：

其一，虚与实的跨越。以互联网为代表的现代社交多媒体工具彻底颠覆了宗教传统的传教方式，各种宗教组织纷纷利用互联网传播教义。它突破了民族种族界限，超越语言文字障碍，实现跨越疆际交流。虚拟社区大大方便了人们的互动交流，也促使民族关系呈现出虚与实动态演进的特点。信徒兼具“网民”与“民族成员”双重身份，其在网上的发言，难以保持客观中立立场。一件很小的民族成员间的个体普通纠纷传播到互联网，非理性表达很可能被放大成为民族群体矛盾。一两句对宗教文化缺乏了解的随意发言，可能会招致一定范围内宗教民族主义者的攻击。虚与实之间的宗教，会促使“民族”的概念发生动态改变，我群与他群，我族与他族，都变成了边界不断移动的虚虚实实的模糊边界，会衍生出在虚与实之间穿越的民族关系。

其二，总与分的并行。宗教、民族都是复合型、多层次的大体系，具有很大的地区差异性。现代性一方面使得宗教越来越向着个体化、社区化、小型化发展，结合本土文化衍生出新兴宗教文化。另一方面又借助于多种现代传播方式向着群体化方向发展。地域不同，信徒结构不同，民族关系也呈现出区域民族关系与整体民族关系之别。整体民族关系与区域民族关系纵横交错并行，这种多元立体的网状格局很难用一两种模型框架进行概括总结，民族政策的制定与实施较之以往更不易有针对性和实效性。

其三，静与动的交织。宗教的基本教义历经上千年沉淀形成稳固的体系，在数量庞大的信徒中有着广泛的影响力。有些内容难免落后于时代潮流，想要及时修改做到与时俱进常常遭遇到宗教的宇宙观、价值论重新建构的难题，不可能轻易进行。宗教后现代性阶段，教义与实际宗教行为之间存在着复杂的张力或合力。决定民族关系的社会交往行动又往往受到外部因素的猛烈冲击，不得不依据具体的时间、空间境况而重构，呈现出“名”与“实”分离的特点。[①] 在宗教不断进行的动与静、虚与实、总与分的演进中，民族关系格局也出现了理想民族关系与现实民族关系的落差、困惑。

从本质来看，宗教现代性转型的核心是宗教的文化属性发生了现代性变迁。它导致了民族成员精神层面的震荡，诱使民族认同不断产生分化和变异危机，影响着民族关系不断分化和变异，在不断解构与建构中蜿蜒前行，呈现出复杂的多面性特点，从而使得宗教与民族关系的关联性比任何时代都要紧密和凸显。

从过程来看，宗教的前现代性、现代性和后现代性转型变迁，分别对应了宗教的世俗化、反世俗化和多元化阶段。宗教世俗化阶段民族关系呈现出的特征，有利于打破族群边界，促进更大范围的多元交流，为民族关系奠定良好的社会基础。在宗教反世俗化影响下，民族关系的变化极易诱发“民族结团”，以维护小团体利益为核心目标，社群主义再度复兴，其自我封闭的负面影响显而易见。

然而，值得我们担忧的并不是宗教反世俗化阶段民族关系的紧张冲突，而是宗教后现代性转型阶段民族关系的碎片化状态。按照某些学者的说法，它是宗教的“自反性现代化”“第二次现代化”。[②] 它将全球民族关系与地方民族关系特征联系起来，民族关系既有共同特征，又有局部各自的特点。影响民族关系的自

① 费孝通：《乡土中国》，上海人民出版社 2006 年版，第 37 页。

② ［英］斯科特·拉什：《自反性现代化——现代社会秩序中的政治、传统与美学》，赵文怀译，商务印书馆 2004 年版，第 67 页。

变量除了宗教因素之外，尚且还有国际以及本土的社会结构、价值观念、思维方式等多种因素。这些因素一方面本身也在经历不断解构与建构的动态过程，另一方面又作为自变量直接作用于民族关系，也作用于宗教，使得宗教发生变异之后作为中介变量再作用于民族关系，使民族关系更加纠葛缠绕，混乱无序。从发展趋势来看，未来全球民族关系的走向将会是一幅更加碎片化、更加扑朔迷离的图景。单凭一国之力要准确勾勒出民族、宗教关系的边界，以及制定民族政策、开展民族工作是极其困难的事情。当然，这也为我们敞开胸襟、积极寻求全球范围内的多层级、多领域协作和推动建构新型民族关系提供了新的契机。

## 三、现代性背景下宗教治理的基本框架思路

### （一）对主体控制论的再反思

控制还是治理，用词的差异背后显示的是对待宗教以及当前社会状况迥然不同的思维逻辑。控制意味着主体是全能的，并且直接参与社会系统的运作，把客体当作静止的抽象物品来指挥、处置，而客体只能被动接受命令、安排。治理意味着主体从全能走向有限，尊重社会各系统的主体存在地位，只进行宏观把握而不直接参与微观运行。主体控制论与社会治理论，既是两种不同的思维方式、价值理念，实践中也代表着两种不同的社会管理方式。

新中国成立以后，中国拉开了急速现代化的序幕。由于当时急于实现强国复兴的伟大梦想，中国迅速展开了大规模的现代化建设。当时，工业化被认为是科学主义的现代化呈现，宗教则被视为反科学的封建迷信而成为需要信徒克服的对象，宗教控制论成为压倒性的思路。应当客观地看到，这也是当时历史背景下宗

教在全球遭遇到的普遍现象。改革开放之后，国家把绝大部分精力都放在抓经济建设。在推动国家物质实力迅速增长、民众生活水平迅速提高的同时，在西北民族地区，一定程度上表现为民族、宗教问题初露端倪。此时，我们认识到了宗教的存在是一个漫长的历史现象，将会在社会主义初级阶段长期存在，国家提出了引导宗教与社会主义事业相适应以及依法治理宗教的大政方针，尤其是“依法治理宗教”的提出，意味着法治意识的增强，意味着“治理”论的接纳以及控制论的弱化。

现代化转型已经是西北地区不可逆转的社会发展大趋势，对主体控制论的全面反思实际上也意味着对中国已经进行了多年的现代性转型的反思。

其一，理性主义过度膨胀，导致社会发展失衡。宗教控制论，实际就是主体控制论，就是使用理性主义进行工具控制。理性主义虽然是社会发展的重要推进力量，对于推动西北社会物质现代化功不可没。但是，它对人类社会的一切问题都采用工业流水线的思维模式进行精细的计算、机械化的程序控制，工具主义、实用主义大行其道，似乎人就是无情感的机器，任由主体操控。在社会发展的初级阶段，理性主义在一段时间内过度膨胀是可以理解的，但如果长期过度占据人们的生活世界，就会导致人的情感、灵性、伦理、审美等精神需求萎缩，人际关系物质化、淡漠化，迷失自我存在感，找不到生存的意义。用这一思维模式来解决宗教问题时，就会错误地把原本属于精神世界的东西按照物质来管控，以为仅仅解决吃饱穿暖的物质生活就能顺理成章地解决人们的宗教问题，实际上是贬抑了人的非理性之情感需求。这种过度强调物质发达的论调，还会实质上导致以金钱来重新划分社会等级，形成新的不平等，偏离了自启蒙运动以来现代性所孜孜追求的人的精神解放之奋斗目标，加深各民族之间的不平等感，容易引发社会秩序失范。

其二，人类中心主义膨胀，自然生态失衡。宗教控制论作为主体控制论的表现之一，其实质是人取代神成为宇宙的绝对主宰者，现代化的过程就是人取代神的过程。人成为宇宙的新主宰者，大自然在人的掌控之中，无条件接受人的谋划、索取和支配。于是，人类中心主义在西北地区急速膨胀，天、人关系陷入严重的主体与客体的二元分裂、对立局面。为了满足现代市场经济对资源的需求，人强调无休止地对大自然进行征服、改造，对自然资源无节制开发，索取无度，恣意挥霍浪费。结果，给原本生态环境就极为脆弱的西北地区带来了严重的生态问题。大自然以沙尘暴、戈壁滩、泥石流、雾霾、酸雨、物种退化甚至灭绝等生态危机进行了沉默的反抗，不但给西北地区进一步物质现代化造成了深刻的障碍，而且诱发了人的精神危机，对生活世界的普遍怀疑、冷漠。控制论的背后，实质是主、客体的新不平等。这与宗教所提倡的众生平等、人与自然和谐共存的理念背道而驰，极易引发民族间伦理道德方面的深层次文化冲突，造成民族关系紧张。

其三，追求建立统一秩序，脱离社会现实。主体控制论的实质，是主体追求获得至高无上的思想霸权，试图建构整齐划一的秩序。自启蒙运动拉开社会现代性转型序幕以来，人们一直以为只要社会遵循理性原则，就能摆脱宗教之精神枷锁获得全面自由。显然，后来已经发生的社会事实证明，这并不符合社会发展的规律，只是新的乌托邦幻想。哈耶克对此进行了深刻的抨击："总是过高估计理性的力量，总认为我们的文明所提供的一切优点，一切机会全部得益于有益的设计，而不是对传统规则的遵奉。类似地，他们还假定，在理性的引导下，通过更多的理智反思，通过更恰当的设计，再借助于人类行为的'理性协作'，就可以清除余下的其他一切不合人意的特点。”① 事实上，人类社会发展从来都不是一个由低到高的简单直线式发展进程，而是一个迂回曲折的螺旋式进程。不确定、差异、含混、矛盾一直存在。那种至高无上的、不容置疑的权力意志企图以理性主义为标尺，一直要对所有流变、模糊的东西加以监控、支配直至最后消灭，试图建立一个整齐划一的世界秩序，实际上是不可能真正实现的。只有承认社会发展的多元性，每个人才能够在各自满意的领域找到自己认同的价值，才能获得真正的自由。只有人的精神需求得到了满足，非理性因素在自身得到了平衡之后，人反过来才会消解对理性主义的敌视与抗拒，完成一种新的社会整合。

### （二）走向多元主体的治理图式

基于上述认识，我们对待宗教应该有一个基本明确的态度，即把宗教看作是社会一个子系统，将其整合进中国社会发展初级阶段的宏观发展规划里。采取治理，而不是控制的思维模式。宗教社会治理应明确一个基本的思路：西北地区社会现代性转型日趋多元现代化→个人价值观念多元化→宗教信仰与外在宗教行为多元化→宗教治理多元化。

西北地区面临着社会快速现代性转型的压力，宗教问题与民族问题、区域社会发展问题在这一宏大背景下紧密交织。西北又处在新丝绸之路建设的重要地带，受到国内、国际各种复杂因素的影响。法律的滞后性、程序性、保守性使得过度倚重法治手段在应对多层级的宗教转型实践时显得力不从心。宗教管理在制度借鉴与设计时，多一点与社会、文化的关联，走社会化管理之路，探索实现宗教治理多元化的多重路径，对于我们宗教治理实践不无裨益。

① ［英］哈耶克：《不幸的观念》，东方出版社 1991 年版，第 156 页。

西北地区宗教现代性转型的二重性特征，使得我们在思考宗教治理制度框架设计时，首先认清楚价值多元化是其核心特征，不要再指望以某种大一统的文化模式、制度模式一劳永逸地解决宗教在现代性转型过程中出现的所有问题，只能建立起相对开放、多元、宽泛的框架。宗教的治理要定位在建立市场原则、公共利益和认同之上的合作。

一方面，将宗教基本定位于“私人信仰”的基础上，类同于其他社会事务，从管理走向治理。在治理重点上，既要规范宗教主体，又要规制行政行为；从管理思路上，从以行政管制为重向社会化管理转变，鼓励非政府组织、企业、媒体、社会公众等社会多元主体参与，向“依法管理”为基础的“多元治理”转变。这是做好宗教事务管理工作、引导宗教和谐发展的新突破。

另一方面，为了防止出现西方宗教现代性转型后期的反世俗化倾向，也不可小觑西北地区宗教的集群化发展趋势，集中精力加强宗教法制建设，以法律框架来维护基本的社会稳定，特别是加大对宗教团体和宗教活动场所的管理约束，确保宗教有序平稳发展。同时以政策整合既有宗教管理网络，站在全局高度谋划宗教正功能的发挥，充实宗教治理的内容和途径。此外，还应在宗教的社会治理策略中注重跨区域的合作与共赢。总之，探讨宗教的社会治理，实际就是探讨民族关系的社会治理，而且是民族关系和谐与否最重要的核心领域。宗教与民族关系两者之间虽不具有天然的因果关系，但是宗教的现代性转型平稳健康与否却又实实在在会对西北民族关系造成很大影响。宗教问题得到了稳妥解决，和谐的民族关系也会水到渠成。上述探讨与反思，由于各种条件限制和课题组视野、学识所限，还存在诸多缺憾。但是作为一群西北地区土生土长的学人，怀着拳拳爱国之心，希望本课题能够对丰富西北地区宗教现代性转型的研究，能够为推动西北民族关系和谐发展尽微薄之力。

# 参考文献

## 一、专　著

［1］［德］西美尔：《现代人与宗教》，曹卫东等译，中国人民大学出版社 2003 年版。

［2］［美］威廉·詹姆士：《宗教经验之种种——人性之研究》，商务印书馆 2007 年版。

［3］［美］阿力克斯·英格尔等：《人的现代化》，殷陆君编译，四川人民出版社 1985 年版。

［4］［美］加布里埃尔·阿尔蒙德等：《比较政治学：体系、过程和政策》，上海译文出版社 1987 年版。

［5］［美］罗伯特·F. 墨菲：《文化与社会学引论》，张鲲译，商务印书馆 1991 年版。

［6］［英］斯科特·拉什：《自反性现代化——现代社会秩序中的政治、传统与美学》，赵文怀译，商务印书馆 2004 年版。

［7］《土族简史》编写组：《土族简史》，青海人民出版社 1982 年版。

［8］阿不都热扎克·铁木尔等：《2007—2008 年新疆经济社会形势分析与预测》，新疆人民出版社 2009 年版。

［9］［美］安德鲁·芬伯格：《可选择的现代性》，中国社会科学出版社 2003 年版。

［10］［美］安东尼·吉登斯：《现代性的后果》，译林出版社 2000 年版。

［11］安伦：《理性信仰之道：人类宗教共同体》，学林出版社 2009 年版。

［12］［德］彼得·贝格尔：《天使的传言》，高师宁译，中国人民大学出版社 2003 年版。

［13］陈崇凯：《西藏地方经济史》，甘肃人民出版社 2008 年版。

［14］［德］尼古拉斯·卢曼：《宗教教义与社会演化》，刘小枫选编，刘锋、李秋零译，中国人民大学出版社 1998 年版。

［15］多杰才旦：《西藏封建农奴制社会形态》，中国藏学出版社 2005 年版。

［16］范鹏、刘敏：《2006—2007 甘肃省经济社会形势分析与预测》，甘肃人民出版社 2006 年版。

［17］范鹏：《甘肃宗教》，甘肃民族出版社 2006 年版。

［18］费孝通：《乡土中国》，上海人民出版社 2006 年版。

［19］［法］弗朗索瓦·佩鲁：《新发展观》，张宁、丰子义译，华夏出版社 1987 年版。

［20］甘南藏族自治州地方史志编纂委员会：《甘南州志》，民族出版社 1999 年版。

［21］甘南藏族自治州统计局编：《甘南统计年鉴》，甘肃文化出版社 2006 年版。

［22］龚学增、胡岩：《中国和平发展中的民族宗教问题》，中共中央党校出版社 2006 年版。

［23］龚学增：《宗教问题概论》，四川人民出版社 2011 年版。

［24］顾执中、陆治：《到青海去》，商务印书馆民国二十三年出版。

［25］国务院宗教事务局政策法规司编：《新时期宗教工作文献选编》，宗教文化出版社 1995 年版。

［26］郝时远、王希恩：《民族发展蓝皮书：中国民族发展报告（2001—2006）》，社会科学文献出版社 2006 年版。

［27］金炳镐：《民族理论研究二十年》，中央民族大学出版社 2000 年版。

［28］金炳镐：《中国民族自治区的民族关系》，中央民族大学出版社 2006 年版。

［29］金宜久：《伊斯兰教》，宗教文化出版社 1997 年版。

［30］景晖、王昱、崔永红：《2005—2006 青海经济社会形势分析与预测》，青海人民出版社 2005 年版。

［31］李向平：《当代中国宗教的社会学诠释》，上海人民出版社 2006 年版。

［32］良警宇：《牛街：一个城市穆斯林民族聚居区的变迁》，民族出版社 2006 年版。

［33］刘小枫：《现代性社会理论》，三联书店出版社 1998 年版。

［34］［美］罗德尼、威廉姆：《宗教的未来》，高师宁等译，中国人民大学出版社 2006 年版。

［35］吕大吉：《宗教学通新编》，中国社会科学出版社 1998 年版。

［36］马坚译：《古兰经》，中国社会科学出版社 1981 年版。

［37］马戎、周星：《中华民族凝聚力形成与发展》，北京大学出版社 1999 年版。

［38］马鸿逵：《马少云回忆录》，香港文艺书屋 1984 年版。

［39］马宗宝：《多元一体格局中的回汉民族关系》，宁夏人民出版社 2002 年版。

［40］纳日碧力戈：《现代背景下的族群建构》，云南教育出

版社 2000 年版。

[41] 彭凯平、王伊兰：《跨文化沟通心理学》，北京师范大学出版社 2009 年版。

[42] 齐清顺：《近年来中国民族学界讨论的重大问题文选》第一辑，新疆社会科学院研究所内部资料 2007 年版。

[43] 秦永章：《甘宁青地区多民族格局形成史研究》，民族出版社 2005 年版。

[44] 宁夏哲学社会科学研究所编：《清代中国伊斯兰教论集》，宁夏人民出版社 1981 年版。

[45] [美] 塞缪尔·亨廷顿：《文明的冲突与世界秩序的重建》，新华出版社 1998 年版。

[46] 苏发祥：《西藏民族关系研究》，中央民族大学出版社 2006 年版。

[47] 王俊敏：《青城民族——一个边疆城市民族关系的历史演变》，天津人民出版社 2001 年版。

[48] 王明珂：《羌在汉藏之间：一个华夏边缘的历史人类学研究》，台湾联经事业股份有限责任公司 2003 年版。

[49] 王宗礼等：《西北农牧民政治行为研究》，甘肃人民出版社 1995 年版。

[50] 王作安：《中国的宗教问题与宗教政策》，宗教文化出版社 2002 年版。

[51] 翁独健：《中国民族关系史纲要》，中国社会科学出版社 2001 年版。

[52] 吴福环：《新疆的历史及民族与宗教》，民族出版社 2009 年版。

[53] [英] 亚当·斯密：《道德情操论》，商务印书馆 2006 年版。

[54] 杨建新：《中国西北少数民族史》，民族出版社 2003

年版。

[55] 杨顺清:《中国少数民族政治关系分析》,云南人民出版社 2008 年版。

[56] 杨文炯:《互动、调适与重构——西北城市穆斯林民族聚居区及其文化变迁研究》,民族出版社 2004 年版。

[57] 丹珠昂奔:《藏族文化发展史》(上、下),甘肃教育出版社 1997 年版。

[58] 张践:《中国宗教与中国文化》第 4 卷,中国社会科学出版社 2005 年版。

[59] 赵紫宸:《基督教哲学·赵紫宸文集》第 1 卷,商务印书馆 2005 年版。

[60] 甘肃少数民族社会历史调查组编:《裕固族简史简志》,中国科学院民族研究所 1963 出版。

[61] 中央党校课题组编:《现阶段中国民族与宗教问题研究》,宗教文化出版社 2002 年版。

[62] 卓新平:《宗教理解》,社会科学文献出版社 1999 年版。

[63] Benjamin. A. The problems of Modenity, London: Routledge, 1989.

[64] Jean Francois Lyotard. The Postmodern Condition. Cambridge University Press, 1994.

[65] Martin. Towards Eliminating the Concept of Secularization, A General Theory of Secularization, Oxford: Blackwell Press, 1978.

[66] Niklas Luhmann. Observations on Modernity. Translated by William Whobrey. Stanford University Press. Stanford, California, 1998.

[67] Niklas Luhmann. Theories of Distinction. Edited and introduced by Willam Rasch. Stanford University Press. Stanford, California, 2002.

[68] Seidman (eds.). Culture andSociety. New York: Cambridge University Press, 1990.

[69] Seidman, S. Substantive Debates: Moral Order and Social Crises. InJ. C. Alexander&S, 1990.

[70] Simmel. On Individuality and social Forms, Chicago: University of Chicago Press, 1971.

## 二、期刊文献

[1] 巴特尔:《新疆现代化进程中人的现代化与宗教世俗化》,载《新疆社会科学》2009 年第 6 期。

[2] 阿忠荣:《佛教政治理念及藏传佛教政治功能》,载《青海师范大学学报》(哲学社会科学版)2011 年第 3 期。

[3] 敖力格日玛、阿思根:《蒙古族如何应对现代化浪潮的挑战与机遇》,载《内蒙古民族大学学报》(社会科学版)2010 年第 1 期。

[4] 布赫:《把民族关系进步事业继续推向前进》,载《内蒙古社会科学》1994 年第 1 期。

[5] 才让、马强、牛宏:《甘肃省少数民族青年宗教信仰现状调查》,载《西北民族研究》2002 年第 1 期。

[6] 陈辅逵:《经济发展是民族关系进步的物质基础》,载《贵州民族研究》2000 年第 2 期。

[7] 陈纪、高永久:《论宗教与民族政治》,载《新疆社会科学》2008 年第 5 期。

[8] 段超:《当前影响民族关系和社会稳定的因素分析》,载《中南民族大学学报》2003 年第 5 期。

[9] 方文:《群体符号边界如何形成》,载《社会学研究》2005 年第 1 期。

［10］冯丹：《社会转型期中国宗教的世俗化倾向》，载《学术交流》1998 年第 5 期。

［11］高师宁：《世俗化与宗教的未来》，载《中国人民大学学报》2002 年第 5 期。

［12］龚学增：《宗教积极因素与民族精神的弘扬和培育》，载《科学社会主义》2007 年第 2 期。

［13］何光沪：《论宗教与民族的关系》，载《世界宗教研究》1996 年第 1 期。

［14］何龙清：《毛泽东的平等、团结理论及其意义》，载《贵州民族研究》1993 年第 4 期。

［15］胡昌升：《21 世纪中国宗教的演变趋势新探》，载《中华文化论坛》2002 年第 1 期。

［16］汲喆：《如何超越经典世俗化理论》，载《社会学研究》2008 年第 4 期。

［17］菅志翔：《简论共和国以前伊斯兰教在中国社会的演变》，载《北京大学学报》2010 年第 3 期。

［18］菅志翔：《宗教信仰与族群边界——以保安族为例》，载《西北民族研究》2004 年第 2 期。

［19］李利安：《西部地区宗教的结构及发挥积极作用的领域》，载《中国宗教》2010 年第 5 期。

［20］李庆勇、王建斌：《伊斯兰门宦教派与近代西北回族军阀的形成》，载《青海民族研究》2006 年第 1 期。

［21］李瑞：《论毛泽东民族思想及其在新时期的发展》，载《内蒙古社会科学》1993 年第 3 期。

［22］李向平：《社会化，还是世俗化?》，载《学术月刊》2007 年第 7 期。

［23］林希玲：《新时期宗教领域的问题、特点及对策研究》，载《中央社会主义学院学报》2008 年第 6 期。

［24］刘富祯：《伊斯兰教在西北的传播》，载《黑龙江民族丛刊》1999 年第 1 期。

［25］卢云峰：《超越基督宗教社会学》，载《社会学研究》2008 年第 5 期。

［26］罗树杰：《中华民族始祖争论与民族关系》，载《中央民族大学学报》2007 年第 2 期。

［27］马明忠：《近代青海地区基督教传播的特点及社会影响》，载《青海民族研究》2010 年第 2 期。

［28］马惠兰：《从“两个离不开”到“三个离不开”》，载《中共党史研究》2000 年第 3 期。

［29］马平：《当代西北地区伊斯兰教新兴教派门宦问题探析》，载《回族研究》2005 年第 4 期。

［30］马宗保：《宗教社会学视野中的门宦》，载《宁夏社会科学》2006 年第 1 期。

［31］马宗正：《宗教法文化中的神学法治理念》，载《西北民族研究》2005 年第 1 期。

［32］毛公宁：《加强民族团结构建和谐社会》，载《实践》（思想理论版）2007 年第 8 期。

［33］牟钟鉴：《宗教在民族问题中的地位和作用》，载《中央民族大学学报》（社会科学版）1998 年第 3 期。

［34］时光：《宗教与民族的关系》，载《西南民族大学学报》（哲学社会科学版）1994 年第 3 期。

［35］宋华忠：《依法管理宗教事务的几个问题》，载《上海市社会主义学院学报》2005 年第 6 期。

［36］宋仕平、娜拉：《宗教文化浸润中的西北少数民族地区乡村政治发展研究》，载《民族论坛》2009 年第 8 期。

［37］汪维钧：《论现代化条件下的宗教世俗化问题》，载《南京政治学院学报》2004 年第 4 期。

［38］王国勇：《论杂散居民族工作与民族关系》，载《贵州民族研究》2001 年第 4 期。

［39］王萌、冯平：《宗教与民族的双重性关系》，载《中国宗教》2010 年第 12 期。

［40］韦胜强：《试论毛泽东的民族关系观及其伟大意义》，载《广西民族学院学报》1993 年第 4 期。

［41］徐杰舜：《2004 年第西南民族大学学报系列论文》，2004 年第 1、第 2、第 3、第 4、第 5、第 6 期。

［42］许耀桐：《大力加强公民意识教育》，载《求是》2009 年第 5 期。

［43］杨凤岗：《中国宗教的三色市场》，载《中国人民大学学报》2006 年第 6 期。

［44］杨梅、马奎：《邓小平民族关系理论的内容和特点》，载《中南民族学院学报》1999 年第 4 期。

［45］杨顺清：《略论中国民族散杂居地区切实加强民族关系再教育的必要性和紧迫性》，载《中南民族大学学报》1994 年第 5 期。

［46］杨永福：《再论晚清云南、甘肃回民起义的社会历史背景》，载《宁夏大学学报》2005 年第 4 期。

［47］叶坦：《论民族文化的发展特性与动力——兼及区域经济与民族振兴》，载《云南大学学报》（人文社会科学版）2000 年第 5 期。

［48］余建华：《邓小平民族关系思想浅论》，载《社会科学》1996 年第 7 期。

［49］岳大明、高永久：《民族社区文化冲突及其积极意义》，载《西北民族研究》2008 年第 2 期。

［50］张广利：《后现代主义与社会学研究方法》，载《社会学》2001 年第 10 期。

[51] 张庆有：《试论拉卜楞地区民族之源流》，载《甘肃民族研究》1996 年第 2 期。

[52] 赵明清：《与时俱进地看待宗教与民族的关系》，载《中共伊犁州委党校学报》2005 年第 2 期。

[53] 朱凤霞：《反推拉理论与西部民族地区本土化就业》，载《四川行政学院学报》2006 年第 1 期。

## 三、报纸、网络

[1] 王仕国：《全球化与宗教的世俗化》，载《中国民族报》2010 年 4 月 23 日第 1 版。

[2] 马戎：《中国各民族之间的族际通婚》，http：//wenku. baidu. com/view/c35352d276eeaeaad1f330aa. html，2011 年 2 月 14 日。

[3] 王伟：《大力加强公民意识教育》，http：//news. xinhuanet. com/theory/content/11517007/2. htm，2009 年 6 月 10 日。

[4] 李晓霞：《新疆族际的通婚调查与分析》，http：//www. xjskw. org. cn/Article/list. asp？ClassID = 28&SelectID = 1528，2006 年 12 月 27 日。

[5] 王慧敏：《新疆维吾尔自治区昌吉州各界合力抗邪教》，http：//www. sina. com. cn/0/2006 – 06 – 01/01272678942s. shtml，2004 年 6 月 1 日。

[6]《中国回民救国协会宣言》，载《新华日报》1938 年 1 月 16 日第 1 版。

[7] 张路得：《福音太荒凉了？城市教会更应关注少数民族宣教》，载《福音时报》2011 年 6 月 11 日第 4 版。